ELMONDE.

I.

On trouvera les ROMANCES *d'Elmonde*, mises en musique avec accompagnement de piano ou harpe, par l'auteur de ce roman, chez *Naderman*, facteur de harpes, éditeur de musique, rue de la Loi, passage de l'ancien café de Foy, *à la Clef d'or*.

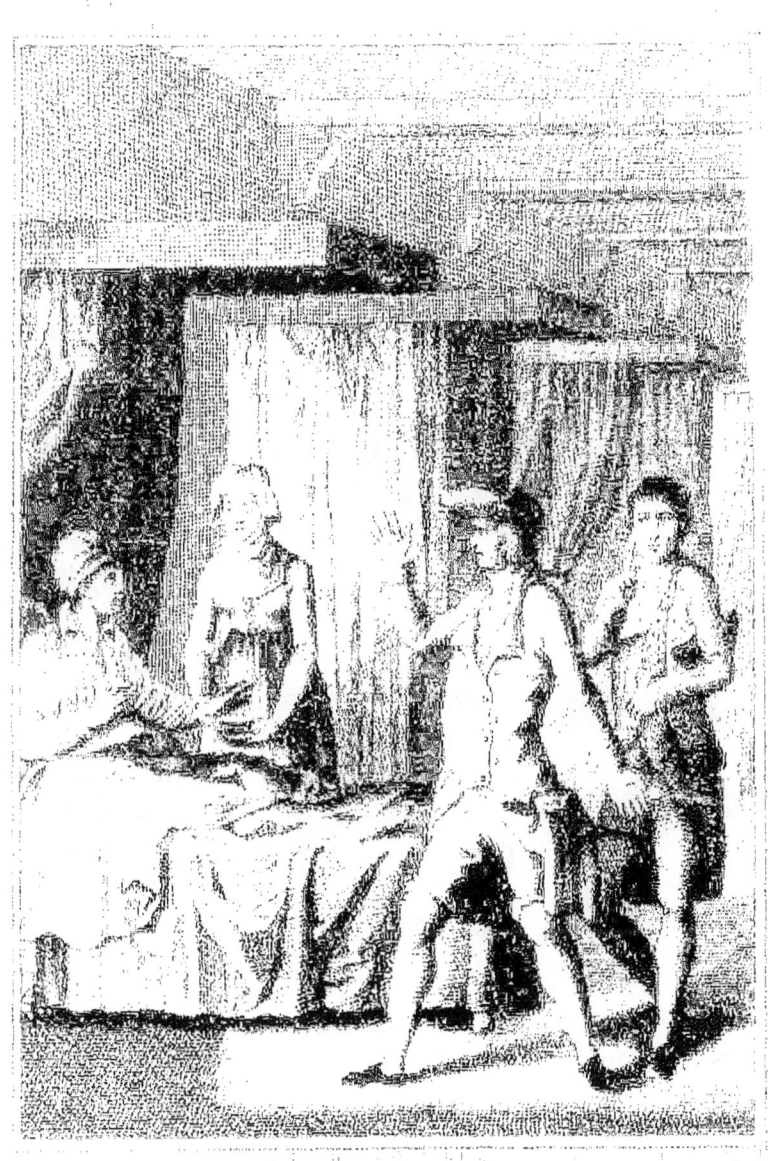

Vous, mon Père, ici!

ELMONDE,

OU LA FILLE DE L'HOSPICE.

Par M. DUCRAY-DUMINIL.

> Vous compterez aisément ces hommes qui, toujours heureux, se sont *donné* seulement *la peine de naître*..... Vous ne dénombrerez jamais ceux pour qui c'est un malheur!

TOME PREMIER.

PARIS,

DENTU, Imprimeur-Libraire, quai des Augustins, n.° 22;
Et Palais du Tribunat, galeries de bois, n.° 240.

M. DCCCV.

LE RUISSEAU.

Préface, si l'on veut.

Iles incultes et sauvages de l'Amérique ; plaines riantes du Dauphiné ; montagnes vénérables de l'Auvergne ; vastes forêts de la Bohême ; riche capitale de l'Empire français ; glaciers, torrens affreux de la Suisse, et toi beau ciel de la Provence ! je vous ai chantés tour-à-tour dans les divers ouvrages qui sont sortis de ma plume. Aujourd'hui, j'essaie de tracer une légère esquisse d'une des plus belles contrées de ma patrie ; ce n'est pas que j'aie eu jamais le bonheur de la visiter ; mais un ami, voyageur instruit et infatigable, m'en donna, un jour, quelques détails, et me raconta l'anecdote suivante, qui lui fit découvrir un manuscrit dont il m'engagea à tirer parti.

« J'étais, me dit cet ami, dans le Béarn (à présent le département des Basses-Pyrénées); je me promenais un soir, aux environs de Pau, du côté de Jurançon. Le soleil commençait à s'abaisser derrière les hautes montagnes qui bornaient l'horizon. Je suivais, livré à mes réflexions, les bords fleuris d'un ruisseau, charmant par sa limpidité, par ses longues sinuosités, lorsque tout-à-coup ma vue fut frappée de la figure céleste d'une jeune paysanne qui lavait quelques pièces de linge dans ce ruisseau. Je dis *ce ruisseau*, quoiqu'il eût bien pu passer ailleurs pour une petite rivière ; car il avait au moins six pieds de large sur quatre de profondeur. Revenons à ma jolie bergerette. Elle s'aperçoit que je l'examine

avec attention, elle rougit; et l'incarnat de la pudeur ne fait qu'embellir encore ses traits charmans...
La modestie, la vertu, ont quelque chose en elles qui réprime l'indiscrétion, inspire le respect, en impose à la curiosité.....Je ne voulus point l'embarrasser davantage, cette aimable enfant, et je continuai ma promenade... Le lendemain, le hasard, ou plutôt le desir de revoir mon inconnue, me fit porter mes pas du côté du ruisseau, et je l'y trouvai encore, s'occupant de nouveau des travaux de la veille. Cette fois-ci, malgré le trouble où la jeta ma présence, j'osai l'aborder, l'interroger : Mademoiselle, lui dis-je, est donc d'un village voisin, puisque hier et aujourd'hui j'ai le bonheur de la rencontrer à cette même place ? — Monsieur, j'habite maintenant Jurançon.—Jurançon renferme de bien

jolies pastourelles, si elles vous ressemblent toutes.

Elle rougit. Je continue : voilà un charmant ruisseau, sur-tout quand son onde réfléchit votre image. — Ce ruisseau, monsieur, oh! j'y viens tous les jours. — Vous l'aimez beaucoup? — Il me rappelle trop de souvenirs! — Des... souvenirs? — Pardon, c'est mon... secret. — Je n'ose point insister.

Un vénérable vieillard, qui paraît être un ecclésiastique, passe, un livre à la main : il s'arrête, il semble étonné de me voir causer avec la jeune béarnaise. De son côté, elle le regarde, incline légèrement la tête comme pour lui dire bonjour. Le vieillard lui demande : Charlette, comment se porte votre mère? —Fort bien, M. Verner. — Et... vous m'entendez? — Il se porte aussi à merveille.—Tant mieux. Les plus grands soins, Charlette?

c'est un don de la divinité. — Vous me l'avez appris.

Je m'aperçois que M. Verner et Charlette se connaissent; pour ne point troubler leur conversation, je salue l'un et l'autre, et je me retire.

Le lendemain encore, entraîné par un ascendant irrésistible, je retourne au ruisseau. Charlette y est; elle me fait un signe de tête pour me saluer, et je vois paraître le bon vieillard qui se promène en lisant. Il me fixe, et, cette fois, il m'adresse la parole: Monsieur connaît Charlette? —Je n'ai pas cet avantage, monsieur. Je suis un étranger qui voyage dans ces contrées; et l'attrait de cette campagne, de ce ruisseau... —Vous êtes nouvellement en Béarn? vous devez être enchanté des sites magnifiques, des points de vue pittoresques que vous offrent nos monts et nos vallées ? — Oui , depuis quelques jours, j'y admire en effet, un objet charmant.

Je regarde Charlette. M. Verner ne remarque point ce mouvement de l'intérêt qu'elle m'inspire. Il poursuit : C'est que tout parle ici aux yeux, à l'ame et à l'esprit. L'historien s'y rappelle les belles campagnes de César ; le botaniste y cherche les plantes utiles à la santé ; l'homme de lettres y trouve des idées, de la verve; et le peintre, des tableaux ravissans à tracer sur la toile. Mais il faut venir ici dans cette saison, vers l'automne. L'hiver, mon cher monsieur, l'hiver est plus affreux chez nous que partout ailleurs. Ce ne sont plus ces vallées délicieuses d'Aspe, d'Ossan, de Baréton ; ces gras pâturages, ces forêts majestueuses sur lesquelles les yeux trouvaient tant de charme à se reposer. Des rochers amoncelés, arides ; des montagnes hideuses, bizarrement inclinées; des pics énormes suspendus sur nos têtes, répandent dans l'ame une terreur profonde. Dans cette triste saison, monsieur, ce qu'on appelle la bise, la traverse, le marin, se déchainant presque sans interruption, transportent les neiges qu'ils divisent comme de la cendre, tantôt d'un côté, tantôt de l'autre; ils en forment des amoncellemens qui ressemblent à des dunes, et il arrive quelquefois que des maisons de douze à quinze pieds de haut se trouvent ensevelies sous ces amas de neiges que nous appelons dans le pays *des congères*. Voilà, monsieur, pendant l'hiver, l'état des montagnes qui aujourd'hui, et neuf mois de l'année, offrent un aspect si riant, si charmant, si romantique; j'aime à me servir de ce mot, quoiqu'il soit critiqué par quelques puristes.

Je regarde cet homme qui s'exprime avec la plus grande facilité. Monsieur, lui dis-je, est sans doute le pasteur de quelque village des environs ? — Non, monsieur, je n'ai pas cet honneur. Je fus ecclésiastique, attaché à la cure de Jurançon. Maintenant je tiens une classe où tous les petits enfans... — J'entends. — Je suis maître d'école, magister si vous voulez ; car voilà encore un mot qu'on a bien ridiculisé. Eh, monsieur, c'est une place qui exige, qui mérite... — Oui, qui mérite l'estime publique, quand elle est remplie par un homme aussi respectable que vous paraissez l'être. — Tous les jours, ma classe finit à trois heures ; alors, je prends un livre, et je viens ici me promener, lire, rêver sur le bord de ce ruisseau qui plaît à ma mélancolie, qui me rappelle d'ailleurs des souvenirs... — Voilà qui est singulier, ce mot de *souvenirs* m'a été dit aussi hier par cette charmante paysanne... vous... la connaissez ? — Si je la connais.... oh oui. — Vous soupirez? Aurait-elle été, serait-elle encore infortunée ? si ma bourse, si mes consolations... — Votre argent ne lui rendrait pas la paix de l'ame, qu'elle a perdue pour jamais ; vos consolations, à la bonne heure, elles pourraient calmer sa tristesse. Si je vous racontais !... — Oh, parlez, parlez? — Un moment, jeune homme, à qui parlerais-je? vos fréquentes excursions vers ce ruisseau, l'intérêt que vous prenez à Charlette, le feu qui vous anime... l'amour ou tout autre sentiment moins excusable, entrerait-il pour quelque chose dans... — Désabusez-vous, homme délicat. Charlette est belle; mais elle n'a excité en moi que de la sensibilité. Je suis époux et père, ce mot doit vous suffire. — Epoux et père, si jeune! oh, cela me rassure ; et ces doux nœuds contractés dans le printems de la vie, sont bien faits pour remplir entièrement un cœur pur... Mais Charlette se doute que nous parlons d'elle; retirons-nous vers ce petit bois, nous y causerons en liberté, et je vous apprendrai l'histoire de cette aimable personne.

Je suivis M. Verner ; lorsque nous fûmes dans un endroit isolé, sûrs de n'être pas interrompus, il prit la parole en ces termes:

« Charlette est la fille d'un pauvre chévrier, qui possédait une simple masure isolée dans la plaine, à une lieue de toute habitation. Charlette était dans sa première enfance lorsqu'elle perdit son père. Sa mère, femme sévère et dure même, l'éleva dans l'ignorance des usages les plus connus de la société. Bien loin de lui donner le faible talent de lire et d'écrire, elle ne lui apprit pas seulement qu'il est un âge où l'on peut devenir épouse et mère ; en sorte que l'amour, l'hymen, tous ces liens sacrés, Charlette n'en savait pas le moindre mot. Sa mère croyait, par ce moyen, la garantir des piéges des séducteurs, et ce fut justement ce qui l'y fit tomber avec le plus de facilité. Charlette avait ses quinze ans ; elle était fraîche comme la rose, vermeille comme l'aurore, et elle jouissait de cette santé robuste que donnent toujours le travail, les mœurs et la frugalité. Tous les jours elle menait ses chèvres paître dans la plaine, et son cœur ne connaissait d'autre sentiment que celui de la tendresse filiale. Sa mère, qui s'en croyait bien sûre, ne la guettait point, et s'en reposait, de son innocence, sur sa vertu et sa profonde ignorance.

« Il arriva cependant qu'un jeune seigneur, le fils du maître d'un château voisin, vit Charlette, la trouva à son goût, et, en vrai libertin, forma le projet de la séduire. Cela n'était que trop aisé. Cependant le jeune St.-Fardel, instruit comme tout le monde, de l'extrême naïveté de Charlette, forma un plan, imagina un moyen pour s'en faire aimer; et voici comment il s'y prit. D'abord, il s'habille en simple pâtre, et sous le nom de Joachim, il vient faire paître deux petits chevreaux auprès des chèvres de Charlette. Tandis que, sous la garde d'un chien fidèle, Charlette laisse son troupeau fouler l'herbe légère, l'osier flexible et le jonc vert prennent, sous ses doigts, les formes les plus agréables; et le faux Joachim joue quelques airs d'un flageolet rustique. On se rapproche; on cause; la plus grande simplicité brille dans les discours du pâtre. Il revient plusieurs jours de suite; il parle, il est séduisant, et le cœur de notre Charlette bat pour la première fois. Nouvelle *Annette*, elle écoute un faux *Lubin*, qui lui construit une cabane de feuillages pour la garantir des ardeurs du soleil, qui lui prodigue enfin les plus tendres soins.

« Le sexe est né curieux. Charlette, voyant que son ami est plus instruit qu'elle, rougit de son ignorance; elle le prie de lui apprendre tout ce qu'elle ne sait pas. Elle lui demande, par exemple, ce que c'est que le mariage, dont elle n'a pas la moindre idée. C'est là où l'attend le méchant jeune homme. Il lui persuade que l'acte du mariage n'est autre chose que le serment que se font deux amans, devant Dieu, à la face du ciel, de s'aimer toujours et de s'appeler dorénavant mari et femme. Charlette le croit, elle n'en sait pas davantage. Elle demande si elle peut consulter sa mère sur ce point ; le faux Joachim le lui défend bien. Jamais, lui dit-il, on ne parle de cela à ses parens ; ta mère et les auteurs de mes jours ont agi ainsi.

« Il y a bien d'autres questions que notre ingénue voudrait faire, sur les moyens de devenir mère.... Elle ne l'ose point, et Saint-Fardel, qui la devine, lui promet de lui apprendre encore cela quand ils seront mariés.... à sa manière.

« Enfin, un jour qu'assise au pied d'un chêne touffu, Charlette sentait son sang embrasé par les chaleurs du midi, le faux pâtre saisit cet instant pour accomplir ses projets. Il la presse contre son cœur ; il la conjure de prononcer avec lui le serment de l'hymen ; elle y consent, et bientôt....

il ne lui reste plus rien à savoir.

« Saint-Fardel jouit ainsi pendant quelques mois de sa conquête ; puis, entraîné par de nouveaux desirs, il ne reparaît plus. Quelle douleur pour Charlette !... Elle s'informe par-tout de l'ami de son cœur ; et, comme il lui avait donné une fausse adresse, elle ne peut le retrouver. Il arriva que sa mère fut obligée, pour recouvrer un faible héritage à Paris, de s'absenter pendant plusieurs mois. A son retour, cette mère imprudente trouve à sa fille un embonpoint qui l'effraie. Elle la questionne, elle la menace ; Charlette se jette à ses pieds, en lui disant qu'elle est mariée. La mère, au comble de la surprise, se fait répéter, expliquer ce mot, et elle voit que sa fille a été trompée !... Elle est furieuse ; elle maltraite la pauvre enfant ; elle lui démontre clairement qu'elle a été abusée, et rien n'égale le désespoir de l'infortunée. Cette crise violente la rend mère quelque tems avant le terme prescrit; et dans sa douleur, après s'être assurée que sa mère prendra soin de son fils, elle s'échappe eu secret, et court se précipiter dans ce même ruisseau au bord duquel vous venez de la voir!...

« Le hasard me faisait passer parlà. J'aperçois une femme qui se débat; je me jette à la nage, et j'ai le bonheur de la sauver. Revenue à elle, sa faible voix me raconte ses malheurs; elle veut mourir; elle redoute trop les emportemens continuels d'une mère irritée. Je prends tout sur moi, et je ramène cette victime de la séduction à cette mère, que je calme, que je rends à la raison, à la douceur, à la résignation. Depuis ce moment, ces deux êtres, si bien faits pour s'aimer, vivent dans la plus tendre intelligence. La mère a senti qu'elle était la cause de la faute de sa fille, et Charlette cherche à la réparer en se montrant un modèle de sagesse, de piété filiale, de toutes les vertus domestiques. Ce ruisseau, où j'ai eu le bonheur de lui sauver la vie, lui est devenu si cher, que tous les jours elle y vient vaquer à cette partie du ménage à laquelle vous l'avez vue s'occuper ces jours-ci. On élève le petit enfant, mais sans espoir de le faire jamais reconnaître par son père, qui tient à une famille orgueilleuse, puissante, et qui d'ailleurs a quitté le pays. Vous ne vous doutez pas combien j'aime ce pauvre petit innocent à qui j'ai conservé sa mère. Il me fait faire souvent de bien tristes réflexions. Est ce le sort, me dis-je, le hasard qui nous assigne notre entrée dans le monde ? Faut-il qu'un être voie le jour pour rougir éternellement de sa naissance, puisque le préjugé des hommes !... Cela me fait penser.... Ah, monsieur ! si je vous lisais un manuscrit des plus intéressans que je possède !... »

M. Verner s'interrompit à ces mots, me prit la main, me ramena vers Jurançon, et me dit avec l'accent de la plus vive émotion : Vous y verrez, monsieur, une victime bien touchante de la fatalité ! — Quoi, vous avez un manuscrit ? — Si j'étais doué du talent d'écrire, de rassembler les feuillets épars, de faire imprimer tout cela, je serais bien sûr que cet ouvrage toucherait quelques ames sensibles. — Daignez m'expliquer ? — Voilà ce que c'est. Il y a quinze ans qu'une famille, on ne peut pas plus respectable, habitait un grand château dans la vallée là-bas. J'y donnais, moi, des leçons à leurs petits enfans. Le père de mes jeunes écoliers, à qui j'eus le bonheur d'inspirer quelque estime, me raconta un jour ses aventures. Je l'engageai à les transmettre sur le papier; il le fit, et il eut la complaisance de me confier ce précieux manuscrit, en me conjurant seulement, si je me décidais jamais à le mettre au jour, d'en changer les noms, pour ne point compromettre une famille généralement vénérée. Depuis dix ans, cette famille est allé s'établir à Paris, et je suis resté possesseur du manuscrit. Avez-vous le tems? venez chez moi, nous le lirons, nous verrons à y mettre de l'ordre; car il y a long-tems que je ne l'ai regardé.

J'acceptai la proposition de M. Verner; nous passâmes ensemble presque toute la nuit à parcourir ce manuscrit, et il produisit sur moi une si profonde impression, que, m'étant fait connaître plus particulièrement de mon hôte, il me l'offrit pour le faire imprimer. Je lui objectai que je ne me sentais pas le talent nécessaire pour refondre tout cela, en ôter les longueurs, etc. Je lui parlai d'un ami que j'avais, qui pourrait bien s'en charger; mais j'ajoutai que cet ami y apporterait peut être un peu de répugnance, ayant déjà fait quelques ouvrages que je lui citai, où, comme dans celui-ci, il est question d'enfans dont la naissance est mystérieuse. — Quel scrupule aurait là votre ami, me répondit M. Verner! les cadres sont différens, si la première donnée est la même. Et d'ailleurs celui-ci ne sort que trop de la classe ordinaire des ouvrages faits sur un pareil sujet! Rien de plus commun dans la société que le sort d'Elmonde! et l'on rencontrerait bien des gens plongés dans le même embarras que cette intéressante personne, si on les questionnait sur leur véritable nom, sur celui de leur père! Je vous assure, monsieur, que ceci diffère beaucoup de tous les sujets déjà traités par votre ami, puisque vous venez de me les détailler. Les personnages, leurs aventures, leur état, leurs mœurs, bon! c'est toute autre chose! Rien de merveilleux dans ce manuscrit; point de tours de nord où il revienne des fantômes, point de spectres, rien en un mot d'extraordinaire : tout a pu se passer, pourrait encore arriver demain, ainsi qu'il y est décrit. C'est l'histoire d'une famille de bons bourgeois, dont l'un d'eux a éprouvé un événement qui comprimera, je le sais, le cœur de quelques lecteurs, mais qui pourtant n'a rien du tout d'étrange ni de surnaturel. Rassurez votre ami; engagez-le à mettre de l'ordre dans ces papiers, à les publier enfin, et je vous promets, moi, qu'on n'y trouvera pas la moindre ressemblance de faits avec ses premiers ouvrages. Vous dites qu'il a consacré sa plume à la peinture des mœurs et des actions vertueuses ; eh bien ! il offrira encore à ses lecteurs, dans Elmonde, un modèle de toutes les vertus. Elle sera d'un grand exemple pour les enfans ingrats, dénaturés, et je suis certain que les pères de famille sauront gré à l'auteur de leur avoir tracé un pareil tableau. Il peut être même, j'ose le dire, d'une grande utilité pour l'éducation de la jeunesse, mon manuscrit ! et si je vous le donne, ce n'est qu'à condition qu'il sera rendu public, et que j'en aurai le premier exemplaire.

Je remerciai l'estimable M. Verner; j'emportai l'histoire d'*Elmonde*, et je te la remets, mon cher D....., en t'engageant à profiter des avis du digne précepteur béarnais, à la mettre au jour enfin, bien persuadé que si l'on y trouve des défauts, on ne te reprochera pas au moins d'y avoir blessé la morale publique. »

J'ai suivi les conseils du voyageur mon ami ; mais, quelque prévenus que lui et ce M. Verner aient été en ma faveur, je n'en réclame pas moins l'indulgence de mes lecteurs, en leur soumettant ce nouvel ouvrage ; trop heureux si mon Elmonde et sa bonne mère adoptive peuvent les intéresser quelques momens !

ELMONDE

OU

LA FILLE DE L'HOSPICE.

PREMIÈRE PARTIE.

> Elle avait un habit de bure, une guimpe blanche, un simple tablier de futaine; mais quel œil ! quelle jolie mine ! quelle grâce sous ce simple vêtement !....

JE vous dis, monsieur le capitaine, que la pluie redouble.—Croyez-vous que je ne l'entende pas, M. Poncet, que je ne la sente même pas ? Cette chaise est si mal fermée, et il fait un tems du diable.—Oh oui, monsieur le capitaine, le tems est affreux. Avec cela, nous ne savons pas où nous sommes.—Ah ! voilà les suites de votre obstination, M. Poncet ! ne connaissant pas ces maudits chemins, moi, je voulais prendre un guide : nous ne nous trouverions pas embarqués dans ces gorges de montagnes, par la nuit la plus obscure, et au milieu d'un orage épouvantable. Vous sentez bien que ce n'est pas l'orage qui m'effraie : j'en ai bien vu d'autres, mon Dieu! et de bien plus dangereux. Quand on a couru les mers quarante ans de sa vie, on doit être habitué à tous les tems. Mais où sommes-nous, voilà ce qui m'inquiète? — Quelle heure est-il, monsieur le capitaine? — La question est bonne par exemple! que m'importe l'heure; c'est la carte du pays qu'il me faudrait. Comment voulez-vous que je vous dise l'heure? puis-je regarder à ma montre, dans cette obscurité qui nous dérobe les cieux, la terre, et les précipices peut-être où nous allons être engloutis, si nous n'y prenons garde. — Grand Dieu ! vous me glacez l'ame ! — Eh bien, M. Poncet, il faut savoir mourir, vous me l'avez dit cent fois. — Oui; mais quand il arrive le moment de pratiquer cette science !... — Ah, voilà de mes philosophes ! rassurez-vous cependant. J'ai toujours oui dire que les routes du Béarn n'étaient pas dangereuses. Il n'y a que lorsque les fleuves s'y débordent. — Comme ce vilain Gave d'Oléron qui, là-bas, nous a fait détourner de notre droit chemin... Mais ne voyez-vous pas des lumières ici sur la droite ?

Le capitaine regarde : je ne vois rien, M. Poncet ; c'est quelque aiguille des Pyrénées qui, par sa hauteur, se trouve plus éclairée que ce sol où nous sommes. Je reviens au débordement du Gave ; c'est encore votre obstination qui nous a fait fuir ce fleuve, comme s'il allait nous entraîner dans son cours. A Pau on nous avait dit de suivre tout droit; que nous n'avions que quatre lieues à faire pour atteindre Oléron ; et voilà que la peur vous prend en voyant se gonfler les eaux du Gave. Vous criez à Bartholin de diriger ses coursiers sur la gauche ; il suit sottement cet avis, et voilà encore qu'au lieu de quatre lieues nous en avons fait huit à dix peut-être, sans retrouver le chemin de la ville, sans découvrir la moindre habitation, sans rencontrer ame qui vive.—Pouvais-je prévoir que la nuit deviendrait si noire, que l'orage redoublerait?—Vous qui prévoyez tout, qui devinez tout! j'espère que, cette fois, votre sagacité est en défaut. — Ce pauvre Bartholin! il est percé, là, sur son siége ; et à son âge, cela ne fait pas de bien! — Comment faire, voulez-vous prendre sa place ? — Non en vérité, quelque mal qu'on soit dans cette voiture, on y est mieux encore qu'au grand air. — Oh! s'il n'y avait que le grand air ; mais la pluie, la grêle, tout ce qui tombe!... — Il est bien heureux, monsieur le capitaine, que Mme Fréming ne soit pas avec nous ! — Ma femme! elle voulait venir, et vous l'y engagiez encore, vous ! c'est moi qui l'ai détournée de ce projet. Mais paix ? l'heure sonne quelque part, laissez-moi compter... onze heures. Onze heures du soir! et dans un pays perdu. Ah! mon jeune fou se souviendra des pas qu'il me coûte, et du mauvais sang qu'il me fait faire! — Monsieur le capitaine, je vous répète que je vois une lumière, et très-près de nous, là, à droite. — En effet, voilà une croisée éclairée: que ce soit une masure ou un château, j'y frappe, j'y entre, et je me fais donner l'hospitalité pour le reste de la nuit. — Bonne, excellente idée, monsieur le capitaine. — Bartholin, Bartholin, arrête; nous allons descendre.

Bartholin, qui conduit la chaise du capitaine, exécute l'ordre qu'on lui donne, et nos deux voyageurs étant descendus, éprouvent une vive satisfaction en se trouvant à la porte d'une espèce de ferme qui, ils ont droit de l'espérer, va leur offrir un abri.

Un bon vieillard en bonnet de nuit ouvre la fenêtre et avance la tête, en tenant une lampe à la main : c'est Michelon, c'est le maître de la ferme ; il a entendu une voiture s'arrêter près de sa porte, et, n'attendant aucune visite, il veut savoir qui peut venir si tard chez lui. Que voulez-vous, messieurs, dit-il au capitaine Fréming et à son compagnon de malheur ? — Parbleu, répond le capitaine, je veux ce que je vous offrirais de bon cœur, si nous étions vous à ma place et moi à la vôtre. — Quoi donc ? — Est-ce que la pluie, les vents, la grêle, ne vous disent pas que c'est l'hospitalité. — L'hospitalité ? oh ! de bien grand cœur, mon bon vieux monsieur... Jacquet, vas ouvrir la grande porte de la cour.

Le garçon de ferme Jacquet, qui

dormait déjà comme une marmotte, se lève en se frottant les yeux, se fait répéter l'ordre de son maître, s'habille à moitié, et met un grand quart d'heure à ouvrir à nos voyageurs. Le capitaine jure comme un désespéré, en recevant si long-tems la pluie sur le corps. Enfin on l'introduit avec M. Poncet dans la grande salle du bas, où Michelon leur offre a souper, ce qu'ils acceptent sans cérémonie.

Pendant que Jacquet aide Michelon à remiser la voiture, le capitaine, tout en mangeant et sur-tout en buvant, examine la figure probe et bonne du fermier béarnais. Quel âge avez-vous, brave homme, lui demande-t-il ? — Mais, monsieur, tout à l'heure cinquante-six ans. — Diable, vous êtes déjà plus cassé que moi qui en compte soixante-douze. — Soixante-douze ans ! — Oui, soixante-douze ans, tout autant. — On ne vous les donnerait pas. — Je le crois bien. Je suis droit et vert encore. Je fais mes quatre repas, et je n'ai d'autre infirmité qu'une maudite goutte qui, de tems en tems, me tient dix jours entiers les jambes sur une chaise; mais il y a trente ans que je l'ai, la méchante; nous sommes habitués l'un à l'autre ! — Eh comment avez-vous fait pour conserver une aussi belle santé ? — Comment j'ai fait ? précisément tout ce qui détruirait celle des autres. J'ai voyagé, couru toutes les mers connues ; j'ai couché dix mille fois sur la dure, en plein air, sur la neige ; j'ai bu comme un sonneur ; j'ai fait en un mot, ce qu'un fat qui voyageait dernièrement avec nous, et qui voulait faire le beau parleur, appelle *les cent coups*. Entendez-vous ce qu'il veut dire ? Je n'y comprends rien, moi ; mais je devine pourtant que cela signifie faire tout ce qu'il faut pour altérer sa santé et atteindre la caducité avant la vieillesse. — Monsieur est marié ? — Depuis trente-deux ans, et à une femme qui est aussi douce, aussi tranquille que je suis vif et brouillon. — Et monsieur est père de famille ? — Cela m'est venu tard, et toujours trop tôt. Je n'ai qu'un fils, âgé de vingt ans seulement, un petit sournois, gentil à croquer de figure, mais un saint tranquille aussi comme sa mère, et qui ne laisse pas que d'avoir et de faire ses petites volontés. Et vraiment c'est lui qui est cause que nous voilà chez vous à vous importuner, à cette heure, par un tems du diable. — En effet, je m'étonne que monsieur se soit égaré dans ces campagnes où les routes sont superbes. — C'est ce que je disais à ce grave personnage que vous voyez-là, à M. Poncet qui, depuis un moment, ne dit pas une parole pour ne pas perdre un coup de dent. Je me tuais de lui répéter que les routes du Béarn sont droites et très-belles; il nous en a fait détourner, l'orage a redoublé, et nous avons couru vingt fois le risque de verser. — Je le crois, si, par la direction qu'avait votre voiture lorsqu'elle s'est arrêtée ici, je puis juger que vous avez côtoyé le torrent où le Vert se jette dans le Gave, là bas près de Navarreins. Vous aviez encore à gauche le Gaison qui doit être débordé, et plus loin le torrent de Salliers qui est le plus rapide que je connaisse. Il y a par-tout là des précipices affreux ; il ne fallait qu'un ravin un peu fort pour vous y entraîner. — Là, il paraît, M. Poncet, que nous l'avons échappé belle. Il ne parlera pas, non ! il ne fait que manger.

M. Poncet répond, tout en déchirant une cuisse de dinde : bon, bon, j'étais sûr que nous arriverions. — Oui, à un endroit où l'on pût souper ; mais au but de notre voyage, je crois que nous en sommes bien loin. En un mot comme en cent, père Michelon, dites nous où nous sommes ? — Vous êtes dans la vallée d'Aspe, cette belle vallée qui commence proche la ville d'Oléron, et qui s'étend très-avant dans les montagnes des Pyrénées. Au milieu de cette vallée coule, dans toute sa longueur, le Gave qui, formé par les petits gaves d'Aspe et d'Ossan, prend sa source là haut près des frontières de l'Espagne qui ne sont éloignées d'ici que de quatre lieues. C'est le débordement de ce Gave qui vous aura éloignés de la grande route; car sans doute, vous venez d'Oléron? — Point du tout : c'est à Oléron que nous allons, et nous venons de Pau, où j'ai laissé ma femme. —Vous allez, dites vous, à Oléron ? Mais vous avez passé cette ville de plus de trois lieues et demie. Vous en avez fait près de huit au lieu de quatre qu'il y a de Pau à Oléron. — Voyez, Poncet? n'est-ce pas l'enfer qui s'en mêle! Enfin, papa Michelon, vous nommez cet endroit - ci, où vous êtes, là, où est cette ferme? — C'est la ferme des Châtaignerayes, située entre le Pic d'Escot, et le Pic d'Anie, près de la montagne d'Athas, et à une demi-lieue du village de Lescun. — Ainsi, il nous faudra faire, demain matin, trois lieues pour rejoindre une ville où nous aurions pu coucher ce soir! — Je ne conçois pas comment vous avez pu vous en détourner à ce point! car si vous êtes de Pau, si vous y logez... — Je n'en suis point, et je n'y loge point. Je n'y suis que campé dans une auberge, et depuis six jours. — Mais encore, puisque vos affaires vous appelaient de ce côté-ci, on a dû vous en indiquer la route, l'une des cinq grandes routes qui sortent de la ville de Pau. On a dû vous dire que celle d'Oléron prenait entre les villages de Gelos et de Jurancon? — De Jurancon? est-ce de ce village que le vin de Jurancon a pris son nom si connu? — Justement! c'est le commerce du pays. — Non : on ne m'a nommé ni Gelos ni Jurancon; parbleu! j'aurais bien retenu ce dernier. On nous a dit seulement, voilà le chemin. Nous l'avons pris : il faisait jour encore quand nous sommes partis de Pau. On voyait de loin des montagnes de tous les côtés et à perte de vue; dans un creux entre ces montagnes, nous avons aperçu un haut clocher, nous avons cru que c'était la ville d'Oléron... — Vous ne vous êtes pas trompés; c'est le clocher de la cathédrale de cette ville dans le fauxbourg Ste.-Marie. — Mais le Gave a paru se détourner, se déborder en recevant les eaux d'un ruisseau devenu torrent : cet homme, qui est entêté comme une mule, a prétendu qu'il fallait prendre à gauche ; nous avons pris à gauche de toutes manières ; car nous nous sommes égarés. — Aussi, monsieur, pourquoi êtes vous parti si tard de Pau, pour vous engager dans des chemins que vous ne connaissiez pas ? — Pourquoi ma goutte, qui me retenait depuis cinq jours dans la chambre, ne m'a-t-elle quitté qu'après mon dîner ; je serais parti dès le matin, la veille, deux, trois jours plutôt, si la traîtresse me l'avait permis.

Il fallait me permettre à moi, interrompt M. Poncet, de courir seul à la recherche de mon élève ? je vous l'aurais déjà ramené. — O le beau précepteur! comme il est adroit pour voyager? il m'aurait ramené déjà mon fils, son élève! et sait-il mieux que moi ce qu'il est devenu son élève? il est peut-être tombé dans quelque précipice! — Ah, mon dieu, quelle idée! — Et que voulez-vous que je pense, depuis cinq jours que Mondesir est absent, quand il ne devait mettre que quarante-huit heures à son voyage! — Nous le retrouverons, j'en suis sûr. — Ah, certes, mort ou vif, il faut bien que nous le retrouvions. Je battrai plutôt ce pays-ci dans tous ses coins, et je ne rejoindrai ma femme qu'avec des nouvelles sûres de son fils. — Vous cherchez monsieur votre fils, demande le fermier Michelon? — Oui, ne l'auriez vous pas vu? Un jeune homme blond, yeux bleus, cinq pieds quatre pouces, veste, gilet et pantalon à la marinière? — Je n'ai vu ni rencontré personne de ce signalement. — Je m'en doutais bien ; ce serait un hasard !..... — Mais comment vous a-t-il quitté? — Oh ça, c'est une histoire qui serait trop longue à vous raconter pour le moment. Remettons-la à demain matin ; en déjeunant, je vous conterai cela, et je vous ferai des questions assez importantes, auxquelles je serais charmé que vous pussiez me répondre. J'ai bien des choses à vous dire. — A moi, monsieur? — A vous, à vous. — Quoique je n'aie pas l'honneur d'être connu de vous? — Oui, quoique vous n'ayez pas *cet honneur* là! Il me fait enrager avec son honneur: je suis un bon, rond et franc marin, moi. Je n'honore personne. Quand je témoigne de la confiance à quelqu'un, c'est que je l'estime, et je veux en être estimé de même, voilà tout... Ah çà, nous avons soupé, n'est-ce pas?... Avez-vous soupé, M. Poncet? — Oh oui, monsieur. — Voilà un *oh oui* qui me prouve que vous vous en êtes fort bien acquitté.... Eh bien, mes amis, buvons un coup, et allons nous coucher; car vous me donnerez bien un lit, n'est-ce pas bon Michelon? — Je vous céderais plutôt le mien. — Ce serait une folie! mais je ne suis pas en peine de trouver un matelas, quelque chose dans votre ménage. En parlant de votre ménage, n'auriez-vous pas ici à me donner un doigt de quelque liqueur? — Pardonnez-moi, monsieur, mais je n'en fais pas d'usage, et je n'en possède pas une goutte — Eh bien j'en ai, moi, je ne marche jamais sans un bouteille de rhum. Eh Bartholin?... Où est donc mon domestique? Oh, il se sèche à la cuisine; il fait bien; le pauvre malheureux doit être trempé. Bartholin?... Ah, te voilà, donne moi ma dame-jeanne?

Bartholin apporte la dame-jeanne; puisque c'est ainsi que l'appelle le capitaine; le capitaine en verse à M. Poncet. Michelon en refuse. — Goûtez, goûtez cela, lui dit notre vieux marin? c'est du rhum qui a cinquante à soixante ans; c'est mon camarade de jeunesse; voilà pourquoi je lui ai voué une amitié qui ne finira qu'avec ma vie. Oh, j'aime mes anciennes connaissances.

Le fermier en goûte par complaisance, fait la grimace, jette ce qui reste dans son verre. Le capitaine rit aux éclats, et redouble, ainsi que M. Poncet.

Michelon conduit ensuite le capitaine et le grave M. Poncet dans une chambre à deux lits. Le capitaine se jette tout habillé sur le sien, et il ne tarde pas à s'endormir.

Au petit jour, il est debout, et réveille brusquement le précepteur de son fils, qui aurait bien sommeillé encore quelques heures. Allons donc, M. Poncet, lui dit le capitaine, est-ce que nous n'avons pas de la besogne aujourd'hui ? Il faut d'abord déjeûner, puis chercher notre cher Mondesir, et retourner à Pau : nous avons promis à Mme Fréming d'y être revenus ce soir. — Monsieur le capitaine... — Oui, monsieur le capitaine ! vos yeux ne sont pas encore ouverts. Habillez-vous, et vîte, je vous prie : pendant ce tems, moi, j'irai causer avec notre hôte qui se promène déjà là-bas dans son jardin. — Quel tems fait-il ce matin, M. le capitaine ? — Le plus beau tems du monde : il ne paraît même pas qu'il ait plu. Mais habillez-vous pour jouir vous-même de ce beau tems et de la vue des sites superbes qui nous environnent.

Le capitaine descend et aborde le fermier. Bonjour, brave homme. — Ah, monsieur le capitaine, j'ai l'honneur de vous saluer. Avez vous bien passé la nuit ? — Je dors toujours bien. Vous voilà de bonne heure dans vos domaines. — Dans mes domaines, ah! ils ne sont pas à moi. — Non? cette ferme ne vous appartient pas? — Non monsieur ; elle est à monseigneur le comte Rigolo, propriétaire de ce vaste et antique château que vous apercevez peut-être là-bas, là-bas, et qui est à une lieue d'ici. — M. le comte Rigolo ; voilà un singulier nom! — C'est un seigneur d'origine espagnole, et qui est encore bien plus singulier que son nom! — Oui? c'est un original? — S'il n'était que cela! — Bon! on le dit méchant peut-être? — Il circule tout bas les bruits les plus affreux sur son caractère..... Mais je m'aperçois là..... Il ne m'appartient pas de dire du mal de mon maître : ce sera la première et la dernière parole que je me permettrai sur son compte.

— Pourquoi, pourquoi ? quand un maître est dur, inhumain, injuste envers nous. — Je n'ai, moi en mon particulier, aucun sujet de m'en plaindre. — Ah, il vous a toujours traité avec douceur ? — Il n'a pu user ni de douceur, ni de rigueur envers moi ; car je ne l'ai vu que deux fois dans ma vie. — Je conçois que... — Et cependant il y a douze ans que je suis son fermier. — J'entends ; c'est que peut-être il n'habite pas son château ? — Oh ! mon dieu non. Depuis douze ans, il n'y est venu qu'une fois, et en passant. Ce château est trop gothique, il n'est vraiment pas habitable. — On peut s'en douter, en l'examinant d'ici. Mais à qui comptez-vous donc ? — A son concierge, qui l'habite lui constamment le château ; oh, pour lui-là, je vous réponds bien que c'est le plus méchant homme !..... Et si le proverbe est vrai qui dit *tel maître, tel valet*..... Mais voilà encore que j'y prends ma chienne de langue.... De grace, monsieur le capitaine, quittons cet entretien qui pourrait me faire dire quelque sottise. — Je le veux bien, brave homme, et j'approuve même votre retenue. Il n'est jamais beau de mettre au grand jour les défauts de ceux de qui nous tenons notre pain. — C'est vrai, et cela n'est pas dans mon caractère... Mais aussi c'est qu'il y a de certaines gens.... — Oui, oui, oui, je vous comprends, taisons-nous donc sur monseigneur le comte Rigolo et sur son aimable concierge.

Un jeune homme paraît. Il dit :

proche du fermier et lui parle à l'oreille. Ce jeune homme est d'une très-petite stature ; mais il a l'œil vif, la physionomie expressive, et quoique très-simplement vêtu, on pourrait lui trouver un air distingué. Il s'éloigne. — Quel est ce jenne gas-là, demande le capitaine ? — C'est, lui répond Michelon, mon neveu Sévérino, un petit basque, né là-bas, près de Bayonne, et qui est d'une intelligence rare. Je l'avais placé à Bayonne même, chez un homme fort riche, mais qui vient de mourir, et mon neveu se trouve par ce moyen sans place. — Et vous l'avez chez vous ? — J'espère qu'il n'y sera pas long-tems ; la providence me fera peut-être lui trouver de l'occupation. —Dans quelle partie?—Mais comme domestique ? — Ah, oui, comme domestique ? Je l'aurais cru au-dessus de cet état. — Il est vrai qu'il est gentil tout-à-fait, qu'il a bonne mine, et sur-tout une fidélité à toute épreuve.—Oui-dà ? vous m'en répondriez ? — Comme de moi-même. — Eh bien, mon fils a justement besoin d'un domestique. Je vous demanderai votre neveu pour lui, si toutefois je retrouve mon étourdi ; car je ne sais où il est. — Vous me rendrez un grand service; mais à propos de monsieur votre fils, vous m'avez promis... — Oui, oui, oui, volontiers : asseyons-nous là, nous causerons plus à notre aise.

Le capitaine et le fermier s'asseyent sur un banc de gazon, et le capitaine prend la parole en ces termes : Vous désirez savoir pourquoi je suis séparé de mon fils, et ce qui me fait courir après lui ? Deux mots vont vous mettre au fait. J'ai quitté les Iles ; je suis venu dans ce pays-ci pour y faire une recherche importante, une recherche !... dont dépendent ma tranquillité, le repos de ma vieillesse, celui même de ma conscience. — De votre conscience ? — Oui, oui ; mais c'est une autre histoire que je n'ai pas le tems de vous raconter et qui ne vous regarde pas ; ne m'interrogez plus et laissez-moi parler. Je savais qu'à Oléron, dans le Béarn, ou dans les environs et très-près d'Oléron, devait résider la personne que je cherche. En conséquence je suis venu me planter tout uniment dans une auberge de Pau, avec ma femme, mon fils, son précepteur que vous avez vu, et mes domestiques. Dès le lendemain de mon arrivée à Pau, il y a six jours de cela, je voulais me mettre en marche pour aller m'informer de celui que je cherche ; mais ma chienne de goutte m'a pris à un point !... que j'ai jugé que j'en aurais pour huit jours au moins. Je suis né vif, décidé ; il faut que ce que je veux, ce que je désire, se fasse sur-le-champ. Cet obstacle me désespéra. Mon fils m'offrit d'aller le premier aux enquêtes, en attendant que nous pussions tous nous en occuper. « Mon père, me dit-il, si vous me le permettez, je prends un cheval, je pars sur-le-champ, je parcours Oléron, ses alentours, et, que j'aie trouvé ou non, je vous promets d'être de retour ici demain au soir ».

« Je goûtai cette proposition : sa

mère qui le couve des yeux, ou qui peut-être avait un pressentiment funeste, voulut en vain s'opposer à ce voyage : ce fut encore inutilement que son précepteur se proposa pour l'accompagner : mon jeune fou, fier de ses vingt ans, voulant prouver, en cette circonstance, qu'il était un homme, monta à cheval et partit; mais il nous répéta plusieurs fois la promesse de revenir le lendemain !... et voilà cinq jours qu'on n'en a pas entendu parler !.... Ah çà ! quand j'ai vu ce retard et que la mère se désolait, moi-même éprouvant beaucoup d'inquiétudes sur ce qui pouvait être arrivé à mon fils unique, j'ai profité du moment où ma goutte m'a quitté ; et, malgré les remontrances de ma femme, qui me faisait sentir avec raison que mon fils et moi nous allions courir l'un après l'autre sans peut-être nous rencontrer, j'ai pris M. Poncet avec moi, j'ai ordonné à Bartholin de mettre un cheval à ma grande calèche fermée, et je suis parti hier à quatre heures après midi, bien persuadé que nous arriverions à Oléron avant la nuit, que quelqu'un pourrait m'y donner des nouvelles de mon fils : à présent vous savez le reste. Que vais-je devenir! dans quel état va se trouver ma pauvre femme si je ne lui ramène pas son Benjamin, si je ne puis lui dire ce qu'il est devenu?.... Ce n'est pas parce qu'il est notre enfant; mais, tenez, demandez à M. Poncet que voilà enfin habillé, demandez-lui si Mondesir n'est pas un garçon accompli? »

C'est vrai, répond M. Poncet ; il

y a dix ans que je fais son éducation ; je l'ai toujours admiré pour son intelligence, son esprit et sur-tout son excellent cœur. — C'est qu'il est joli garçon avec cela, reprend le capitaine ! des yeux ! un nez ! une bouche ! ce sont tous les traits de sa mère, qui a été une jolie femme, n'est-ce pas, M. Poncet ? — Madame en a conservé encore de beaux restes. — Oui, oui, elle n'est pas mal encore, la bonne femme.... Voilà, mon cher Michelou, la cause de mon excursion dans votre vallée d'Aspe, et de mon importunité auprès de vous. — Vous vous moquez, M. le capitaine. — Elle ne sera pas de longue durée ; car, après le déjeûner, je pars, je visite Oléron, je m'informe de mon fils, et je tâche d'être auprès de ma femme ce soir. Faites nous déjeûner tout de suite, mon ami. — Oh ! très-volontiers, messieurs ; car moi-même j'ai une affaire.... j'éprouve une inquiétude mortelle ! — Laquelle ?... — Je vais vous donner une idée du caractère dur, implacable de Bajaloz, ce concierge de monseigneur le comte Rigolo, dont je vous parlais tout-à-l'heure. Les derniers six mois de fermage que je lui dois sont expirés d'hier : eh bien ! il a rencontré ce matin Sévérino, mon neveu, et il lui a signifié que si, ce matin même, je ne lui portais pas la somme, il me ferait exécuter dans les vingt quatre heures. Il est homme à le faire ! — Quelle sévérité ! — Il a donné pour prétexte que le château de son maître est en vente (cela est vrai) ; que d'un moment à l'autre il peut se rencontrer un acquéreur ; que M. le Comte peut terminer avec cet acquéreur ; que sais-je ; qu'enfin il lui fallait sur-le-champ ses quinze cents francs. Jugez de mon embarras ! Ces plaines sont communément assez fertiles en bled, en avoine, en millet, en gras pâturages ; mais l'année a été mauvaise ; j'ai été grêlé ; on m'a emporté des sommes qui m'étaient dues ; bref, je n'ai que trois cents livres sur les quinze cents qu'il me demande. Avec huit jours de répit seulement, j'aurais fait des recouvremens sûrs, ou trouvé quelque ami qui serait venu à mon secours.... Mais laissons cela ; je vois que M. le capitaine est distrait, occupé d'autres affaires, et plus sérieuses pour lui que les miennes. Il pense à son fils ; il a raison : je ne lui ai cité ce trait que pour lui faire connaître le méchant en qui monseigneur a mis toute sa confiance.

Je suis distrait en effet, répond le capitaine....; oui, je pense à mon fils, et je vous en demande pardon. Cette distraction est bien naturelle, n'est-ce pas ?... Il m'est venu une idée....: j'ai quelqu'un en vue, dont on m'a parlé, qui habite Oléron, à qui mon fils avait été recommandé. Il est possible que Mondésir soit descendu chez lui. — Chez qui donc, M. le capitaine ? interrompt M. Poncet, je ne vois pas.... — Paix !... vous parlez sans savoir ce que vous dites, ce que je veux dire. Oui, je suis persuadé que mon fils est dans cette maison. Mon cher Michelon, me permettriez-vous d'user d'avance des droits que j'aurai bientôt sur votre neveu, que je prends définitivement à mon service? Souffririez-vous qu'il me fît, en ce moment, une commission? je l'enverrais à Oléron. Avec un cheval il pourrait être de retour dans trois ou quatre heures, mettons en cinq; et, s'il trouvait mon fils, il me le ramènerait ici, où nous pourrions passer quelques momens de plus auprès de vous. — Monsieur..., vous êtes le maître !

Le capitaine s'aperçut que le fermier avait l'air embarrassé, et qu'il ne lui cédait quelques momens un neveu dont il avait besoin pour sa propre affaire, que dans la crainte de désobliger un homme qui donnait sur-le-champ une place à ce neveu.

Le capitaine alla écrire chez Michelon. Quand sa lettre fut finie, il dit à part à Sévérino qu'il trouva tout prêt à partir : Cours, mon ami, vole au château du comte Rigolo, remets cette lettre, ces quinze cents francs au concierge, et fais-toi donner la quittance des six mois de fermage que lui doit ton oncle. — Quoi ! monsieur.... — Point de quoi ni de mais : fais ce que je te dis : dès ce moment je suis ton maître, je te l'ordonne, et je t'ordonne de plus, à ton retour, de dire tout haut que tu as été à Oléron, que tu n'as point vu mon fils, en un mot de cacher la vérité à ton oncle jusqu'à ce que je sois parti.

Le basque promit tout, et s'éloigna. Le capitaine revint trouver le fermier ; il parut gai en déjeûnant, et s'entretint du plaisir qu'il allait goûter en embrassant son fils, que sans doute Sévérino allait lui ramener. Dieu sait combien de fois il poussa, serra et pinça même jusqu'au sang M. Poncet qui, ne sachant rien de son projet, le contrariait à toute minute. Mais enfin il sçut persuader le bon Michelon, homme simple d'ailleurs, et qui ne soupçonna en rien le trait de générosité du capitaine.

Il était midi quand Sévérino, qui s'était amusé exprès, rentra. Il annonça, suivant le vœu du capitaine, que ses recherches avaient été infructueuses; que le prétendu ami d'Oléron n'avait point vu le jeune homme. Le capitaine feignit de retomber dans sa tristesse; puis, apprenant en secret du petit basque que le concierge avait reçu l'argent et donné quittance, il reprit sa sérénité. Allons, dit-il à Michelon, je pars, je vais chercher à mon tour, et retourner ensuite à Pau, où peut-être je retrouverai mon fils, s'il y est. Il faut que je rentre ce soir, et de toutes les manières ; car sa mère l'enverrait après moi, et nous jouerions à la cligne-musette ; ou bien j'aggraverais, par une trop longue absence, la douleur de cette tendre mère. Ainsi donc, adieu, mon ami. Ah! un mot : il y a-t-il long-tems que vous habitez ce canton ? — Je vous l'ai déjà dit, monsieur, il y a douze ans. — Fort bien. Vous connaissez à-peu-près tous les gens des environs, sur-tout ceux qui y sont bien établis ? — Mais.... oui. — Avez-vous entendu parler d'un nommé Abel Fréming ? — Non ; jamais. Ce nom là n'a jamais frappé mon oreille. — C'était mon frère, cet Abel Fréming. Il a dû se marier à Oléron ou dans les environs d'Oléron, il y a seize à dix-huit ans. — Je n'étais pas alors dans le pays, et peut-être monsieur votre frère l'avait-il quitté avant que je vinsse de Bayonne ici. — Quoi! vous n'avez aucune idée?... — Aucune. — Y a-t-il dans la vallée quelqu'un de plus ancien que vous? — Ma foi, je n'y vois personne. Les habitans s'y sont presque tous renouvelés à une certaine époque.... Je ne vois que M. Durancy. Oh! il y a bien quarante ans, à ce qu'on dit, que M. Durancy est dans le pays. — Et quel est ce M. Durancy? — Ce qu'il est? hélas! c'est un vieillard bien à plaindre. Depuis long-tems, privé de sa raison, il tombe, par momens, dans des accès de folie qui font vraiment compassion. — Il est fou, dites-vous ; ah ! je n'aime pas les fous. Quelle raison d'ailleurs pourrais-je en tirer ? — Il n'est pas toujours en démence. Il a des instans, et ce sont Dieu merci les plus fréquens, où il est aussi sage que vous et moi. C'est alors que vous pourriez lui demander des nouvelles de monsieur votre frère ; car il a connu bien du monde depuis quarante ans, M. Durancy ! — Et où loge-t-il ? — Il occupe cette maison de modeste apparence, mais vaste cependant et très-commode, que vous voyez au pied de cette grande montagne, et qui est connue ici sous le nom de la Manœuvrerie des verseaux, à cause des ruisseaux qui descendent des Pyrénées dans cette maison, ou qui y prennent leur

source. C'est vraiment une chose curieuse que la Manœuvrerie des verseaux. — Je la visiterai, ainsi que ce M. Durancy, à mon retour ici; car je compte bien vous revoir, papa Michelon. Quand j'aurai retrouvé mon fils, nous reviendrons tous dans ces contrées, et je m'y fixerai peut-être, j'achèterai du bien. Si ce grand château de Rigolo était logeable !....
— Ce n'est pas là le nom de ce château ; on l'appelle la Hutte-aux-Gardes. — Eh bien, soit, la Hutte-aux-Gardes, si vous voulez : je verrai tout cela dans un autre moment. Adieu, bon Michelon, adieu, mon ami. Gardez encore votre neveu, je ne le prendrai qu'à mon premier voyage. Allons donc, M. Poncet, haut, dans la chaise. Toi, Bartholin, fouette ton cheval, et cette fois, suis

la route tout droit. — Oh! mon dieu, ajoute Michelon, il n'y a pas à se tromper. Tout droit, vous rencontrerez Notre-Dame de Sarrance, puis Oléron, puis enfin la grande ville de Pau. Il y a bien quelques petits villages; mais la route les traverse. Adieu, messieurs, bon voyage.

Le capitaine et M. Poncet sont dans la voiture; le bonhomme Bartholin, bien séché, bien lesté, car on a eu les plus grands soins de lui chez le fermier, mène cette voiture qui, maintenant dans une grande route et en plein jour, ne peut plus s'égarer. M. Poncet prend la parole: Je savais bien, dit-il, par mes combinaisons géographiques, que nous étions au-delà de la ville d'Oléron, que nous devions être dans la vallée d'Aspe. C'est une superbe vallée qui est traversée en entier par le Gave. Vous ne savez pas, monsieur le capitaine? s'il eût fait plus grand jour, hier, quand elle s'est débordée, vous auriez vu cette rivière colorée en rouge par les terres composées de schiste rougeâtre qui s'éboulent là-bas de ces deux montagnes, qu'on appelle, je crois, Gabedaille et Peireneire. — Bon, et comment savez-vous tout cela, demande le capitaine, est-ce que vous avez jamais voyagé dans le Béarn? — J'y suis venu dans ma jeunesse. Et puis, les longues études que j'ai faites! Par exemple, je vous dirai que ces hautes montagnes qui nous environnent, recèlent plusieurs mines de cuivre, dont l'exploitation, vainement tentée plusieurs fois, n'a jamais eu de succès. C'est dommage, car le cuivre!... Ce n'est pas qu'on en ait toujours fait de la monnaie : on se servit, pour la première fois, de monnaie fabriquée avec du cuivre, en Ecosse et en Irlande, en 1340; en France, en 1541, et en Angleterre, en 1609. —Bon ! vous voilà revenu à vos citations, si doctes et si ennuyeuses! vous les aviez oubliées depuis hier; la peur, la faim, la fatigue, tout cela vous avait fermé la bouche; mais, à présent que vous êtes bien délassé, bien pansé, vous allez me rompre la tête avec votre science. Que vous appreniez tout cela à mon fils, fort bien ; je vous paye pour l'instruire, c'est à merveille ; mais, moi, un homme de mon âge! c'est vraiment perdre toute votre érudition.

M. Poncet fut affligé de cette vive

réprimande ; il tourna ses regards d'un autre côté, et se contenta de dire entre ses dents : Quel homme !..

Le capitaine l'entendit, s'aperçut qu'il avait été trop dur envers son compagnon de voyage, et il lui prit la main en ajoutant : Est-ce que vous prenez garde à mes expressions, Poncet ? vous savez que je ne les choisis pas. Eh puis, je suis trop occupé de mon fils, pour faire attention à autre chose. Mon fils ! qu'est-il devenu ? si, comme nous, il s'est égaré ; s'il est tombé dans quelque précipice ! ce maudit pays en est hérissé. Qui me dira où le trouver, où le chercher ? pauvre enfant ! le perdre à vingt ans, un fils que j'ai tant désiré : car, vous le savez, Poncet, j'ai été douze ans en ménage, sans goûter le bonheur de devenir père. Ma femme et moi ; nous en désespérions, lorsqu'enfin, et au bout de douze ans, je le répète, elle a donné le jour à un fils, que, par allusion aux vœux que nous avions formés, nous avons nommé Mondesir. Le voilà grand, élevé, joli garçon tout-à-fait, et nous le perdrions! ah! il vaudrait mieux n'avoir jamais été père !

Le capitaine essuya une larme; et M. Poncet, qui remarqua son émotion, s'empressa de le consoler ; mais il s'y prit gauchement comme à son ordinaire. Ne vous affligez pas, monsieur le capitaine, lui dit-il ; j'ai un pressentiment que ce fils chéri n'est pas loin de nous, et que, d'ici à notre retour à Pau, nous le retrouverons. —Vous le croyez? — J'en suis sûr.—Sûr? et comment?—Parce que mes conjectures se sont toujours vérifiées, et que, lorsque j'ai dit telle chose arrivera, elle est arrivée : j'ai une prévoyance!...—Bonne caution que votre prévoyance! il est étrange, cet homme là ; il est toujours sûr de son fait, et il a beau être trompé vingt fois, la vingt-unième il est tout aussi confiant qu'auparavant. —C'est que l'ordre des choses s'est toujours arrangé pour moi de manière....— Voilà l'ordre des choses à présent! vous me feriez damner avec votre sécurité! Il est persuadé que nous allons rencontrer mon fils, que ce fils est là, tout près de nous : son petit doigt lui a dit cela! — Eh! que me donnerez-vous, si j'ai deviné juste! — Mon ami Poncet, au milieu de tous vos ridicules, je connais votre attachement pour moi et pour mon fils; vous serez assez payé, si le bonheur de le retrouver vient enfin dissiper mes inquiétudes mortelles. — Monsieur le capitaine, vous me rendez justice, oui, vous me rendez justice! — Mais, ne vous obstinez pas à me persuader que vous êtes sûr d'une chose qui est encore le secret de la providence.... Tenez, voyez donc cette vaste maison, là devant nous? c'est une église antique, je crois; elle est d'une superbe apparence. — C'est celle dont nous a parlé Michelon, qu'il nous a dit que nous verrions en route. C'est notre Dame-de-Sarrance, qui, si je ne me trompe, fut autrefois une abbaye de l'ordre des Prémontrés. Vous avez raison de juger qu'elle est bien antique; car ce lieu, célèbre par les pélérinages qu'on y faisait, fut visité par le dévot Louis XI. Ce roi, en entrant dans le Béarn, fit baisser son épée, que l'on portait haute devant lui, et ne voulut point qu'on scellât aucune lettre tandis qu'il y fit son séjour, disant qu'il était hors de son royaume.

Le capitaine sourit : Voilà, dit-il, encore une citation ; mais je vous la pardonne, puisqu'elle m'instruit de ce que c'est que cette abbaye. Vous, qui savez si bien toutes les localités de ces contrées, comment diable avez-vous fait pour nous laisser égarer hier soir ? il n'y a donc que les chemins qui vous soient inconnus ? — Comment voulez-vous que je me rappelle des chemins ? les villes, les églises, les monumens, à la bonne-heure, tout cela reste dans la mémoire. — Revenons à l'abbaye. A présent, qu'en a-t-on fait? — Je l'ignore. Tenez, demandons à ce brave homme qui travaille là dans ce fossé à retirer de la terre. — Je le veux bien. Bonhomme?... Arrête, Bartholin, arrête donc?... Bonhomme?

Le paysan lève les yeux : mon bon monsieur? — Qu'est-ce que c'est que cette grande église là? — C'est notre Dame-de-Sarrance. — Ah! et c'est un couvent? — Presqu'inhabité; de l'aile de ce bâtiment à gauche, on a fait un hospice, ou un hôpital, si vous voulez. — Un hôpital... militaire peut-être? — Non; pour les pauvres, malades, infirmes, pour les étrangers qui tombent dans des torrens, dans des précipices, ou qu'on trouve blessés sur les routes. — Blessés, blessés! il me vient une idée. Grand merci, mon brave homme. Fouette, Bartholin, fouette, et vîte à l'hôpital de Sarrance?

Bartholin se remet en route. M. Poncet demande au capitaine quelle est son intention ; s'il veut visiter par curiosité l'hospice en question, ou s'il a le projet d'y entendre la messe? — Etes vous fou, Poncet ? moi, que j'aille perdre mon tems à entendre la messe dans cette église, quand j'ai autre chose à faire ! Non, mais cet homme m'a glacé l'ame. Blessé, a-t-il dit ! grand dieu, si mon fils !... s'il lui était arrivé quelque accident, peut-être serait-il là. — En effet, il n'y aurait rien d'impossible. — O mon ami, si l'on allait m'apprendre que mon fils a été retiré de quelque abyme, qu'il est mort.......? — Monsieur, quelle idée, où va s'égarer la tendresse paternelle! — Je vais dire comme vous, qu'il n'y aurait rien là d'impossible. — Non, non, non; il n'est ni mort, ni blessé, il se porte à merveille, croyez - en mes conjectures. — Enfin, où serait-il? Mondesir a des mœurs; il est..... j'allais dire docile; ce n'est pas là tout-à-fait sa vertu principale, quoiqu'il ait un petit air doux.... Mais ce jeune homme aime ses parens; s'il lui était passé par la tête quelque folie de jeunesse, il se peindrait notre inquiétude; il n'est pas assez insensible pour la prolonger. Je vous dis que quelque événement.... Au surplus, nous allons le savoir, car nous voilà à la porte de l'hospice. Diable, c'est une belle maison; il fant ; morbleu , la visiter de fond en comble.

Le capitaine, quoique soutenu sous les bras de M. Poncet et de Bartholin, descend avec tant vitesse qu'il manque de tomber. Tandis que Bartholin garde le cheval et la chaise, le capitaine et son ami pénètrent dans une première cour où une foule de convalescens blêmes et tous vêtus de la même redingotte, respirent, quelques momens, un air pur, favorable à leur santé. Le capitaine interroge toutes ces figures ; il n'y découvre point ce qu'il cherche. Il entre dans une grande salle basse, va de lit en lit, regarde, examine, et ne voit point son fils. Son air d'inquiétude, la rapidité de sa marche, tout fixe l'attention d'une religieuse, sœur ou mère dans cet hospice, et qui s'approche de notre vieillard. Monsieur, lui demande-t-elle, monsieur cherche-t-il quelqu'un dans notre maison ? — Madame, oui, oh oui, j'y cherche quelqu'un ? C'est..... mon fils, mon propre fils, dont je n'ai point de nouvelles depuis cinq jours. Je tremble qu'il ne soit parmi vos malades. — Quel homme est-ce ? — Un joli jeune homme de vingt ans, blond, yeux bleus, dont la voix est douce, qui voyageait à cheval dans ces contrées. — Non... non... je ne me rappelle pas... attendez donc ? il y a cinq jours, dites-vous ? — Oui, oui, oui, cinq jours. — Ne serait-ce pas le malade du numéro un ! — Oui, oh, c'est lui, c'est lui, il n'y a pas de doute ; où est ce numéro un ? — Un jeune homme, blond, yeux bleus c'est bien cela..... la voix la plus douce, oh, c'est bien cela. — Encore une fois, où est ce numéro un ? — C'était samedi dernier ; sur la route de Cetz, un jeune homme a été trouvé la tête fracassée, par une chute, de cheval sans doute. Il est si imprudent de voyager à cheval dans ces routes voisines des torrens ! Les voitures même n'y sont en sûreté que lorsqu'on y attelle des bœufs. — Voyez-vous, Poncet, encore un danger que nous avons couru ! mais, madame... — Ce jeune homme a été jeté à bas par son cheval, nous a-t-on dit, et... — Ah ! Poncet, nous allons revoir mon fils. Madame, de grace, vite, au numéro un ? — Il faut monter un étage, et tourner à gauche au bout de la salle Saint - Eudoxe. C'est que cette salle est privilégiée ; on n'y met pas tout le monde. — Par quelle protection donc, mon fils ?... — Ah ! c'est madame la supérieure qui l'a voulu ainsi : ce jeune homme est si intéressant !... — Ouais... ces dames s'en sont aperçu, Poncet !...

Le capitaine regarde le précepteur avec un sourire malin, que celui-ci lui rend ; puis le capitaine fait de nouvelles questions à la religieuse : si c'est lui, madame, si c'est mon cher fils, puis-je vous demander comment-il se porte ? — Mais assez bien pour son état. On a tant de soins de lui. — Est-ce... dangereux son accident ? — Il y avait de quoi en mourir. La tête tout en sang, monsieur, et un bras foulé. — Pauvre malheureux ! — Cela va mieux, les médecins en répondent. — Quel bonheur !

Tout en parlant on monte les degrés, on traverse plusieurs salles, on arrive à celle qui est, dit-on, privilégiée, et l'on court au numéro un...

Une jeune personne, sœur converse apparemment, est debout, portant à la main une écuelle qui renferme du bouillon ; elle présente ce bouillon à un malade qui est dans le lit sur son séant. Ce malade, jeune, beau et qui jetait les les regards plus tendres sur la sœur, les détourne pour les porter sur les étrangers qui arrivent, et il reconnaît son père..... Vous, mon père, ici, lui dit-il !...

Le voilà, s'écrie le capitaine, c'est Mondesir !

Et il se jette sur le lit de son fils,

qu'il serre dans ses bras, en versant quelques larmes de sensibilité.

Pendant que la religieuse, qui vient de guider les pas de nos deux voyageurs, cause avec la sœur, le capitaine accable son fils de questions : C'est toi, mon fils, mon cher fils ! que je suis heureux de te retrouver !.... Mais, dis-moi, quel événement ? tu auras fait quelque imprudence. T'en voilà puni, je ne te ferai point de reproches, si tu me dis la vérité.—Mon père, répond Mondesir d'une voix très-faible, mon père... la joie, le bonheur de vous revoir.... tout cela me trouble !... — Calme tes sens, et réponds-moi. Que t'est-il arrivé? — Mon père, je n'ai point fait d'imprudence... c'est le malheur, la fatalité... — Après ? — Pardon.... ma voix est si affaiblie... il n'y a pas deux jours que j'en ai recouvré l'usage. — Eh bien ! parle doucement.

Mondesir se recueille ; puis il fait ce court récit au capitaine : Mon père, je suis parti dans l'intention de suivre vos ordres. A Oléron, j'ai questionné tout le monde, j'ai demandé partout si l'on n'avait pas connu dans le pays un particulier nommé Abel Fréming. Personne n'a pu me répondre au juste. Mon oncle était là absolument ignoré. Un vieillard seulement m'a dit qu'il avait fréquenté autrefois je ne sais quel notaire, ou homme d'affaires, qui lui avait souvent prononcé ce nom. Ce vieillard ajouta que, si je voulais aller jusqu'aux frontières de l'Espagne, par la vallée d'Aspe, où avait demeuré ce notaire, peut-être, en m'informant à tout le monde de celui que je cherchais, trouverais-je quelqu'un qui m'en donnerait, plus que lui, des nouvelles certaines. Enchanté de cette lueur d'espérance, fier de pouvoir, à mon retour, vous prouver que j'avais mis quelque intelligence à m'acquitter de votre commission, je partis au grand galop pour visiter jusqu'au dernier habitant de la vallée qu'on m'indiquait ; mais, à une lieue environ au-dessus d'Oléron, mon cheval, effrayé du bruit de la chute rapide d'un torrent, a pris le mors aux dents. Rien n'a pu arrêter cette maudite bête ; elle courait ; elle allait me jeter dans un précipice. J'ai voulu, à force de coups d'éperons, m'en rendre maître ; elle m'a jeté à dix pas d'elle sur une roche où soudain j'ai perdu connaissance. Je ne l'ai recouvrée qu'ici où j'ai été transporté par des pauvres chevriers qui m'ont trouvé et ramassé baignant dans mon sang. Je n'ai pu découvrir ce qu'était devenu mon cheval, qui peut-être court encore; tout ce que je sais, c'est que peu s'en est fallu que je ne sois resté mort sur la place, et que, sans les soins touchans qu'on a pris de moi dans cette maison, je n'aurais plus joui du bonheur de vous embrasser. — Pauvre enfant! une chute de cheval! il y avait de quoi te tuer. Tu es donc resté long-tems ici sans pouvoir parler? — Trois ou quatre jours, à ce que l'on m'a dit. — Vous auriez dû, mon ami, aussitôt que cela vous a été possible, nous faire écrire deux mots, à Pau; qué diable, vous vous rappelez bien notre auberge, à l'enseigne du bon Henri, dans la grande rue? cela aurait évité bien des chagrins à votre mère, à moi, et sur-le-champ, je me serais transporté ici. (*Le jeune homme paraît un peu confus.*) Vous ne répondez pas? — Mon père... ça été ma première idée, mon premier vœu; mais... — Après? — Les médecins m'ont empêché de parler. Ils m'ont interdit la faculté de prononcer jusqu'à deux mots de suite.

M. Poncet tourne la tête en signe de doute. Mon précepteur ne veut pas me croire! ajoute le jeune homme avec quelque humeur. Demandez plutôt à cette personne si généreuse, si compatissante, qui a eu la bonté de ne pas me quitter un moment.

Le capitaine se tourne vers la sœur

qui offrait un bouillon à son fils lorsqu'il est arrivé. Cette sœur rougit et balbutie un : cela est bien vrai.... puis elle baisse les yeux.

Le capitaine examine cette aimable enfant, si généreuse, si compatissante, à ce que dit son fils ; et notre vieillard reste frappé de la grâce de sa figure et de toute sa personne. Elle avait un habit de bure, une guimpe blanche, un simple tablier de futaine ; mais quel œil ! quelle jolie mine ! quelle grâce sous ce simple vêtement !...

Elle s'aperçoit que le vieillard la considère avec une espèce d'admiration, et son trouble s'accroît.... Elle va se retirer : Elmonde, lui dit Mondesir, en grace, daignez donc affirmer à mon père qu'il m'a été impossible de lui donner de mes nouvelles. — Parlez, ma sœur, ajoute le capitaine. — Je ne suis point, répond Elmonde, une sœur ni une religieuse de cette sainte communauté ; on m'y nomme simplement Elmonde ; mon devoir est d'y soigner les malades : c'est sous ce rapport, monsieur, que j'ai eu le bonheur de donner quelques soins à monsieur votre fils ; et.... vraiment.... il n'a pas trouvé un instant pour vous faire savoir l'accident qui lui était arrivé, et l'asile qu'il habitait. — Vraiment ! Mademoiselle a dit ce *vraiment* là avec un air de timidité qui me prouve qu'elle n'est pas habituée à déguiser la vérité. — Jamais, monsieur, je n'ai su la déguiser. — Je vous crois ; vous avez un air de candeur, de modestie, et une figure si céleste !... — Monsieur!..—L'aimable enfant, Poncet!... Mademoiselle, veuillez me faire donner un siége.

Le capitaine s'asseoit; Elmonde veut sortir : Restez, de grace, restez, mademoiselle, lui dit le capitaine. Vous avez eu tant de bontés pour mon fils que vous me permettrez de vous en témoigner ma reconnaissance.

Il tire sa bourse. Mondesir qui s'aperçoit de son projet, l'arrête : Mon père, ah! mon père, que faites-vous? vous humiliez la beauté hospitalière et désintéressée. — Quoi! elle ne veut pas d'argent? Diable! elle est donc bien riche? — Je suis, monsieur, répond Elmonde, assez récompensée par l'acquit de mes devoirs, et quelque estime que veut bien me témoigner l'humanité souffrante. — Vous l'entendez, mon père, reprend Mondesir, c'est un ange qui parle ! — En effet, elle parle comme un ange, trop bien même pour une fille de son état. — Ah! mon père, une fille de son état ! — Que veux-tu, Mondesir ; tu sais que je ne suis pas poli du tout ; que je ne sais pas faire de belles phrases ; mais que j'ai un bon cœur, et toujours de bonnes intentions. Mademoiselle pardonnera à un marin brusque, âgé, infirme, qui.... — Monsieur, interrompt Elmonde, la vieillesse est trop respectable à mes yeux pour avoir besoin d'indulgence. — C'est bien dit, cela, ah! que c'est bien dit! En vérité, Poncet, voilà une jeune personne accomplie....Mais revenons à toi, Mondesir ; comment vas-tu maintenant? — Très-bien, mon père, fort bien pour ma situation. — En ce cas, je puis l'emmener avec moi. — Ah! monsieur, s'écrie Elmonde, il est hors d'état de supporter la voiture. — Cependant, mademoiselle, vous conviendrez que je ne peux pas laisser mon fils dans un hôpital. — Monsieur, j'ose dire qu'il est tout aussi bien ici qu'il le serait chez vous. — Oh! dit le jeune homme, cela est bien vrai, mon père. — Cela est bien vrai, mon père! reprend le capitaine en imitant la jeune voix de son fils. Me direz-vous, mon ami, quelle est la protection qui vous a fait distinguer des autres malades, au point qu'on vous ait placé dans la salle *privilégiée*, et au numéro un encore, qui, par son éloignement des autres lits, donne au vôtre l'aspect d'une chambre particulière ?

Elmonde se détourne et semble un peu confuse : Mondesir paraît embarrassé; il répond cependant : Mon père..... je ne sais..... c'est madame la supérieure à qui l'on a parlé pour.... et qui.... — Oui !... l'on, l'on; ce l'on là, ne serait-ce pas mademoiselle qui vous aurait rendu ce service ? — Cela.... se pourrait bien, mon père. — Et cela est, mon fils; c'est une obligation de plus que nous avons à mademoiselle.

Le capitaine regarde M. Poncet en souriant, et lui dit tout bas : Cela ne m'étonne pas ; Mondesir est si gentil ! — Ah ! jeunes gens, jeunes gens ! répond le grave M. Poncet. — Que voulez-vous, mon ami, les jeunes gens sont faits pour s'entendre par-tout : c'est l'aimant et le fer; ils se devinent de cent lieues. (*Il s'adresse à Elmonde.*) Mademoiselle, puisque vous ne voulez pas que j'emmène mon fils.... — Moi, monsieur, je ne voudrais pas ! ah ! vous êtes le maître. — J'entends ; mais cela ne se peut pas, n'est-il pas vrai ? — Si vous voulez le perdre en route ? — Ce n'est parbleu pas là mon intention.

Elmonde lève les yeux au ciel comme pour dire : *ni la mienne !* Le capitaine continue : En ce cas, pourrais-je avoir l'honneur de saluer madame la supérieure, et de lui dire un mot. — Cela est très-possible, monsieur, et je vous prie de me permettre de vous conduire chez elle. — Volontiers. Poncet, restez auprès de votre élève, et ne le faites pas trop parler. Sur-tout point de citations, ni d'étalage de sciences qui l'ennuieraient.

Pendant que M. Poncet tient compagnie au jeune homme, le capitaine suit Elmonde, et lui demande en marchant : Mademoiselle, cette maison est donc desservie par des dames ? — Par des religieuses de l'ordre de Saint-Augustin. — Elles sont cloîtrées ? — Oui, monsieur, ces dames prononcent des vœux, et ne sortent jamais que pour aller dans les salles secourir, visiter les malades. — J'entends ; et elles ont une supérieure ? — Oui, qu'on appelle la mère Séraphine, ah ! la plus respectable des femmes !... — Quel âge a-t-elle ? — A-peu-près soixante-quatre ans. — Ah ! c'est une femme d'âge. — Qui a un cœur !.... — Vous l'aimez beaucoup? — Il faudrait que je fusse bien ingrate pour ne pas chérir ma bienfaitrice! — Cela fait votre éloge. — Cela fait le sien. — J'aime les bons cœurs; je me mettrais en quatre pour eux. — Ah! monsieur, qu'elle est estimable, votre façon de penser! — Je suis vif, brouillon. Mon fils ne me ressemble pas, lui; il est tranquille, posé, réfléchi; mais il a une belle ame, et j'ose dire toutes les qualités du cœur. — Oh! oui.... — Oh oui! et à peine le connaissez-vous.

Elmonde rougit d'en avoir tant dit : heureusement qu'elle est à la porte de madame la supérieure. Monsieur, dit-elle, je vais vous annoncer. — Annoncez : dites que c'est le capitaine Fréming, le plus riche armateur peut-être qui existe, et mieux que cela, un honnête homme.

Elmonde n'a pas entendu ces derniers mots ; elle est entrée chez madame : une minute après, elle introduit le capitaine auprès de la mère Séraphine et sort, les laissant seuls, libres de causer.

Madame, dit à cette dame notre capitaine en prenant un siége et s'asseyant sans façon, vous ne me connaissez pas ? — Monsieur, je ne crois pas avoir cet honneur là. — Vous n'avez jamais entendu parler du capitaine Fréming, le plus riche négociant de la Martinique ? — Jamais. — C'est étonnant ; car mon nom est connu dans les quatre parties du monde. — Cela ne doit pas vous surprendre, monsieur ; votre état est si différent du mien. Dans les cloîtres, nous ne nous informons pas de ce qui se passe sur les mers. — Au surplus cela ne fait rien à l'affaire. Vous saurez.... — Je sais, monsieur, que vous êtes le père d'un jeune homme que nous avons recueilli ici, et qu'on a trouvé blessé sur la route de Cetz. — C'est cela. Cette jeune fille aux yeux bleus, vous a instruite de l'objet de ma visite, elle a bien fait. Je dois d'abord vous remercier des soins qu'on a donnés chez vous à ce pauvre jeune homme, qu'une imprudence, une chute de cheval.... — Je sais encore cela. — Je ne cherche pas à vous en instruire, je vous dis seulement ce que je viens d'apprendre ; car voilà cinq jours, cinq mortels jours qu'il laisse sa mère, son précepteur et moi dans la plus cruelle inquiétude. — Quoi ! il ne vous a pas fait savoir ?... — Rien, pas un mot de sa part. — Il vous savait peut-être trop éloigné ? — Bon ! six petites lieues, pas davantage. — Il aurait pu vous faire écrire.... — Il ne l'a pas fait, et je soupçonne que mon petit monsieur s'est tû à dessein. — A dessein ! — Oui, oui, oui, je le connais; je sais ce dont il est capable, je vous ferai part bientôt de mes conjectures; mais revenons au plus pressé. Vous sentez bien, madame, que le capitaine Fréming n'est pas fait pour laisser son fils dans un hôpital. — Dites un hospice, monsieur. — Hospice, si vous le voulez; c'est toujours une maison de charité. — Où l'on est comme chez soi. — Peut-être mieux que chez soi, lui sur-tout. J'ai des yeux, je devine.... — Et que devinez-vous, monsieur ? — Je vous le dirai : parlons des moyens de le transporter chez moi, à Pau. En est-il quelqu'un ? — Aucun, monsieur, à moins que vous ne vouliez le tuer. — Quelle idée vous me prêtez là ! — Un blessé qui était, il n'y a pas trois fois vingt-quatre heures, aux portes de la mort ! Vous ne savez pas à quel point il a été en danger. — Cela se peut ; car le cheval qu'il montait est un petit basque que j'ai acheté à Bayonne, et qui doit vous secouer son monde en l'air, comme le taureau du combat fait des chiens qui le harcèlent. Enfin, il est impossible que je l'emmène ? — De toute impossibilité. Il lui faut au moins quinze jours encore avant qu'il soit en état d'être transporté. — En ce cas, madame, je vous le laisse, je vous l'abandonne, je le confie à vos soins, à votre humanité ; mais ne serait-il pas possible, en payant, qu'on le mît dans une chambre particulière, oui, qu'il eût son lit, sa chambre, son médecin, des gens pour le servir? — Cela se peut, mais sans payer. Je ne puis établir, dans cette maison, des préférences qui tiendraient du plus ou moins de fortune des êtres souffrans qu'on y reçoit. Il m'est permis cependant de soigner avec plus d'attention ceux qui me sont recommandés; ainsi, je vous promets de faire oublier à monsieur votre fils qu'il n'est pas dans la maison paternelle. — En vérité, vous lui donnerez son particulier? — Dès aujourd'hui. Déjà, à la recommandation de celle qui dessert sa salle, je l'avais mieux placé; n'est-ce pas que vous ne l'avez point trouvé confondu avec les autres malades de cette maison? — Cela est vrai, et je vous en fais mes sincères remercimens. Ainsi, je vais retourner consoler ma femme, et je vous laisse mon fils unique, que je reprendrai dans dix à douze jours, quand il sera mieux. — Vous en serez le maître. — On n'a pas plus de bontés. — Je me suis toujours fait un devoir d'obliger; et c'est le desir que j'ai sans cesse éprouvé d'être utile à l'humanité souffrante, qui m'a porté à prendre l'administration de cette maison. — Que vous gouvernez depuis long-tems ? — Il y a vingt ans que j'en suis la supérieure. — Et la mère de tous les malheureux que le sort y rassemble. — Jusqu'à présent aucun ne s'est plaint de moi. — Je le crois, ma mère; il suffit de voir l'air de douceur, de franchise, qui règne sur votre physionomie, pour.... — Le mensonge et la dureté ont toujours été loin de ma bouche et de mon cœur. — Femme respectable !...

Le capitaine la contemple un moment de l'air de l'admiration ; puis il ajoute : A-propos, dites-moi donc quelle est cette jeune personne, nommée Elmonde je crois, qui a tant de soins pour mon fils, à la recommandation de laquelle vous avez placé ce jeune homme au numéro un de la salle privilégiée ? — Elmonde !..: Oh ! c'est un ange du ciel, mon cher monsieur ! c'est notre amie, notre enfant, notre fille adoptive ; elle est tout pour nous. — Votre fille adoptive ? Elle est est donc orpheline ? — Non, monsieur, elle a.... ses parens. J'ai voulu dire que nous l'avions adoptée. Elle est jolie à croquer ;

n'est-ce pas? — Je ne m'y connais plus guère, à mon âge ! mais j'ai cru, en l'admirant, voir l'Amour en personne. — Meilleure que jolie encore, mon cher monsieur ! c'est une ame, un cœur, une candeur, une modestie, une délicatesse !... — Elle est sœur converse ici ? — Elle n'est point sœur converse, elle est tout, sans avoir pris aucun engagement, sans tenir en rien à cette maison que par notre tendresse pour elle et son attachement pour nous. Toutes nos mères en raffollent comme moi. — Je le crois, elle est faite, par sa beauté et ses vertus, pour tourner la tête aux deux sexes. J'ai cru voir que mon fils avait su l'apprécier comme nous tous. — Cela se peut; mais Elmonde est vertueuse, rigide observatrice de ses devoirs; et, si j'ai cru vous deviner, je puis vous assurer qu'elle est incapable de céder à l'amour; son cœur est occupé de bien d'autres sentimens! — Oui, aurait-elle éprouvé des malheurs, cette belle enfant? — Non, oh non; elle jouit ici de la tranquillité la plus parfaite, et je me flatte qu'elle n'en sortirait pas quand on lui offrirait pour époux un prince, et pour dot l'empire du monde. — Quel âge a-t-elle? — Seize ans. — Elle en paraît deux ou trois de plus. — C'est qu'elle est sensée comme une femme de vingt ans, réfléchie avec cela. — J'ai cru voir en effet qu'elle était sérieuse comme quelqu'un qui a un fonds de chagrin. — Non... c'est son caractère qui est naturellement froid et réservé. — Ainsi vous m'assurez qu'en cas d'amourette de la part de mon fils.... — Je vous réponds de la vertu de mon Elmonde. — C'est que je connais mon petit drôle; ça vous prend feu comme une allumette; ça s'enflamme pour tous les beaux yeux que ça rencontre! oh, lui, il n'y a qu'à lui en montrer!... mais pardon, je vous tiens là une conversation peu digne de votre caractère. Je désirais quelques éclaircissemens, je les ai, je suis satisfait. Ah çà, permettez-vous que je ne quitte Mondesir que lorsque je l'aurai vu placé dans la chambre que vous me promettez de lui donner. — Avec bien du plaisir, monsieur le capitaine; je suis charmée que vous puissiez assurer madame votre épouse que son fils est hors de tout danger, et soigné comme il le serait chez elle.

La mère Séraphine donne des

ordres en conséquence. Le capitaine retourne avec elle auprès de son fils, que M. Poncet ennuyait de l'étalage de sa science. Le blessé est transporté dans une chambre propre, où il est seul. Un habile médecin promet de ne pas le quitter; le capitaine ouvre sa bourse aux domestiques, et leur promet de leur en donner bien davantage, lorsqu'il viendra chercher son fils; puis il part, après avoir embrassé ce fils chéri, remercié madame la supérieure, et laissé par-tout des marques de sa libéralité.

Le capitaine, remonté, avec M. Poncet, dans sa chaise que conduit Bartholin, se sent l'ame plus soulagée, l'esprit plus content : il sait que son fils a manqué de mourir;

mais il l'a retrouvé, ce fils ; il l'a vu ; il le laisse aux soins de personnes respectables qui, ils l'ont promis, lui feront oublier la maison paternelle... Il est possible que ce ne soit pas un grand effort pour le jeune homme. Il est servi par la belle Elmonde, et le papa a surpris des regards que lui lançait souvent le jeune blessé ; ces regards étaient pleins de feu, d'expression. Le capitaine a quelque crainte que Mondesir ne s'enflamme pour la fille de l'hospice : il communique ces craintes à M. Poncet qui le rassure, en s'appuyant, suivant son usage, sur ses conjectures ? Pensez-vous, dit-il, monsieur le capitaine, que mon élève s'oublie assez pour s'amouracher d'une fille pauvre, sans naissance, sans fortune, et simple servante dans un hôpital ? — C'est que...... M. Mondesir a un cœur, il a des passions très-ardentes; il brûle pour toutes les jolies filles qu'il rencontre, et vous savez qu'il nous a déjà fait quelques frasques. — Ce sont ces frasques elles-mêmes, puisque vous les nommez ainsi, qui doivent vous rassurer. S'il aime toutes les jolies filles, il est incapable encore de s'attacher à aucune; et ces regards, pleins de feu, d'expression, que vous avez surpris, ne sont chez lui que les marques de sa reconnaissance pour une personne qui contribue à le rendre à la vie. Il a un excellent cœur mon élève, et, dans ces cœurs-là, la reconnaissance a souvent les mêmes symptômes que l'amour. Je vous assure, moi, qu'il n'en ressent nullement pour cette petite Elmonde. — Ah, ah, elle est bien jolie, et c'est bien redoutable pour des parens, des minois comme celui-là. — Oui; mais mon élève a de l'honneur, des principes, une noble élévation dans l'ame. Il tient cela de vous, c'est tout vous-même; il est incapable d'une bassesse. — Je veux bien le croire, mais je ne m'y fie pas: au surplus, nous verrions! — Oui, je lui parlerais, moi! croyez néanmoins que je n'aurai pas cette peine-là. — A la bonne heure. — Non, nous ne l'aurons pas; mes pressentimens... Mais à propos, monsieur le capitaine, convenez que si nous avions gagé ce matin, j'aurais gagné? — Et quoi? — Moquez-vous encore de mes pressentimens! Ne vous ai-je pas dit que quelque chose me faisait soupçonne. que monsieur votre fils n'était pas loin de nous? On ne pouvait pas en être plus près; car nous arrêtions à la porte de Sarrance, quand je vous ai assuré cela. — C'est vrai, oh c'est vrai. — Je vous dis que j'ai une pénétration! — Parce qu'il a réussi une fois, le voilà tout fier! — Au moins dans une autre occasion, vous aurez plus de confiance en moi. — Pas davantage qu'aujourd'hui; car enfin, votre démon familier, si vous en avez un, vous trompe plus souvent qu'il ne vous éclaire. Je vous citerais cent preuves... — Celle-ci répond à tout; mais je suis comme la prêtresse Cassandre, que les Troyens ne voulaient pas croire. — Qu'est-ce qu'il me parle d'un Cassandre! eh mais vraiment, vous en avez tout l'air!...

Tout en s'entretenant ainsi, nos

deux voyageurs arrivèrent à Pau, et descendirent à leur auberge du bon Henri, où Mme Fréming les attendait avec impatience. Ce fut la bonne Marine, vieille femme de confiance de Mme Fréming, qui les reçut d'abord. Eh bien, monsieur, cria-t-elle de loin au capitaine, avez-vous retrouvé notre jeune maître ? — Oui, oui, l'enfant perdu est retrouvé. — Quel bonheur ! mais pourquoi n'est-il pas avec vous? — Tu sauras cela; vas avertir madame. — Madame ? madame ? Mondesir est retrouvé.

Mme Fréming accourt : est-il vrai, mon ami, dit-elle à son mari ? où est-il ? — Il est... quelque part, où il est bien, très-bien. — Mon dieu, vous l'avez laissé en route ? — Oui; mais dans une bonne maison, dans une excellente maison. — Il est malade. — Une légère blessure, en tombant de cheval... Ne vous effrayez pas, Mme Fréming ; je vous dis que ce n'est rien, qu'il n'y a aucun danger, et qu'il se portera bientôt aussi bien que vous et moi. — Mais encore, me direz-vous ?...

Le capitaine fait à sa femme un récit exact de son voyage, de la manière dont il s'est égaré, de son séjour chez le laboureur Michelon, et enfin de tout ce qu'il a vu, dit et entendu à Notre-Dame de Sarrance.

La bonne Mme Fréming s'afflige de savoir son fils dans un hospice ; elle veut au moins y aller, s'installer auprès de lui, ne le quitter ni jour, ni nuit. Le capitaine emploie tout l'ascendant qu'il a sur le caractère faible et docile de sa femme. Elle se résout à prendre patience ; mais, comme le capitaine ne veut pas rester long tems dans une auberge, qu'il desire acheter du bien, se fixer dans une propriété à lui, et choisir cette propriété dans la vallée d'Aspe, où il aura toutes les commodités possibles pour faire l'importante recherche qui occupe tant son cœur et son esprit, il est décidé qu'on passera deux jours à voir les diverses curiosités qu'offre la ville de Pau et ses environs ; que le troisième, le capitaine et sa femme, accompagnés de M. Poncet, partiront pour aller visiter tous les biens à vendre de la vallée d'Aspe, qu'ils verront leur fils en passant à Sarrance, et que Marine restera à l'auberge, ainsi que les autres domestiques, nègres, etc., jusqu'à ce qu'on leur fasse dire de venir rejoindre leurs maîtres avec tous les bagages.

Dès le lendemain le capitaine, Mme Fréming et M. Poucet se mirent à visiter la ville, comme ils se l'étaient promis.

Il remarquèrent d'abord que Pau, situé à l'extrêmité d'une grande plaine qui domine sur une autre plaine où coule le Gave, laisse découvrir, au-delà de cette rivière, des coteaux, et ensuite les monts Pyrénées qui, s'élevant en amphithéâtre, forment une vue magnifique : ils furent étonnés de la moyenne étendue de cette ville, qui n'a ni portes, ni murailles. Ils ne s'amusèrent point à examiner la paroisse et la succursale, ni les beaux couvens des capucins et des cordeliers. Après avoir vu les ponts construits sur les ruisseaux de Hedas et de l'Ousse, ils s'arrêtèrent un moment sur le pont de sept arches, jeté sur le Gave, pour admirer au loin le pic du midi de la vallée d'Ossan, qui est un des pics les plus élevés de la chaîne des Pyrénées. Ils furent assez étonnés de ne trouver, dans toute la ville, qu'une seule fontaine, située vis-à-vis la place du marché, et qui néanmoins fournit abondamment de l'eau par six tuyaux.

La Place Royale, ornée de belles maisons et de plusieurs allées d'arbres, attira leurs regards. Ils virent, au milieu, la statue pédestre de Louis XIV, entourée d'une grille de fer. M. Poncet leur raconta, à ce sujet, une anecdote très-courte. Les citoyens de Pau, dit-il au capitaine et à sa femme, ayant sollicité, dans le siècle dernier, la permission d'élever, au milieu de cette place, la statue d'Henri IV, cette demande qui surprit la cour, fut refusée : on accorda aux habitans une statue de Louis XIV qu'ils ne demandaient pas. Ces habitans, peu courtisans, mais zélés admirateurs de leur ancien souverain, firent graver sur le piédestal, en langue béarnaise, cette inscription remarquable :

Celui-ci est petit-fils de notre bon roi Henri.

Nos amis ne pouvaient se dispenser d'aller voir, à l'extrémité occidentale de la ville, et sur un rocher coupé à pic au-dessus du Gave de Pau, le château où résidaient les princes du Béarn, où naquit Henri IV. Le souvenir de la naissance de ce prince, la situation singulière et romanesque de cet ancien édifice, tout reporta l'imagination de nos voyageurs vers les tems fameux de la chevalerie. Ils jugèrent que ce château, quoique en mauvais état, serait encore habitable. Ils y entrèrent par un pont et par un portail, au-dessus duquel est le bâtiment du garde-meuble : à droite, plus bas, ils virent le logement du sergent, celui du gouverneur du château, et, à l'autre côté, l'habitation du gouverneur de la province. Dans la cour est un beau puits; à gauche, s'élève une grande tour qui sert de prison de la ville; au bas de cette tour est le corps-de-garde du château, et au-dessus la chambre du trésor, où sont conservés les archives.

Dans une chambre du château,

qu'ils présumèrent, par sa largeur, avoir été autrefois une chambre de parade, ils admirèrent un beau portrait en pied de Jeanne d'Albret, mère d'Henri IV. Sa coiffure est ornée de perles : autour de sa gorge elle porte une fraise ; et ses bras, également ornés de perles, sont couverts jusqu'au poignet par son habit. A sa ceinture tombe une chaîne qui suspend un portrait en miniature : de sa main droite, elle semble pincer les cordes d'une guitare, et, dans la gauche, elle tient un mouchoir brodé. Ses traits sont réguliers ; l'ovale de sa tête est un peu alongé ; ses yeux sont d'un brun clair ; son nez est bien formé, mais un peu grand, et ses sourcils sont bien cintrés. Cette peinture rend assez bien le caractère de grandeur d'ame et la noble fierté de cette princesse. Dans une des chambres voisines on montra à nos amis un portrait d'Henri IV, fait pendant sa jeunesse; la grande écaille de tortue qui lui servit de berceau ; et, au second étage, l'appartement où ce prince naquit.

Il faut, dit M. Poncet au capitaine, que je vous raconte les circonstances de cette naissance, arrivée le 13 décembre 1553. La princesse, sentant les douleurs de l'enfantement, et entendant venir son père, se mit à chanter la chanson béarnaise, qui commence par ces mots: *Noste Donne deou cap deou Pon adjouda me in aquesta houra;* ce qui veut dire : *Notre-Dame du bout du Pont, aidez-moi à cette heure.* Alors, le roi, tenant la chaîne d'or, et la boîte où était le testament... — Paix, paix, M. Poncet, interrompit le capitaine, allez-vous nous répéter ce que tout le monde sait par cœur! descendons plutôt dans les jardins qui, d'ici, me paraissent très-pittoresques.

M. Poncet fut un peu piqué de ce qu'on l'empêchait d'étaler son érudition ; il suivit le capitaine sans mot dire, et tous trois allèrent visiter les jardins qui sont devenus une promenade publique. On y arrive du château par un pont-levis ; à côté est une plantation de plusieurs allées, appelées les *Ormlettes*, au bout de laquelle, et après avoir traversé un petit chemin qui conduit à la basse ville, on trouve sur le penchant du Gave le parc du roi, qui a pris son nom de ce que Henri IV fréquentait de préférence cette partie des jardins, lorsqu'il tenait sa cour à Pau.

En face du parc du roi, nos curieux montèrent un petit tertre pour entrer dans un bois joint à une promenade appelée le *cours Bayard*, laquelle forme une magnifique étoile. Derrière cette promenade, ils virent une belle châtaigneraie ; et, à côté, deux pépinières et des noyers entourés de pièces d'eau et de grandes allées. Ils examinèrent aussi au milieu de la châtaigneraie, la fontaine des fées, dont l'eau a, dit-on, la vertu de guérir plusieurs infirmités. Le site pittoresque, bizarre, et pourtant délicieux de tous ces endroits, enchanta nos voyageurs, qui y retournèrent plusieurs fois, pour les examiner jusque dans leurs moindres détails.

Quand ils eurent tout bien vu, tout bien examiné, ils se décidèrent à partir pour la vallée d'Aspe, dans le dessein d'y acheter une terre, de s'y fixer, et d'y chercher un frère qui était l'objet de toute la sollicitude du capitaine.

En conséquence, Mme Fréming, ayant fait, avec Marine et Bartholin, tous les emballages nécessaires pour qu'on pût leur envoyer leurs effets, quand ils seraient une fois établis dans un château quelconque, Marine fut chargée du soin de les garder à l'auberge du bon Henri, jusqu'à ce qu'on lui écrivît de venir avec eux; et notre capitaine, sa femme, M. Poncet, Bartholin et deux nègres des deux sexes, s'emballèrent dans une grande voiture, qui fut attelée, cette fois-ci, de deux bœufs conduits par un guide du pays, afin d'éviter toute espèce d'accidens. Fouette, cocher, dit le capitaine au guide, et d'abord à notre Dame-de-Sarrance ; car, avant tout, il faut que Mme Fréming voye son fils !...

SECONDE PARTIE.

> L'intérêt est le mobile de l'homme dans l'âge mûr; la vieillesse ne soupire qu'après le repos; mais la jeunesse, ah !.... la jeunesse est faite pour l'amour.

En bien, monsieur, dit Elmonde en entrant chez son jeune malade, vous trouvez-vous mieux dans cette chambre, où, seul et tranquille, vous n'êtes plus étourdi du bruit de la salle Saint-Eudoxe? — Ah! mademoiselle, lui répond Mondesir, c'est encore à vous que je suis redevable de ce bienfait! — A moi, point du tout; vous le devez à monsieur votre père, qui a obtenu cette légère préférence de madame la supérieure... (*Elle soupire.*) C'est donc monsieur votre père, ce gros monsieur là?....

— Oui, mademoiselle, c'est mon père, le capitaine Fréming, qui a passé sa vie à la Martinique, ou plutôt sur les mers; car c'est un des plus fameux marins de l'Europe. — Il est bien âgé? — Soixante-douze ans. Je suis l'enfant de sa vieillesse, voilà pourquoi il me chérit tant. — Oui; il a l'air de vous aimer beaucoup. Vous ne vous attendiez guères à le voir ce matin? — Non, mademoiselle, je ne comptais pas sur ce bonheur. — Entre nous (*elle sourit*), il ne tenait qu'à vous de vous le procurer plutôt, ce bonheur; car, c'est pour vous obliger que j'ai un peu déguisé la vérité. Depuis quatre jours que vous avez recouvré vos sens, vous pouviez fort bien faire écrire à Pau. — Oui, je.... le pouvais; et c'est pour faire excuser cette négligence, que je me suis feint, aux yeux de mon père, plus malade que je ne le suis.— Ah çà, pourquoi l'avez-vous trompé ? pourquoi m'avez-vous engagée en quelque sorte moi-même à abuser ce bon vieillard ?... Vous ne répondez pas ?... Vous pouviez faire écrire, encore une fois; vous pouviez mieux, partir dès ce matin dans sa voiture.... votre blessure est peu de chose, il ne tenait qu'à vous.... —De vous quitter, mademoiselle, oui ! de rompre pour jamais, et sitôt, le charme irrésistible qui m'attache à cette maison, et que vous seule y faites naître. — Moi, monsieur, je serais cause ?.... — Oui, mademoiselle, c'est pour ne pas me séparer aussi vite de vous que j'ai feint des souffrances que je n'éprouvais pas ; que j'ai cherché à prolonger un séjour qui me procure l'avantage de vous voir, de vous admirer, de vous entendre; et, trompée par moi, vous avez également, et sans le savoir, trompé madame la supérieure, qui a eu la bonté de dire à mon père que j'étais hors d'état d'être transporté. Je puis l'être, mais je ne le veux pas.

Elmonde, sans répondre, veut sortir. Mondesir s'écrie : Quoi, vous me quittez ! ai-je dit quelque chose qui pût vous être désagréable ? — Oui, monsieur, vous m'avez affligée, sensiblement affligée. Moi, j'aurais causé votre désobéissance envers l'auteur de vos jours ! ce serait à moi qu'il devrait le chagrin de ne pas vous avoir emmené avec lui ! — C'est pourtant la vérité, mademoiselle. Vous savez bien que ma chute de cheval a été légère. J'ai été, il est vrai, vingt-quatre heures presque sans connaissance, parce que j'avais perdu beaucoup de sang.... mais j'ai ouvert les yeux; je vous ai vue... j'ai cru voir un Ange, une Grâce plutôt, telle qu'on nous dépeint la plus belle de ces trois sœurs. Dès ce moment, ma guérison s'est opérée, s'est accélérée comme par miracle. Les nouvelles émotions de mon cœur ont rendu toute leur première énergie à mes membres endoloris; je n'ai plus ressenti qu'une seule blessure, celle que vos beaux yeux font sur tout être sensible : elle est incurable, celle-là ! — Si je ne pardonnais, monsieur, à votre âge, à la légèreté, au ton de galanterie qui en sont l'apanage, j'accuserais bien sérieusement votre esprit, et même votre cœur. Je vous demanderais s'il est décent, généreux, qu'un jeune homme, appelé aux richesses, aux honneurs, aux félicités de ce monde, s'amuse à tromper une pauvre fille sans nom, sans état, sans fortune ; lui fasse accroire qu'il en est amoureux ; lui parle en un mot d'une tendresse qu'il sait bien ne pouvoir jamais couronner par l'hymen. C'est de votre part, monsieur, de la cruauté, de l'ingratitude même ; c'est violer les lois de l'hospitalité. — Elmonde, ah, Elmonde ! que vous me connaissez mal, si vous me croyez capable de feindre un sentiment que je n'éprouverais pas ! si vous me jugez assez bas, assez vil pour séduire, pour tromper l'innocence ! Loin de vous toute idée qui pourrait vous faire douter de mes principes, alarmer les vôtres ! Mon cœur est pur, et j'ose dire vertueux. Si je vous aime, c'est dans les intentions les plus légitimes, et le projet d'une ironie cruelle n'est jamais entré dans ce cœur exempt de tout détour.... Mais vous me quittez encore ? — Oui, monsieur : je sens trop combien je serais coupable, si j'écoutais plus long-tems de pareils discours. C'est pour la première fois qu'ils frappent mon oreille; et ma position, mon âge, mon état trop infortuné, tout doit me défendre de les entendre plus long-tems.

Elle veut sortir. Mondesir la rappelle : Elmonde, Elmonde ! en grace, par pitié, restez, restez avec moi. — Mon devoir, monsieur, m'appelle auprès de madame; et je vous préviens que je vais me priver, avec regret sans doute, de vous continuer désormais mes soins. Une autre que je vais envoyer près de vous.... — Une autre? eh! est-il deux Elmonde dans cette maison, dans la France, dans l'Europe entière? — Oh! que cette exagération est bien d'un jeune homme vif et peu réfléchi! Oui, monsieur, il est dans le monde, dans la France, dans cette maison, bien d'autres personnes qui valent mieux que moi. Un jour vous-même, vous en rencontrerez dans la société de plus dignes de vous, une personne faite, par sa fortune, par sa naissance, pour obtenir votre main. Jusque-là, ne vous faites pas un jeu barbare de tourmenter celles qui ne peuvent jamais vous appartenir. Adieu, monsieur. — Elmonde! — Si vous ne me revoyez plus, n'en accusez que vous. — Que moi, grand Dieu ! et que faut-il que je fasse pour mériter le bonheur de vous revoir ? — Jurer devant ce crucifix, devant Dieu qui nous entend, que jamais vous ne me reparlerez d'un prétendu amour qui ne doit pas s'adresser à moi; que jamais un moindre mot dans vos discours, ne nous rappellera cette conversation, qui sera la dernière sur cet objet. — Elmonde, ce serment !... — Il faut vous y soumettre, ou renoncer à me voir. — Elmonde, cruelle Elmonde, vous exigez que je trahisse la vérité, et que je prenne l'Eternel lui-même à témoin de mon parjure? — Je n'exige rien, monsieur. Mon devoir m'appelait auprès de vous, comme auprès de tout autre malade : vous êtes guéri, vous n'avez plus besoin de moi, je me retire. — Guéri, quand je souffre plus que jamais ! — Style banual des jeunes gens. — Expressions analogues à ma situation. — Auxquelles je ne crois point.— Que je vous forcerai de croire. — Encore ? — Elmonde, je promets, je jure, si vous le voulez, de renfermer dans mon cœur l'aveu le plus vrai, le plus tendre.... mais donnez moi la touchante satisfaction de vous voir, d'admirer vos traits si doux, si parfaits. — Tenez votre parole, et je.... je ne vous abandonnerai que lorsque monsieur votre père viendra vous retirer tout-à-fait de cette maison.— Oh ! j'espère bien être malade au moins quinze jours encore.—Monsieur, cette fois-ci on lui dira la vérité. — Qui ? — Moi. — Vous ? — Moi et madame la supérieure, que je vais instruire sur-le-champ de votre heureux rétablissement. — Avec quelle sévérité vous me traitez, Elmonde ! — Je fais mon devoir. — Ainsi, s'il revient demain, après-demain, mon père.... — Il vous emmènera. — Me tuera ; car je meurs si je vous quitte. — Eh bien ! votre serment ! — Je n'ai rien dit, je n'ai point répété que je vous adore. — Mais c'est le répéter, cela. — Est-elle assez cruelle !... — Encore une fois, adieu, adieu, M. Mondesir.... (*Elle s'éloigne, se retourne, regarde le jeune homme et se rapproche de lui.*) Demain, oui.... demain, je viendrai voir si vous avez besoin de quelque chose. — O promesse flatteuse qui me rend la vie!..

Elmonde monte chez madame la supérieure : Eh bien ! lui demande cette excellente femme, ton protégé comment va-t-il ? — Mon protégé, madame ! — Qu'a donc ce mot qui puisse t'étonner ? Ne m'as-tu pas prié de le séparer des autres malades dans la salle Saint-Eudoxe ? ne m'as-tu pas fait déjà vingt fois l'éloge de ce jeune homme ?... — Mais.... j'en ai fait l'éloge, comme je le ferais de mille autres. Il nous passe sous les yeux tant de gens différens d'humeur, de caractère, que nous ne pouvons nous empêcher de faire des remarques sur eux, de les étudier. En général tous souffrent leurs maux fort impatiemment ; tous sont humoristes, grondeurs, exigeans... Quand nous en trouvons de plus doux, de plus dociles, pouvons nous nous empêcher de les distinguer des autres ?... C'est sous ce rapport.... — Je le crois ;

j'en suis certaine même ; je connais trop ton cœur, ta délicatesse.... ta vertu....— Ajoutez encore et mes malheurs ! — Tes malheurs ? c'est ce que je sais le moins ; car tu es avec moi d'une discrétion !... En éprouverais-tu, des malheurs ? — Eh ! madame, en est-ce un assez grand que de vous être à charge, presque dès ma naissance ? — Si tu n'as que celui-là, mon enfant, je te conseille bien de ne pas t'en affliger. Toi, m'être à charge, mon Elmonde ! ah ! quel mot as-tu prononcé ! — Je sais que vos bontés.... — Que ma juste amitié pour toi proscrive à jamais ces réflexions sombres, ces expressions déplacées. Embrasse-moi, n'en parlons plus, et revenons au fils de monsieur le capitaine Fréming. Il me paraît plus doux, plus policé même que son père; car c'est un personnage un peu brusque et très-bizarre que monsieur le capitaine Fréming. — Oui.... ce jeune homme est assez.... — Il est charmant. Je ne l'ai entrevu que deux fois; mais je veux le revoir, le voir avec toi. Il dessine très-bien, dis-tu; il fait de la musique. Je ne suis pas ennemie des arts d'agrément, surtout du dessin, de la peinture, que j'aime à la folie. A-propos, il faut que je te fasse un compliment. M. Simonin, tu sais bien, ce peintre habile qui retouche en ce moment le tableau du maître-autel de notre église, eh bien! il a vu ton carton de dessins, je lui ai tout montré; il est enchanté des progrès rapides que tu fais, des talens que tu possèdes; il a sur-tout admiré ta Sainte Cécile qui pince de la harpe. — Madame, si j'ai mérité ces encouragemens, c'est à vous que je dois tant de bonheur, à vous, qui, non contente de recueillir une pauvre infortunée, avez eu la bonté de la traiter comme la plus chérie de vos parentes, de lui donner des maîtres de sciences, d'arts divers, de cultiver en un mot son éducation avec autant de soin que si elle était destinée aux plus riches établissemens! — Eh mais! c'eût été un meurtre que d'enfouir tant de dispositions dans la nullité; que de ne pas cultiver un aussi heureux naturel que le tien. Toute petite, tu recherchais la lecture, je devais te faire apprendre l'histoire, la géographie.... tu avais la plus jolie voix du monde, pouvais-je me dispenser de te donner un maître de musique; et j'ai bien fait; car tu attires la foule dans notre église quand tu y chantes seule l'*O Filii*, le *Tantùm ergo*, ou d'autres hymnes pieux.... Enfin, tu barbouillais sur du papier avec un crayon, souvent avec du charbon; j'ai cru te voir le goût du dessin, et je t'ai fait donner des leçons sur cet art charmant : qu'y a-t-il là d'étonnant ? Je suis bien payée de mes soins, aujourd'hui qu'en vérité tu es devenue un petit prodige. — Ah ! madame.... — C'est vrai. Je le dis parce que c'est vrai. Tu joins à cela toutes les qualités du cœur et de l'esprit. Ah ! mon Elmonde, que tu mérites bien toute ma tendresse !...

Madame la supérieure ouvre ses bras à Elmonde, qui s'y précipite en la nommant sa mère, sa tendre mère; et ces deux amies sont interrompues par l'arrivée d'un médecin de l'hospice qui vient parler d'affaires, et force Elmonde à se retirer.

La mère Séraphine n'a pas oublié la promesse qu'elle a faite à Elmonde d'aller visiter avec elle l'aimable Mondesir. Le lendemain matin, après son déjeûner, elle prend le bras de sa jeune amie, et toutes deux entrent chez notre blessé qui, beaucoup mieux portant, est levé et s'occupe à écrire. Aussitôt qu'il aperçoit Elmonde, il rougit et serre précipitamment son papier dans sa poche; puis offrant un siége à madame la supérieure, il la remercie, avec beaucoup de grâce et de facilité, de l'honneur qu'elle lui fait de se transporter chez lui. Madame lui répond : Ma fille, j'appelle ainsi ma chère Elmonde, m'a beaucoup parlé de vous, jeune homme, et... Mlle Elmonde, répond Mondesir, aurait eu la bonté de s'entretenir quelquefois de moi avec madame ?

Elmonde rougit ; madame continue : Oui, elle m'a dit que vous avez des talens, que vous dessinez sur-tout à merveille. — Madame, c'est trop d'indulgence de la part de mademoiselle... Je cultive, il est vrai, quelques talens d'agrément ; mais j'y suis bien novice encore. — Sont-ce là vos dessins, sur cette table ?

Mondesir s'en empare avec une espèce d'effroi, et répond : Madame, mes cartons, vous le pensez bien, ne sont pas ici. Voyageant à cheval, lorsque j'ai été blessé je n'avais rien de tout cela sur moi. Ceci, c'est trois ou quatre méchans croquis que j'ai faits depuis que je suis dans cette maison et que je puis manier un crayon. C'est si faible !... —Voyons,

voyons toujours. — Tenez, voilà un portrait fait d'idée. — Je le reconnais ; c'est celui de monsieur votre père. Sainte Vierge ! qu'il est ressemblant ! — Oui, madame trouve?... — Ah ! c'est lui-même.... Regarde donc, Elmonde? vois sa figure large, son nez, ses yeux. Il est parlant ! avec cela, c'est fort bien, très-bien dessiné, n'est-ce pas Elmonde?

Elmonde balbutie un oui ; mais ses yeux brillent de joie ; on remarquerait, si on l'examinait bien, qu'elle jouit des éloges que madame adresse au jeune Mondesir. Madame poursuit : Je ne connaissais pas, même de nom, monsieur votre père ; mais nous avons ici, M. Verlange, le premier médecin de notre maison, qui m'en a entretenu long-tems hier. M. Verlange a exercé long-tems son état dans les îles : il y a beaucoup entendu parler du capitaine Fréming, le premier armateur des Indes. C'est un parfait honnête homme, m'a-t-il dit, ferme sur l'honneur, sur la probité, sur les procédés, et qui est, a-t-il ajouté, riche à millions...— Il est vrai que mon père...— Il fut l'artisan de sa fortune ; c'est bien estimable. Comment un millionnaire comme lui, qui pourrait vivre à Paris, se faire honneur de son bien au milieu du grand monde, prend-il le parti de venir se confiner dans un coin du Béarn ? c'est répandre sur ses vieux jours un nuage de tristesse, d'ennui ; c'est se séparer, pour ainsi dire, du reste des humains ! — Madame, mon père a des raisons, des...motifs...il a d'ailleurs assez vu les hommes ; il ne connaît que trop la société et les vices qui la souillent.—Et il a rendu, sur ce point, son fils aussi philosophe, aussi misanthrope que lui... c'est de bonne heure, à votre âge!.. n'est-ce pas une recherche importante qui occupe monsieur votre père?...— Madame, comment sauriez-vous?... —Je ne sais pas; M. Verlange m'a parlé en l'air d'un père, d'un oncle plutôt, que vous aviez dans les îles, qui en est sorti de bonne heure, pour s'établir en France ; et ....— Madame ! M. Verlange aurait connu mon oncle ?— J'ignore s'il l'a connu ; je ne le crois pas ; car il m'a ajouté... — Où est-il, ce M. Verlange ? pourrais-je lui parler sur-le-champ ? — Il est absent, peut-être pour deux jours. Il est allé à quelques lieues d'ici, à la Hutte-aux-Gardes, chez le concierge du comte Rigolo, M. Bajaloz, qui est malade et qui l'a fait demander. — Quel contre-tems! j'aurais voulu savoir.... mais il reviendra, M. Verlange, et alors...— Oh! demain, après-demain, vous aurez tout le loisir de causer avec lui. Cette recherche vous occupe beaucoup, à ce qu'il paraît? — Oh, madame!... pour moi, elle aurait peut-être moins d'intérêt si je ne savais pas que la tranquillité, le bonheur, l'existence peut-être de mon père, du meilleur des pères, en dépendent! — Cela est si sérieux? — On ne peut pas plus sérieux! Eh quoi, madame, vous que votre état si respectable, vos relations mettent en rapport avec tout ce qu'il y a de mieux dans la province, vous n'avez jamais entendu parler de mon oncle, d'Abel Fréming ?—Abel Fréming ?.. Non, non, j'ai beau chercher dans ma tête, jamais ce nom-là n'a frappé mon oreille. — Il a dû néanmoins exister dans cette contrée. — Eh bien ! je ne sais réellement de qui vous voulez parler. Où demeurait-il ? — Ah ! voilà ce que nous ignorons. — Que faisait-il ? — Nous l'ignorons encore. — Et vous le cherchez sans savoir son état, ni le lieu qu'il habitait ? c'est une folie. — Je le crains. — Y a-t-il long-tems que cet Abel Fréming ne vous a écrit ? — Oh ! très-long-tems. — Quel homme était-ce ? — Je n'en sais rien ; je ne l'ai jamais connu. — Abel Fréming !... Il faudra que je cherche sur nos registres s'il n'est pas entré, s'il n'est pas mort ici peut-être quelqu'un de ce nom-là.-Ah, madame, voilà une excellente idée à laquelle nous n'aurions pas pensé. Elle m'indique aussi de prendre la même voie pour toutes les autres églises, paroisses, abbayes, etc. de la province. En compulsant les registres de mariages, de morts, de naissances, que sais-je, peut-être trouverons-nous... — Cela est possible ; et tenez, de ce pas je vais mettre quelqu'un après cette recherche. Restez, ne vous dérangez pas, jeune homme, vous êtes encore faible...j'ai mon Elmonde qui me donne son bras. Viens avec moi, ma chère Elmonde. Sans adieu, monsieur ; quand Verlange sera de retour, je vous l'enverrai.

Madame la supérieure va ordonner à un commis de chercher sur les registres, les plus anciens comme les plus nouveaux, le nom d'Abel Fréming. Le commis emploie à cet examen deux jours entiers : enfin, il vient, un soir, annoncer à madame qu'il n'a point trouvé ce nom-là. Le lendemain, madame invite Elmonde à se rendre chez Mondesir, pour lui apprendre que sa recherche a été infructueuse.

Elmonde entre chez le jeune homme. Madame, lui dit-elle.... — Ah, mademoiselle, c'est vous ? — Madame me charge, monsieur, de vous dire qu'elle n'a pas réussi. Le nom de monsieur votre oncle est absolument inconnu dans cette maison. — Je m'en doutais. Il eût fallu un hasard singulier pour..... Que vous êtes jolie aujourd'hui, mademoiselle Elmonde! —Voilà une digression.... —Que vous inspirez. — (*Elle sourit.*)

Je vous dis que c'est plus fort que vous. Il faut que vous fassiez des complimens. — Que je dise..... — Des mensonges? — Des vérités. — Savez-vous que madame est très-contente du portrait de monsieur votre père. Elle m'en a parlé, hier, toute la journée. — C'est que madame est aussi indulgente que vous. Si... je vous montrais.. d'autres dessins, que j'ai bien vite soustraits à ses regards?.... — Et pourquoi? Il fallait tout lui montrer. — Ah, tout!..... l'oserais-je à vous même ? — Sans doute ; car je ne crois pas que les sujets que vous choisissez, redoutent aucun regard. — Au contraire, ils doivent faire l'admiration générale. — Vos dessins ? voilà qui est modeste. — Non pas mes dessins ; ne me faites pas l'injure de croire que je les vante avec cet amour-propre; mais..... les sujets, ou plutôt le sujet que j'y traite, toujours et par-tout...il est si intéressant! — Ah! (*Elle réfléchit*) à propos, vous ne me donnez pas aujourd'hui des nouvelles de votre santé? — Belle digression à votre tour! — C'est un objet important. Ah çà, cela va mieux... Les forces? — Elles reviennent très-bien. — J'en suis enchantée. — Vous êtes bien bonne. C'est votre ouvrage. — Comment? — Oui; si vous n'étiez plus revenue me voir, je retombais d'abord, oh! je mourais. — Enfant! — Mais vous ne savez pas combien ces beaux yeux-là donnent de santé à un jeune homme qui les fixe, qui les contemple, qui les admire! — Si je savais cela, je vous regarderais toute la journée. — Ah! mais, l'excès du remède pourrait tourner en mal. Après avoir guéri, vos yeux sont capables de tuer. — Que ce langage est fade! — C'est celui de l'am... — Hein? — De l'amitié, de la reconnaissance. — Je croyais que l'amitié, que la reconnaissance n'empruntaient pas un pareil jargon ; que le choix de leurs expressions était plus simple, plus touchant, plus convenable à la pureté de ces deux sentimens. J'aime beaucoup madame la supérieure, assurément ; mais je ne lui parle pas de ses beaux yeux, de souffrances, de remèdes qui tuent, ni de toutes ces extravagances. — La belle raison! Est-ce que c'est le même genre d'am... d'amitié? Entre jeunes gens comme nous, de sexes différens, il m'est permis de vous dire que vous avez des traits charmans, les yeux les plus beaux ; au lieu que vous n'irez pas vanter ceux de madame, qui ne peuvent avoir pour vous aucun attrait. — J'entends ; c'est que chez vous, messieurs, l'amitié est un sentiment qui vous est absolument étranger. Vous n'en connaissez qu'un qui absorbe tous les autres. Il faut que vous aimiez d'amour, ou vous n'aimez pas du tout. Vous voyez quelle confiance peut avoir en vos protestations une jeune personne pour qui l'amour est justement le seul sentiment qu'elle doive proscrire. Ainsi, messieurs, il est impossible de trouver parmi vous un véritable ami. — Entendons-nous : qu'est-ce à vos yeux qu'un véritable ami ? — Mais j'entends un homme délicat, désintéressé sur tout, qui nous aime sans aucune vue sur notre main, encore moins sur notre innocence; dans le sein duquel nous puissions verser nos secrets, à qui nous nous plaisions à confier nos peines comme nos plaisirs, et qui, bien loin de nous enflammer pour l'amour, nous tienne en garde contre cette passion funeste, nous en fasse prévoir les dangers, nous traite en un mot comme un frère ferait de sa sœur, ou un tendre père d'une fille chérie. Voilà l'ami que j'estime, que je cherche, et que peut-être je ne trouverai jamais.

Mondesir reste interdit; il réplique cependant : Ah! mademoiselle, quel portrait venez-vous de tracer ! C'est celui de M. Poncet, mon précepteur; c'est celui d'un Caton, d'un pédant. Oui, vous avez raison, un ami pareil est pour vous un être imaginaire : vous le chercheriez long-tems en-vain. Oh, mon Dieu ! un ami qui vous éloigne de l'amour, quand vous inspirez l'amour, quand on ne peut vous voir sans être tout amour ; un pareil ami serait un barbare qui vous ferait consumer vos plus beaux ans dans une retraite austère, qui priverait la société de son plus bel ornement ! et, je le soutiens, la société aurait le droit de le bannir, de le punir ; un tel homme serait un monstre ! — J'admire que vous ne dites pas un mot sans l'accompagner d'une exagération. Où voyez-vous donc que l'ami dont je parle serait *un monstre*, digne d'être puni par la société toute entière, d'être condamné à mort, peut-être ? Mon cher monsieur, vous êtes fou, et je vous plains; car je vois qu'il vous reste encore un peu de ce délire que vous avait occasionné votre maladie dans les premiers momens. — Bien obligé, mademoiselle, du compliment. Je suis fou, n'est-ce pas, parce que je préfère l'amour, cette passion des grands cœurs, à l'amitié, ce sentiment commun aux sots comme aux gens d'esprit; je suis fou, parce que je veux être votre amant, non votre ami, un ami comme vous l'entendez! c'est être fou que de protester à vos genoux.... — Doucement, monsieur; rappelez-vous votre serment de l'autre jour. Tenez votre promesse, ou je sors. — Mais aussi vous m'avez poussé.... — Laissons cela. Vous chantiez, ce me semble, lorsque je suis entrée chez vous? — Oui, j'essayais une.... romance.... — Nouvelle ? — Oh ! très-nouvelle; car elle est faite d'hier. — J'entends; l'auteur est devant mes yeux. — J'étais dans le feu de la composition lorsque, avant-hier, madame la supérieure est entrée brusquement ici avec vous. Je n'ai eu que le tems de serrer mon papier sur lequel j'avais déjà jeté un couplet de ma.... romance. — Mon Dieu, que madame vous a contrarié de toutes les manières ! Toutes vos œuvres illicites étaient là, éparses, sans précaution.... — Illicites ? — Sans doute ; il faut que tout cela ne soit pas très-louable, puisque vous n'avez pas osé le lui montrer ! Madame aime la musique ; elle aurait été très-contente d'entendre votre romance. — Ah, bien oui !... et vous-même, me pardonnerez-vous, si je vous la chante ? —

Ne me la chantez pas, si je ne dois pas l'entendre ? — Pardonnez-moi : vous seule, seule dans le monde, êtes faite pour en apprécier le sens. — En ce cas.... voyons-la donc. — Mais vous ne vous fâcherez pas.... Ecoutez : vous savez que les fictions nous sont permises à nous autres poëtes; vous supposerez que l'auteur a voulu peindre un berger qui parle de sa bergère ; et que.... — Ah ! il y a des bergers et des bergères ? — Eh ! non.... qu'elle est contrariante !... Au surplus, vous allez juger.... Mais si j'avais une guitare ? — Voulez-vous que j'aille chercher la mienne ? — Ah! je serais confus de cette peine.

Elmonde a bientôt apporté sa guitare. On pousse la porte; on s'asseoit dans un coin de la chambre, et le jeune homme chante, en s'accompagnant, la romance que voici :

 Rochers, vallons, monts sourcilleux,
 Vastes abimes de la terre,
 Dans vos précipices affreux
 J'allais voir finir ma carrière :
 Oui, dès l'aurore de mes jours,
 La mort devenait mon partage.....
 La beauté vole à mon secours
 Me rend la vie et le courage.

 J'avais vu naître vingt printems,
 Et mon cœur était peu sensible :
 Formé pour de doux sentimens,
 Mon existence était paisible.
 L'existence !... est-elle un bonheur
 Pour qui n'éprouve doux servage !
 La beauté vient; soudain mon cœur
 Connait l'amour et le courage.

 Rochers, vallons, monts sourcilleux,
 Connaissez celle que j'adore ;
 Portez son nom jusques aux cieux ;
 A la nuit répétez-le encore !
 Dites tous qu'à d'aimables lois
 Je vais soumettre mon jeune âge :
 Nommez Elmonde !.... je lui dois
 L'amour, la vie et le courage !

Elmonde se lève en entendant prononcer son nom à la fin de la romance : Quoi ! monsieur, dit-elle, vous me mettez en chanson ! — Pardon, mademoiselle ; mais vous avez voulu entendre la mienne. Je vous ai prévenue.... — Que c'était une fiction, je m'en souviens ; et.... si vous me l'affirmez.... — Comment donc ; mais rien de tout cela n'est vrai. Vous n'êtes point aimable, je ne peux vous souffrir : il est question d'une autre Elmonde, et.... — Vous plaisantez, monsieur ; mais je suis très-fâchée de voir mon nom dans une romance.... ici !... si l'on entendait cela !... Gardez-vous de la chanter à qui que ce soit ? — Hors à madame la supérieure, pour qui vous me reprochiez tout-à-l'heure de n'avoir pas eu cette complaisance. — A elle, moins encore qu'à toute autre personne. O ma bienfaitrice ! que penserais-tu de moi ? — Quelle délicatesse, Elmonde ! quelle belle ame, et sur-tout quelle touchante innocence ! Oh ! vous ne devinez pas combien je vous admire ! — Et vous ne savez pas, vous monsieur, combien votre romance m'a fait de mal ! — L'air vous a peut-être déplu ? — Au contraire.... l'air en est... très-joli. — Je le crois tendre et touchant. — Très.... touchant. — Permettez-moi de vous l'apprendre. — L'air.... à la bonne heure ; mais point les paroles. — Ah! les deux premiers couplets.... il n'y est point question.... de vous, n'est-ce pas ? — Je n'y suis pas nommée du moins. — Eh bien !... allons-nous la chanter, cette.... terrible romance qui a eu le malheur de vous déplaire ?

— Je suis.... bien éloignée de dire qu'elle m'ait déplu. Elle est faite avec assez de goût.... pour.... — Allons, voyons.... essayons la à nous deux.

Mondésir donne le papier de musique à Elmonde, et ils chantent ensemble.... Ces aimables jeunes gens sont si attachés à cette douce occupation, que rien ne pourrait les en distraire, et qu'ils ne font pas même attention au bruit de quatre personnes qui viennent d'entrer dans la chambre.

Une grosse voix cependant les rend à la prudence, et cette voix est celle du capitaine Fréming lui-même. Bravo! bravo! s'écrie le capitaine en battant des mains.

Un coup de foudre aurait moins

anéanti nos musiciens que cette exclamation. Ils se retournent; ils voient le capitaine, sa femme, M. Poncet et madame la supérieure. Se lever, cacher le papier de musique, déposer la guitare, tout cela est l'affaire d'un moment pour Mondesir; tandis que la pauvre Elmonde, rouge et interdite, reste comme privée de tout sentiment.

Madame Fréming a déjà volé dans les bras de son fils, qui l'embrasse avec effusion. Il me paraît, dit le capitaine, que notre malade se porte bien, puisque le voilà debout, et qu'il fait de la musique avec cette charmante personne. J'en suis charmé, cela me fait espérer que mon cher fils pourra supporter les fatigues de la route.

Et il regarde d'un air malin madame la supérieure, qui est un peu troublée de son côté.

Elmonde, dit la mère Séraphine avec quelque humeur, tu t'amusais donc là, tandis que je te faisais chercher par-tout ? — Vous aviez besoin de moi ? répond Elmonde. — Sans doute, tu m'étais nécessaire, et je te trouve ici à chanter avec ce jeune homme !... — Madame, c'est une romance nouvelle que monsieur avait la complaisance.... — Oh ! je vois cela, je vois bien cela.

Une romance nouvelle, interrompt le capitaine, parbleu, prions mademoiselle de nous la chanter; elle doit avoir une bien jolie voix. — Monsieur, répond Elmonde agitée, je ne la.... sais point. D'ailleurs, ce n'est que l'air que j'apprenais. Je ne crois point qu'il y ait des paroles. — Si fait, mademoiselle, il y en a; nous vous avons entendus prononcer, tous les deux, des mots et très-distinctement ; mais mon fils la sait, lui, il nous la dira; n'est-ce pas, Mondesir ? — Mon père.... occupons nous d'autre chose. — Tu as raison. Occupe-toi, par exemple, de faire ton paquet, et de te préparer à nous suivre. — Moi, mon père ? — Et qui donc ? Est-ce mademoiselle ? lui parlerais-je ainsi ? ai-je des droits sur elle ? — Que je parte avec vous, mon père ! et je ne peux pas me remuer. — Voyez ce grand nigaud, qui ne peut pas se remuer, tandis qu'il est debout là depuis une heure.

Mondesir s'asseoit : ah ! mon père,

je souffre trop de cette jambe là ; tenez. — Tout ce qu'il te plaira, tu viendras avec nous. — Mais, mon père, demandez si je suis en état d'être transporté. — Mademoiselle Elmonde n'en disconviendra pas, j'en suis sûr.

Elmonde répond : Je puis vous assurer, monsieur, que monsieur votre fils est maintenant en état d'entreprendre le voyage du plus long cours. — *Le capitaine dit bas à la supérieure :* Je suis charmé de cette réponse de votre demoiselle ; elle me rassure. — Moi, lui répond bas aussi la mère Séraphine, je n'en avais pas besoin pour être certaine de la vertu de ma chère fille. — Ah çà, reprend tout haut le capitaine, j'espère, monsieur mon fils, que vous ne ferez plus de difficulté de nous suivre. — J'en ferai beaucoup au contraire, mon père; car je ne sors pas d'ici que je ne sois parfaitement rétabli. — Mais vous l'êtes, monsieur. — Oui, avec des plaies qu'il faut me panser quatre fois par jour. — Prétexte que cela : vous allez monter en voiture, vous dis-je. — Je n'y monterai pas. — Quel ton vous prenez ! — Celui que doit prendre un malade de la santé de qui on semble se moquer. — S'il l'a mis dans sa tête !... Mais parlez lui donc, madame Fréming ?

Mon fils, mon ami, dit à Mondesir cette bonne mère, ne m'as-tu pas déjà causé assez d'inquiétudes ? n'ai-je pas été privée de toi assez longtems ? quel motif peut te retenir ici, dans un hôpital ? Ah ! tu devrais rougir.... — Graces aux bons soins de mes hôtes, ma mère, je ne me suis point aperçu que ceci fût un hospice. — Eh bien ! ces bons soins, dont je remercie ces dames, t'ont rendu la santé; te voilà mieux; tu peux sortir; c'est l'avis de tout le monde.... — D'ailleurs, interrompt la mère Séraphine, voilà M. Verlange qui passe; c'est notre premier médecin ; je vais l'appeler, et s'il dit que notre malade est hors d'état d'être transporté, alors M. Fréming fils aura raison.

La mère Séraphine appelle le médecin, qui entre. Nos amis se retirent dans un coin pendant qu'il visite les blessures de Mondesir; et le capitaine, qui a l'oreille au guet, entendant son fils chuchoter tout bas avec M. Verlange, s'écrie : Ah ! pour le coup, monsieur mon fils, cela est trop fort. Vous venez de promettre dix louis à monsieur le médecin, à condition qu'il vous fera plus malade à nos yeux que vous ne l'êtes. Je l'ai entendu, ne niez point. Heureusement que monsieur le médecin est trop honnête homme pour.... — Très-certainement, répond M. Verlange, je ne céderai point au caprice, aux propositions de ce jeune homme, et je vous atteste, messieurs, qu'il est maintenant aussi bien portant que vous et moi. — Il peut sortir? — A l'instant, si vous le désirez. — Eh bien! monsieur mon très-cher fils, que dites-vous à cela? — C'est un parti pris, s'écrie le jeune homme; tout le monde s'accorde à me désespérer. — C'est moi que tu désespères, lui dit madame Fréming; et, si tu persistes dans ton refus de nous suivre, non-seulement je pénétrerai le motif qui te guide, mais je croirai que tu as voué à ta tendre mère la plus injurieuse indifférence, et cette idée me fera mourir !

Elle verse quelques larmes. Mondesir les voit couler ; il s'attendrit ; il se jette dans les bras de sa mère, et il s'écrie : Eh bien ! je pars quand vous voudrez.

Ah ! nous allons donc lever l'ancre, dit le capitaine, c'est bien heureux ! — Un instant, mon père, interrompt Mondesir..... — Comment un instant ! je n'entends pas différer.... — Un moment, vous dis-je. M. Verlange, que voilà, a connu mon oncle Abel ; de grace, veuillez le prier de vous dire ce qu'il sait. — Vous, mon-

sieur, vous auriez connu mon frère ?
— Monsieur, je ne sais qui a pu dire à ce jeune homme..... Je n'ai pas connu monsieur votre frère particulièrement, j'ai seulement entendu parler de vous et de lui. — Et de lui ? Vraiment, voilà qui est très heureux. Sortons-nous deux de cette chambre, M. Verlange, et veuillez me faire part de vos lumières sur ce frère dont l'absence fait tout mon tourment.

Le capitaine et le médecin s'éloignent.

Madame Fréming prodigue les plus tendres caresses à son fils, qui, loin d'y répondre, n'est occupé que de la sombre rêverie dans laquelle Elmonde semble être replongée depuis un moment. Mademoiselle Elmonde, lui dit-il ; pardon, madame la supérieure ; mademoiselle Elmonde, est-ce que vous vous trouveriez indisposée ? — Moi, monsieur, lui répond précipitamment Elmonde ; sur quoi jugez-vous que j'éprouve quelque altération ? — C'est que vous paraissez.... — Quoi ! monsieur.... je suis fâchée, et voilà tout, de ce que ma bienfaitrice m'a surprise, là, chantant avec vous. Je crains qu'elle ne m'accuse de.... légèreté. — Moi, ma fille, répond madame, si je ne te connaissais pas, je pourrais fonder des soupçons.... mais je t'apprécie trop.... et d'ailleurs, je sais de quel côté se sont tournées les affections de ton cœur ; j'ai des raisons.... — Vous avez des raisons, réplique Elmonde très-étonnée, pour deviner le véritable but des affections de mon cœur ?

je ne comprends pas.... — Tu me comprends, Elmonde, oui, tu sais ce que je veux dire.

Elmonde est plus surprise encore ; elle ajoute : Veuillez, madame, avoir la bonté de m'expliquer... — Pas aujourd'hui ; le moment n'est pas convenable. Cela trouvera sa place dans un autre instant.

Elmonde est pâle et tremblante : on voit que, cette fois, elle est prête à perdre connaissance. Mondesir, qui s'aperçoit de son trouble, Mondesir, que ces demi-confidences viennent de percer d'un trait jaloux, s'écrie : Grand Dieu ! elle se trouve mal. — Je ne me sens pas bien en effet, répond Elmonde d'une voix faible, et je demande à ces dames la permission de me retirer. — Quoi, seule ! ajoute Mondesir.

Et il court après elle dans l'intention de lui offrir son bras. C'est alors qu'il est aisé de voir combien notre malin jeune homme est ingambe et bien portant.

Elmonde se retourne et lui dit d'un ton très-altéré : Je vous prie, monsieur, de ne point me suivre, et je supplie madame la supérieure de vous le défendre.

Elle disparaît. Mondesir veut courir encore après elle. Le capitaine, qui rentre avec le médecin, prend le jeune homme par le bras, lui fait faire une brusque pirouette, et le ramène en disant : Eh bien ! où va donc ce petit fou là ? Tout-à-l'heure, il était impotent, et le voilà qui court comme un lièvre, au risque de se casser les jambes encore une fois, ou de me les briser à moi !... Ah çà, ma femme et mon fils, je vous apprendrai que M. Verlange n'en sait pas plus que nous sur le compte de mon pauvre frère. Je sais gré à monsieur de sa complaisance ; mais il a seulement entendu parler d'Abel, de moi, et il ignore, ainsi que nous tous, ce qu'est devenu ce frère, l'objet de nos plus chers soucis. Nous voilà donc aussi avancés que ce matin, et il ne nous reste plus qu'à retourner chez mon bon laboureur Michelon. Nous avons fait toutes les recherches possibles à Oléron ; on n'y connaît pas plus Abel Fréming que Jean de Vert. Ici tout autour, c'est le même résultat de nos informations ; allons chez Michelon. Nous visiterons ce Durancy, ce fou dont il nous a parlé; nous verrons Bajaloz à la Hutte-aux-Gardes, le comte Rigolo lui-même, s'il le faut; nous épuiserons enfin tout ce que nous permettront la prudence et les démarches les plus assidues; nous chercherons dans les registres des églises, des bailliages, des intendans; enfin nous verrons tout. — J'avais pensé déjà, mon père, interrompt Mondesir, à ce dernier moyen, et l'on en a même fait l'essai ici. Madame la supérieure a bien voulu.... — Consulter ses registres? et vous n'y avez rien trouvé, madame? — Rien qui concerne monsieur votre frère, dont le nom n'est jamais venu jusqu'à moi. — Il faut qu'il se soit caché dans un trou de souris: mais, morbleu! j'ai quelquefois de bonnes jambes, toujours beaucoup d'argent; j'userai les unes, je prodiguerai l'autre, et il faut que le diable l'ait emporté au fond des enfers, si je ne le découvre pas! — Ah, monsieur, réplique la mère Séraphine, quelles expressions! — Pardon, madame, elles me sont échappées; mais c'est qu'aussi le dépit, la rage même.... oui, je suis enragé de voir qu'à Pau, à Oléron, à Sarrance, nulle part dans cette maudite province, on ne puisse me donner des nouvelles d'un homme qui s'y est établi, marié, enfin qui a dû y jouer un rôle. Ils me regardent tous la bouche béante, quand je leur fais des questions; puis tous encore me répondent par la négative! Il y a de quoi perdre l'esprit!... Mais je m'aperçois que je retiens là madame, qui n'a que faire de mes jérémiades. Allons, vite, mon drôle est-il prêt? partons-nous? — Mon père, je suis à vos ordres.

Mondesir soupire ; le capitaine poursuit : voyez comme il est triste en disant, avec sa petite voix flûtée : *mon père, je suis à vos ordres?* Ne semble-t-il pas qu'on le retire d'un palais pour le mener au cachot? A-t-il l'air de suivre des parens qui l'aiment et qu'il devrait chérir? Oh, il y a là-dessous quelque chose que je devine, dont je vous parlerai, mon très-honoré fils, et nous aurons du bruit, nous deux, attendez-vous-y! Allons vîte en voiture? Laissez ce paquet, M. Mondesir? êtes vous de force à le traîner, vous qui vous disiez tout à l'heure à l'extrémité? Crêt va le porter.

On apelle Crêt; c'est un petit nègre fort agile que le capitaine a ramené, avec d'autres, des colonies ; Crêt prend le léger paquet de Mondesir, et madame la supérieure salue ses hôtes : je vous souhaite à tous, leur dit-elle, un bon voyage. J'ai hâte d'aller m'informer de la santé de ma pauvre Elmonde, qui m'a paru, tout-à-l'heure, éprouver une révolution dont je ne puis deviner la cause. — Je m'en doute, moi, répond le capitaine.

Oh, se dit tout bas Mondesir, si mon père avait raison ! si je pouvais attribuer le trouble d'Elmonde au regret de me voir partir ? Que je serais heureux !

Le capitaine le tire de sa rêverie : Eh bien, lui dit-il, te voilà encore tout pensif, à regarder cette chaise sur laquelle la jeune converse était assise tout-à-l'heure! Hom, Mondesir, Mondesir!...

Madame la supérieure salue une seconde fois, se retire; on descend, on sort de l'hospice, et le capitaine, sa femme, son fils, ainsi que M. Poncet, montent dans la voiture, conduite par un guide, par Bartholin, et derrière laquelle sont les bagages qui servent de siége à Crêt et à une négresse, sa douce amie.

Il ne leur arriva rien d'extraordinaire dans le court trajet qu'ils eurent à faire de Notre-Dame de Sarrance à la ferme des Châtaigneraies. Seulement Mondesir resta pensif, et ses parens, ainsi que M. Poncet, s'occupèrent des sites pittoresques qui les environnaient. On arriva à une heure après-midi chez le bon fermier Michelon, qui allait se mettre à table, et qui se leva avec respect pour recevoir ses hôtes. Vous le voyez, lui dit le capitaine, je vous avais promis de revenir, de vous amener ma famille ; je tiens parole. Voilà ma femme, et mon fils que j'ai retrouvé. — Où donc était ce jeune Monsieur ? — Là bas, à l'hospice de Sarrance ; je vous conterai tout cela ; mais le principal serait de dîner. Vous gênerions-nous en vous priant de nous permettre d'envoyer chercher quelque chose ?..... — Vous vous moquez de moi, monsieur le capitaine ! Eh, n'êtes-vous pas mon bienfaiteur ? N'avez-vous pas eu l'extrême bonté de faire remettre à ce brutal de Bajaloz les quinze cents francs que je lui devais ! De quel embarras vous m'avez retiré ?..... Homme généreux !... — Paix donc, paix donc, ne parlez pas de cela. Je suis riche, extrêmement riche ; je puis goûter, tant que je le voudrai, la douceur d'obliger des amis. C'est le seul emploi qui me convienne le plus de l'immense fortune que le ciel m'a départie. — Quel excellent cœur !... Vous ne vous doutez pas, homme bon et sensible, du service signalé que vous m'avez rendu ! j'ai déjà cependant ici la moitié de votre somme, que je puis vous restituer dans l'instant ; et, pour le reste, j'ai tenu toute prête une reconnaissance que voici, et que vous aurez peut-être la bonté d'accepter. — Qu'est-ce que c'est que la moitié de ma somme, qu'une reconnaissance ? Plaisantez-vous, Michelon, et voulez vous m'ôter le plaisir que j'ai goûté à vous être agréable? Gardez tout cela, je n'en ai pas besoin; eh, parbleu, j'ai de l'argent à remuer à la pelle, moi ; je n'en sais souvent que faire ; c'est m'obliger que de me procurer les occasions de l'utiliser : ainsi, tout compte fait, c'est moi qui vous remercie. Oubliez donc totalement cette légère affaire. — Comment, monsieur, vous ne voulez pas... — Non assurément, non. — Mais, monsieur.... — Point de mais, de si, ni de voire. — Cependant mes moyens me permettent.... — Tant mieux pour vous, gardez-les, vos moyens. — Mais je rougis... — Ah, vous rougiriez d'accepter une bagatelle d'un homme qui vous estime, qui vous aime? Si vous étiez capable d'un pareil orgueil !.... Mais non, vous ne l'avez pas, vous ne rougiriez pas. Seulement vous vous jetteriez dans mes bras; vous m'embrasseriez, et vous me diriez : mon ami, j'accepte tout, je ne parlerai plus de rien, et je vous aimerai toute ma vie.

Le capitaine, en disant ces mots, ouvrit ses bras au bon fermier qui s'y précipita en versant des larmes de sensibilité, de reconnaissance; et le capitaine continua : Ah çà, ce que j'exige de vous, par exemple, c'est que vous me donniez à dîner, et amplement ; car je meurs de faim. Je n'enverrai rien chercher, cela vous ferait de la peine ; nous prendrons tout bonnement ce que vous aurez. — Et j'espère ne pas vous faire

faire une trop mauvaise chère, si vous avez la complaisance d'attendre une bonne heure. — Nous attendrons. — Comptez-vous retourner à Pau aujourd'hui? — Je n'y retourne plus; je veux me loger dans quelque auberge de ce côté-ci, et chercher tout de suite à acheter du bien. — Dans une auberge! Je ne le souffrirai pas. Je n'ose point cependant vous offrir un appartement que j'ai ici dessus; c'est bien petit; et puis un homme comme vous loger dans une ferme! — Je préférerais, morbleu, cette salle à la plus belle auberge du monde; mais c'est que nous vous gênerons. — Monsieur me fait injure. — D'ailleurs ce ne sera que pour quelques jours; car le premier château que je trouve sous ma main, je le prends. Voyons donc cet appartement? — Je vais vous y conduire : il n'est pas habité depuis longtems ; moi, je n'en avais pas besoin. Voulez-vous bien me suivre. — Volontiers. Venez-vous Mme Fréming? car il faut que cela vous convienne aussi.... Mais en vérité, mon brave Michelon, je suis bien fâché de vous donner cet embarras ; nous sommes tant de monde !... — Nous arrangerons tout cela. Pourvu que vous, madame, monsieur votre fils et son précepteur soient assez commodément, les domestiques se contenteront des petits trous que je leur donnerai, n'est-ce pas? — Vraiment, je vous engage à leur donner des Palais !...

Mondesir offre la main à sa mère, le capitaine marche devant avec Michelon, et tous quatre visitent le prétendu appartement, qui est composé de trois pièces assez claires, mais dans un état peu logeable ; car il n'y a pas de meubles. — Cela est fort bien, dit le capitaine au fermier ; mais des lits ? — Ne vous inquiétez pas ; j'en ai une provision ; ce soir, vous ne reconnaitrez pas ces trois chambres. — A la bonne heure ; à la guerre comme à la guerre, et, puisqu'il faut camper, campons ; mais dès demain, je cours tous ces environs, et je trouverai peut-être un autre asile, qui vous débarrassera de nous. Ah, voilà Séverino ?.... Bonjour, mon garçon. Tiens, mon fils, vois-tu ce petit basque, qui a plus d'intelligence qu'il n'est gros ; je te le donne pour domestique ; dès ce moment, il est à ton service. — Permettez, monsieur le capitaine, interrompt Michelon, que je vous l'enlève aujourd'hui ? J'ai besoin de lui, vous le concevez bien, pour arranger, pour mettre tout en règle ici; demain il sera entièrement aux ordres de monsieur votre fils. Il faut que je vous laisse, pour lui indiquer son ouvrage. Séverino, suis moi ?

Michelon et Séverino se retirent. Le capitaine fait la distribution des chambres. La plus grande sera pour lui et sa femme. Celle d'après lui servira de cabinet pour écrire, et la troisième sera le logement de Mondesir et de son précepteur. Tout cela est provisoire, ajoute le capitaine; et franchement, quoique ce soit ici une ferme, un asile champêtre, j'aime mieux loger chez un brave homme qui est tout cœur, que dans les auberges de cette vallée, qui ne doivent pas être bonnes du tout. — Mais, mon ami, interrompt Mme Fréming, pourquoi nous as-tu fait quitter si vite celle où nous étions à Pau ? Il me semble que nous aurions pu y rester jusqu'à ce que nous eussions trouvé du bien à acheter ? — C'est-à-dire que j'aurais fait, tous les jours, huit lieues pour aller, huit lieues pour revenir, ou qu'il m'aurait fallu coucher en route ? Car, vous savez, Mme Fréming, que j'ai mis dans ma tête d'habiter cette partie de la province, où je dois tôt ou tard retrouver des traces de celui que je cherche ? Et quand j'ai quelque chose dans ma tête !.... — Oh, rien ne pourrait l'en ôter, mon ami, je le sais. — Ici, Mme Fréming, nous sommes dans le centre de nos recherches. Il y a, tout autour, des maisons, des habitations, que nous pourrons visiter sans fatigues, et ce serait bien le diable, si nous ne trouvions pas à nous loger. — Tu as raison, et je t'approuve. — Bonne femme ! tu finis toujours par être de mon avis. — Parce qu'en effet, mon ami, je le trouve toujours le plus sage. — Embrasse moi, ma bonne amie. Vas, pourvu qu'il ne te manque rien ici, moi, j'y serai toujours très-bien, j'ai tant voyagé ? Et ma foi j'aurais été fort heureux de trouver toujours une pareille retraite ! — Je le crois. Mais voici notre hôte qui revient. Il a l'air d'un très-brave homme. — Lui ? C'est la perle des honnêtes gens.

Michelon avertit le capitaine que,

dans un instant, il dînerait, qu'il avait pris ses précautions pour le bien recevoir de toutes les manières ; et, après un tour de promenade dans le jardin de la ferme, on se mit en effet à table, où le bon fermier prodigua à ses hôtes les mets et les vins les plus recherchés qu'il possédait. Sur la fin du repas, le capitaine, qui buvait sec, engagea une conversation suivie, et fit à Michelon des questions sur son état : mon ami, lui dit-il, voilà deux fois que j'ai le plaisir de me trouver chez vous, et je n'y vois jamais de femme ; est-ce que vous êtes célibataire ? — Non, monsieur, je suis veuf depuis deux ans ; j'ai perdu ma femme en couche d'un petit garçon, qui n'a pas tardé à suivre sa mère au tombeau. — Ah, à la bonne heure ; j'aime qu'on se marie ou qu'on ait été marié : je ne peux pas souffrir les célibataires : ce sont des êtres toujours inutiles, souvent dangereux dans la société ! — Oh, interrompt M. Poncet, dangereux ! Voilà un jugement bien sévère ! — Oui, monsieur, dangereux, du côté de la morale publique, et vous devez m'entendre. D'ailleurs je ne parle pas pour vous, puisque vous êtes comme veuf, vous. Votre femme existe ; mais elle n'est plus avec vous, c'est comme si vous étiez veuf, n'est-ce pas ?...

Eh, parbleu, puisque nous avons dîné et que tout notre tems est à nous, pendant que nous boirons, en nous reposant à table, la petite goutte, Poncet ? vous devriez compter à ce brave fermier, les aventures qui vous sont arrivées ? elles sont singulières, et je ne serai pas fâché, moi, de les entendre de nouveau ; car vous ne me les avez racontées qu'une fois, n'est-ce pas ? — C'est vrai, monsieur le capitaine. — Eh bien, allons, voyons, parlez mon cher ; mais sur-tout pas de citations ; le fait tout bonnement, le fait ? — Je serai exact, concis et court. — Fort bien : nous vous écoutons.

M. Poncet prit la parole en ces termes :

LE MARI GARÇON.
NOUVELLE.

« L'HISTOIRE de ma vie n'est ni longue, ni aussi intéressante que monsieur le capitaine veut bien le dire ; cependant, au milieu d'événemens fort simples, il m'est arrivé une aventure assez bizarre pour mériter votre attention. En vérité, ces choses-là n'étaient faites que pour moi, et il a fallu que je fusse bien malheureux pour tomber dans le piége qu'on m'a tendu. Je commence.

Mon père était un simple marchand de la ville de Paris, où je suis né. A l'âge de huit ans, il me mit au collége, et j'y restai le tems nécessaire pour faire mes études, dont je puis me vanter d'avoir passablement profité. Quand j'en sortis, mon père avait été ruiné par des faillites; il mourut de douleur, dans l'indigence, et je ne me vis d'autre parti à prendre que de chercher à me placer quelque part. Mais il était écrit que je ne pourrais rester en place, sans qu'il y eût de ma faute. J'entre chez un auteur, pour lui faire des recherches dans sa bibliothèque, pour lui mettre au net ses manuscrits. La chute d'une tragédie en cinq actes, de sa composition, le corrige de la manie d'écrire. Il renonce à la poésie, et me remercie.

Un célèbre prédicateur me prend pour son secrétaire. Au bout d'un an que je suis chez lui, il crie si fort dans la chaire de vérité, qu'un beau jour, il se brise tout net un vaisseau de l'estomac, et meurt.... Je deviens souffleur de comédie ; le directeur fait banqueroute, et me voilà encore une fois sur le pavé. Enfin je trouve une place de huit cents francs dans une administration publique. Le chef de cette administration, qui jouit de trente mille fr. de rente, pense qu'en économisant sur les commis, il pourra ajouter quelques mille écus de plus à sa fortune ; et je suis supprimé, ainsi que dix autres.

Désolé de tant de vicissitudes, je cherche à faire l'éducation de quelque fils de famille ; je suis précepteur dans une maison riche ; mais mon élève est un enfant gâté, qui ne veut rien faire et qu'on encourage à la paresse. Je suis, dit-on, trop sévère envers lui, je le fatigue ; on tremble pour sa santé, et l'on me donne mon compte. Que devenir ? j'avais essayé de presque tous les états. Je prends la résolution de me faire moine. On m'agrée dans l'ordre des Bénédictins. Je me fais couper les cheveux ; j'endosse l'habit de l'ordre, et me voilà novice. Mais l'amour vient, pour la première fois, toucher mon cœur. Une jeune personne, que je voyais tous les jours à la messe avec sa mère, trouble mes yeux, ma raison, et je quitte le froc. Je m'introduis chez la belle. Zoé, c'était son nom, partage ma tendresse. On me procure une place de commis-marchand ; je vais épouser Zoé ; mais on m'avertit qu'elle est prête à devenir mère. Elle m'a trompée, je la quitte, et je prends un petit bureau d'écrivain public. Je fais la connaissance d'un italien, nommé Laurenzo, homme de trente-six-ans, fort riche, et qui, charmé de mon écriture, de quelques talens que je possède, me prend pour l'accompagner dans des voyages qu'il veut faire, seulement dans l'intention de s'instruire.

C'est ainsi que je parcourus avec lui, la France, ses provinces, le Béarn par conséquent. Je vis l'Angleterre l'Allemagne et l'Italie. Oh, l'Italie! quel ciel superbe, quel climat éloquent pour l'homme instruit. Je me rappellerai, toute ma vie, combien je fus frappé d'un tableau que j'y admirai, d'un site magnifique par ses contrastes. Un jour... »

Le capitaine interrompt le narrateur. Ah, dit-il, Poncet, vous allez nous faire des citations!

« Ne craignez rien, répond M. Poncet, je serai court. Nous avions déjà vu, mon italien et moi, une partie de la Savoie, lorsqu'à Nice, nous vendîmes nos chevaux, et nous primes, à pied, la route de Turin. D'abord, nous traversâmes une vaste plaine couverte des plus riches productions de la nature, et offrant par son étendue, formée d'un côté par l'horizon, de l'autre par la mer et une chaîne de montagnes fertiles qui s'élevaient en amphithéâtre, un coup-d'œil ravissant. Mais, à peine eûmes-nous passé le premier village, que nous ne trouvâmes plus d'autre route que le lit d'un torrent, tellement grossi quelquefois par les eaux des montagnes, qu'il devient impraticable. Au bout d'une heure, nous aperçûmes un sentier pratiqué en spirale autour d'une de ces montagnes que nous doublâmes, non sans fatigue; et nous arrivâmes, le soir, à Hiarena, où nous ne trouvâmes que de mauvaises vivres achetées à Nice, et que l'on nous fit payer fort cher. Le lendemain, nous franchîmes des montagnes encore plus élevées que celles que nous avions vues la veille, et nous entrâmes, harrassés de fatigue, dans Sospello, pays affreux dont les habitans, pour la plupart, ne peuvent vivre que de brigandages. Quelques cadavres à moitié pourris, que nous aperçûmes sur la route à peu de distance de ce bourg, ou plutôt de ce repaire, nous firent juger que ses hôtes étaient accoutumés à de pareils spectacles. Le jour suivant, nous gravîmes encore de plus hautes montagnes, dont le sommet nous offrit une perspective hideuse... Nous avions trouvé quelques chaumières à la cime même du mont Cénis ; mais ici nous ne vîmes que l'image de la mort, des monts arides, couverts de neige, dont les sommets ressemblaient à des vagues irritées et prêtes à s'entre-heurter.

Nous descendîmes par des sentiers qui formaient une véritable échelle, et nous arrivâmes à Breglio, épuisés de lassitude et de besoin. Une rivière, ou plutôt un torrent, qui roulait avec un bruit affreux auprès de cette petite ville, réveilla nos esprits engourdis par la monotonie du spectacle que la nature venait de nous offrir : il nous invita à nous livrer au sommeil ; et le lendemain matin, nous étions prêts à braver de nouvelles fatigues ; car nous n'ignorions pas que le Col de Tende, dont nous approchions, était un passage très-pénible et souvent dangereux. Armés de forces et de courage, nous nous mettons en marche, et nous nous étonnons à chaque pas de nous trouver dans le plus délicieux vallon dont les poëtes et les romanciers aient pu nous offrir la peinture. Celui de Tivoli même, que nous avions vu quelques jours avant, ne lui était pas comparable. Ici, une herbe épaisse, émaillée de mille fleurs, des arbustes odorans, des arbres touffus, offraient des réduits charmans. Là, une grotte creusée par la nature, tapissée de capriers, dont la fleur est semblable à celle du chèvre-feuille, invitait le voyageur à respirer le frais. Plus loin, une cascade, par son murmure, provoquait au sommeil ou à une douce rêverie. Je marchais ainsi, avec Laurenzo, dans ce pays enchanté, lorsque j'aperçus, non loin de moi, une femme assise au pied d'un arbre, dans une petite prairie qui occupait l'angle formé par deux montagnes. Je m'approche, je vois un homme étendu sur l'herbe, à côté de la femme que j'avais d'abord remarquée. Je les salue ; ils m'invitent à m'asseoir avec une sensibilité touchante. Etonné d'entendre parler un italien très-pur dans un endroit aussi désert, j'examinai alors avec attention la physionomie de ce couple solitaire qui, sous des habits grossiers, me paraissait renfermer une ame noble dans des corps distingués par la beauté de leurs formes. Je me vis forcé, moins par le besoin que par le desir de ne point déplaire à ces aimables étrangers, et par la curiosité qu'ils m'inspiraient, d'accepter une colation qu'ils m'offrirent avec une grâce infinie, et nous primes le chemin de leur chaumière, qui n'était point éloignée. Laurenzo nous y suivit.

Là n'étaient point ces meubles somptueux qui font le luxe et quelquefois tout le mérite des riches des villes; mais on y voyait un violon, une guitare, et cela me prouva que mes hôtes avaient été assez bien élevés pour sentir le prix des arts et les cultiver. En examinant le violon, Laurenzo vit qu'il était d'Amati, et, croyant plaire à ses hôtes en leur en offrant cinquante ducats, il s'attira un refus accompagné d'un sourire ironique qui le couvrit de confusion. Ils nous racontèrent leurs aventures. Lavinia et son cher Fabrigio avaient en effet reçu de l'éducation; mais l'amour, en les éloignant de parens sévères, avait d'abord causé leurs maux, puis leur douce réunion, et ils étaient heureux. Leur récit fini, ces bonnes gens nous accompagnèrent sur le chemin de Tende. Là, nous prîmes congé de ces nouveaux, de ces intéressans amis, et, au bout d'une heure, nous nous trouvâmes au pied du Col que nous nous disposâmes à franchir. A mesure que nous montions, j'observais une différence frappante dans la végétation des plantes qui naissent sur cette montagne; et, quand je fus arrivé à une certaine hauteur, je m'assurai qu'elles formaient, autour de cette même montagne, trois ou quatre espèces de bandes ou zones très-distinctes. Ces zones semblaient leur tenir lieu de climat; de sorte que les plantes qui exigent un terrain chaud, se trouvaient au bas du mont, tandis que celles qui se contentent d'une douce température, croissaient vers le milieu, et celles qui aiment le froid, s'étendaient presque jusqu'au sommet; je dis presque, car lorsqu'on arrive à la cime de cette magnifique montagne, on ne trouve qu'un gravier infertile et assez souvent couvert de neige. C'est de là que je jouis de la perspective la plus frappante que j'aie jamais contemplée. Rien de plus sauvage que l'aspect des montagnes qui s'étendent du côté de Nice ; rien de plus riant, de plus riche, que les verts coteaux, les vallons sinueux, les prés fleuris, qui se projettent au loin jusque vers Cony, jusques à Turin même.. C'est le plus beau pays du monde; et... »

Le capitaine Fréming interrompt M. Poncet : Ah çà, Poncet, dit-il, il est tems de quitter votre plus beau pays du monde pour en revenir à vous. Voilà une heure qu'il me fait battre la campagne avec lui ! — Comment, monsieur le capitaine, est-ce que les sites que je viens de vous décrire ne vous ont pas paru charmans, pittoresques ? — Pittoresques tant qu'il vous plaira; mais votre histoire, à vous ? c'est là ce dont nous sommes tous le plus curieux. — Allons, j'y reviens, puisque vous le voulez.

M. Poncet continue :

« Après avoir ainsi visité, avec Laurenzo, la plus grande partie de l'Europe, nous revînmes en France, et nous allâmes nous établir, c'est-à-dire, demeurer à Paris, dans l'intention de ne plus voyager. Laurenzo était un homme de plaisir ; je m'apercevais que je ne lui servais pas à grand'chose. Point de goût pour les arts, pour la lecture ; il ne s'occupait à rien, et, quand j'avais deux ou trois lettres à répondre pour lui, par mois, c'était là ma plus grande besogne. Je me demandais souvent pourquoi il gardait, pourquoi il payait, et payait bien, un homme inutile, et je tremblais qu'il ne me remerciât des services qu'il ne me mettait pas dans le cas de lui rendre. Cependant il me paraissait très-attaché, et redoublait de soins pour moi. Quand il faisait des absences de huit, quinze jours, un mois même, ce qui lui arrivait fréquemment, il me laissait tout ce dont j'avais besoin, la plus grande autorité sur ses domestiques, sa maison, ses effets à ma disposition; en un mot, il me traitait moins comme un secrétaire qu'en ami.

Souvent il me questionnait, me sondait même sur le mariage. Mon parti était pris là-dessus; je voulais rester garçon; la perfidie de Zoé m'avait pour jamais éloigné des femmes; et d'ailleurs, sans fortune, sans un état solide, pouvais-je penser à former un lien. Je ne lui cachais pas la répugnance que l'hymen me faisait éprouver, et il m'en faisait la guerre, ou me raillait avec amertume; souvent aussi il en témoignait de l'humeur, et moi ne connaissant pas ses motifs, je n'y faisais pas la moindre attention. Ces légers nuages passés, il semblait redoubler d'amitié pour moi, et me promettait sans cesse de me faire un sort honnête, pour lever entièrement ce qu'il appelait mes scrupules sur le mariage.

Un jour, il entra chez moi, un parchemin roulé sous son bras. Poncet, me dit-il, vous avez cru jusqu'à présent que je vous faisais des promesses vagues. Je vous ai cent fois parlé du bien que je voulais vous faire, et je tiens aujourd'hui ma parole. Signez cela, mon ami? — Quoi, monsieur? — Signez, vous dis je, et aveuglément; j'espère que vous avez assez de confiance en moi.... — Cela est vrai, mais encore, ce parchemin... — N'en voulez-vous pas? dites un non, et vous refusez votre fortune. — Ma fortune? — Eh sans doute, signez donc ce titre, par lequel je vous assure quinze cents livres de rente, qui vous seront payés tous les trois mois par mon notaire. — A moi? quinze cents livres ! comment ai-je mérité ? — Parbleu, par votre attachement pour moi, votre zèle, vos talens, que je veux récompenser.

Pendant qu'il parle ainsi, il me donne la plume, l'encre, et me fait apposer ma signature au bas de plusieurs pages de ce grimoire qu'il ne me laisse pas le tems de lire. C'est fort bien, continue-t-il quand j'ai fini ; voilà le premier quartier de votre pension, et dans trois mois autant.....

Il me quitte en emportant l'acte de ma rente, et me laissant tout étourdi d'un trait aussi généreux.

Ce n'est que lorsqu'il est bien loin que je regrette de n'avoir pas jeté les yeux sur le titre de cette donation, et que je m'étonne de ce qu'il ne me l'a pas laissé. Une lettre, que je reçois de lui dans la journée, m'apprend qu'il va faire un voyage, et qu'il sera peut-être quatre ou cinq mois absent. Trois mois s'écoulent, et en effet Laurenzo ne reparaît pas. Seulement une espèce d'homme d'affaires vient me compter le second quartier de ma pension, en s'étonnant beaucoup de ce que je ne l'ai pas envoyé toucher. Cet homme est un procureur connu; c'est celui de Laurenzo. Je lui demande s'il est dépositaire du titre de cette pension. Il me répond que, par oubli sans doute, Laurenzo l'a emporté; mais que mes droits n'en sont pas moins à la connaissance de lui procureur, et qu'il est chargé de me payer.

Quelques jours après, me trouvant dans une société où il y avait des personnes qui revenaient de Nîmes, mon nom frappa ces personnes, et l'une me dit : Je suis charmé, monsieur, de pouvoir vous donner des nouvelles fraîches de madame votre épouse ; je l'ai quittée, le semaine dernière, en parfaite santé. — Mon épouse, monsieur ? — Oui, madame Poncet, l'épouse de l'ami intime de M. Laürenzo ; c'est bien vous, je crois. — Je suis en effet l'ami de M. Laurenzo ; mais je ne suis pas marié. — Allons donc, monsieur, nous ne connaissons pas madame peut-être ! ma femme, ma fille que voilà, ont fait sa partie vingt fois : elles vous diront..... — Ces dames connaissent ma femme ? — Oui, madame votre femme....

Persuadé qu'on me faisait une mauvaise plaisanterie, ou qu'on me prenait pour un autre, je me retirai, et je ne pensai plus à cela.

Une lettre remise chez moi me frappa, quelque tems après. Elle était adressée à madame, madame Poncet, etc. Je l'ouvris ; elle contenait des complimens d'une dame de Paris qui avait vu à Nîmes une madame Poncet, et qui se rappelait à son souvenir. Ce nouvel incident me parut mériter aussi peu d'attention que le premier ; mais je ne pus plus douter que je ne fusse l'objet de quelque mystification, quand un particulier, une espèce de paysan, vint me demander un jour très-sérieusement si madame Poncet était de retour à Paris. — Madame Poncet, lui répliquai-je, quelle est cette femme? — Eh parqué, c'est la vôtre? — Mon ami, voilà déjà plusieurs personnes qui se trompent comme vous. Je ne suis point marié, et n'ai nullement l'envie de l'être. — Allons donc, monsieur; vous ne me ferez pas accroire ça. J'ai vu à Nîmes votre femme, qui est bien votre femme puisqu'elle porte votre nom. — Ce n'est pas là une preuve. — Et monsieur Laurenzo, qui est votre ami, le dit à tout le monde que c'est votre femme. — Laurenzo est donc à Nîmes? — Il y était il y a un mois. Il doit être de retour avec madame Poncet à Paris. — Avec madame

Poncet ? — Sans doute ; je venais la voir pour la remercier d'avoir pris à son service une nièce que j'ai. Je n'étais pas là, moi, quand tout ça s'est baclé ; c'est notre femme qui connait votre femme mieux que moi, car je ne l'ai jamais vue · mais c'est bien sûr que M. Laurenzo la connaît, lui.

Cet homme me faisait là un radotage auquel je ne comprenais rien. Je le congédiai en l'assurant qu'il se trompait, et je réfléchis sur cet événement. Laurenzo, qui ne m'écrit pas depuis cinq mois, est à Nimes! il y est avec une femme qu'il fait passer pour la mienne ! Quel est ce mystère ? j'ai toujours connu à Laurenzo un caractère faux, porté même vers l'intrigue ; mais se permettrait-il de me compromettre au point de faire passer une maîtresse, s'il en a une, pour mon épouse? voilà cependant trois circonstances à rapprocher, et dans lesquelles on veut me persuader que je suis marié! il faut qu'il y ait là-dessous quelque chose d'extraordinaire.

J'attends des nouvelles de Laurenzo; il ne m'en donne point. Enfin, pour accroitre ma surprise, un vieillard entre chez moi, un matin. Monsieur, me dit-il, je n'ai qu'un mot à vous dire? êtes-vous marié? — Non, monsieur, je suis garçon; mais pourquoi cette question? — Vous n'êtes point marié, c'est tout ce qu'il me faut. Ah, les fripons! ils entendront parler de moi, et vous aussi, monsieur. — Comment? — Ce procès fera du bruit. Je vous salue. — Mais expliquez-moi ? — C'est avec des huissiers, des procureurs qu'on donne de pareilles explications..... je suis votre serviteur.

Il me quitte, et me laisse bien étonné. Quelle est cette étrange aventure, dans laquelle on me compromet, et qui peut me devenir fatale, si j'en crois des menaces d'huissiers, de procureurs ? Personne ne peut me débrouiller ce chaos, et j'attends patiemment que Laurenzo revienne pour m'éclairer sur ce secret bizarre.

Il ne revient pas, il ne m'écrit même pas. Heureusement, je suis habitué à toucher ses revenus, à conduire ses affaires, et je tiens de tout un compte fidèle, à l'effet de le lui rendre à son retour.

J'allais au spectacle pour me distraire. Un soir que je sortais de l'opéra, un homme fort bien mis, et qui donnait le bras à une dame, me frappa sur l'épaule : Ah, monsieur Poncet, me dit-il, il faut que vous soyez bien peu galant. Votre épouse était au spectacle ; et l'on ne vous a pas vu en loge avec elle, et vous ne lui offrez pas la main pour la reconduire ; cela n'est pas d'un bon mari. — Que dites-vous, monsieur ? — C'est pourtant une femme bien faite pour attirer tous les regards.

Il sourit avec ironie : Monsieur, lui dis-je, voilà une plaisanterie..... — A Nîmes où je l'ai vue, elle faisait les délices de toutes les sociétés.

Il rit encore. Je continue : veuillez m'apprendre de grace ?..... — Ah, mon cher, je n'ai pas le tems. Voilà ma voiture, j'y monte.

Il disparaît, me laisse encore en butte à de nouvelles réflexions. Ou tout le monde se moque de moi, me dis-je, ou quelqu'un me joue un tour sanglant. Comment le saurai-je ? comment ; en me cramponant après le premier individu qui viendra me parler de nouveau de cette femme prétendue, en le forçant par tous les moyens, à s'expliquer.

Enfin Laurenzo revint. Après qu'il se fut excusé de son mieux sur sa longue absence, et sur ce qu'il ne m'avait pas écrit : Monsieur, lui dis-je avec fermeté, vingt personnes sont venues m'étourdir les oreilles d'un mariage qu'elles prétendent que j'ai contracté avec une femme de Nîmes.

Vous même, on assure que vous avez promené, dans la ville, cette femme sous mon nom. Par-tout on ne me parle que de madame Poncet, et toujours madame Poncet ! pourriez-vous, voudriez-vous du moins me dire le mot de cette énigme ?

Laurenzo pâlit d'abord ; puis, cherchant à se remettre, il sourit en me disant : Eh mais, c'est une plaisanterie qu'on t'a faite, mon cher ! apparemment que quelqu'un veut s'amuser un peu à tes dépens. — Ce quelqu'un là, c'est vous, monsieur, tout me dit que c'est vous, et vous sentez bien que je ne souffrirai pas..... — Quel air grave ! quel ton sérieux ! est-ce que tu oublierais les services que je t'ai rendus, mes..... bienfaits ? Apropos as-tu touché exactement ta pension ? — Oui, très-exactement ; mais, quels que soient vos bienfaits, monsieur, puisque vous vous servez de ce mot humiliant pour moi, ils ne vous donnent pas le droit de me prendre pour votre jouet ; et vous aurez la bonté de m'expliquer ce mystère, ou, à l'instant même, je sors de cette maison, et demain, je vous appelle en combat singulier. — Diable ! il fait le crâne, Poncet ! — Je fais ce qu'un galant homme doit faire quand il s'aperçoit qu'on abuse de sa bonté pour se moquer de lui.

Laurenzo réfléchit un moment. Ensuite il reprend la parole : Ecoute, Poncet, me dit-il, je n'ai pas peur de tes bravades, de tes menaces ; tu dois me connaître ?.... c'est donc purement pour l'acquit de ma couscience, que je dois t'avouer.... — Quoi, monsieur? — Est-ce que tu serais fâché d'être marié? — Comment? — A une jeune, riche et jolie femme, par exemple? — Que dites-vous? — Que je t'ai trompé, cela est vrai; mais, nigaud que tu es, c'est pour ton bien, pour ton bonheur. — Pour mon bonheur? apprenez-moi?..... — Je t'ai marié, moi. — Vraiment; sans mon consentement? cela serait fort. — Tu y as consenti. — J'y ai..... — Consenti, te dis-je..... en signant un contrat. — Quoi, cette donation? — Est bien une donation, si tu veux, puisque cet acte te donne une fortune que tu n'avais pas; mais c'est mieux que cela, mon ami, un contrat de mariage dans toutes les formes. — Ciel! — Ne vas-tu pas te récrier à présent? voyez donc que monsieur est à plaindre; on lui donne un parti de vingt mille livres de rente. — Vingt mille livres!.... — Tout autant. Tu me regardes là! si cela est, m'en voudras-tu bien fort, hein? — Mais..... cela n'est peut-être pas. Un vieux radoteur est venu me parler ici d'intrigans, de procès, d'huissiers, de recors, que sais-je! quel est cet homme? — Je le connais; c'est..... un vieux radoteur, comme tu dis; un fou qui ne sait ce qu'il veut. — Ah çà, voyons, mettez-moi donc au fait de tout? il est plaisant que je sois marié sans connaître ma femme, sans l'avoir jamais vue. — Tu la verras.... elle est ici. — Ici; vous l'avez amenée avec vous, je le sais. — Je l'ai amenée de Nîmes ici, et il ne tient qu'à toi de combler nos vœux à tous. — Comment cela? — En achevant notre ouvrage, en épousant sérieusement ta femme au pied des autels. — Ecoutez donc, si elle est jeune, jolie, riche..... — Elle est tout cela. — Quand j'aurai fait connaissance avec elle, je verrai..... si..... — Ce n'est pas cela, mon cher, ce n'est pas cela du tout. Tu ne la verras face à face, que lorsque vous serez bien mariés. — Allons, c'est une raillerie. — Il faut que cela soit ainsi. Des raisons..... — Quelles sont ces raisons ? — On te les dira après. — Je veux les savoir avant. — Cela ne se peut pas. — Eh bien je resterai garçon. — Garçon, y pensez-tu ? n'es-tu pas marié ? — Fiancé, voilà tout. Encore c'est une surprise, et je pourrais..... — Faire un éclat, qui te ferait montrer au doigt par-tout! Laisse-toi conduire, grand enfant, et tu me remercieras ensuite. — Je n'y consentirai jamais. — Eh bien, je vois qu'il faut t'apprendre une partie de mon secret. Assis-toi, et écoute-moi avec attention.

Il tire des papiers de sa poche. Vois-tu cela, ajoute-t-il, c'est un testament : je vais te le lire. — Qu'ai-je à faire de ce testament ? — Il faut que tu en connaisses les dispositions. Apprends qu'un original, nommé Dermond, n'ayant jamais pris femme de sa vie, éprouvant enfin dans sa vieillesse combien est triste l'état de célibataire, a légué toute sa fortune, vingt mille livres de rente, à sa nièce Arsène, sous une condition ; c'est qu'elle se marierait, et qu'elle n'aurait droit à sa succession que lorsqu'elle pourrait prouver qu'elle est épouse. Voilà le fin mot ; c'est cette demoiselle Arsène que nous t'avons fait épouser, pour qu'elle puisse hériter et te faire partager son bien. Es-tu fâché encore à présent ? — Mais je ne comprends pas..... Pourquoi ne m'avoir pas mis au fait de vos projets ? n'aurais-je pas pu y consentir sans employer la ruse ? cette demoiselle manquait donc de partis ? — Ah..... ce n'est pas que mille jeunes gens ne lui aient fait la cour... mais j'ai voulu, moi, qu'elle te donnât la préférence. — Elle me connaît donc ? — Elle ne t'a jamais vu. J'ai usé de ruse avec elle comme je l'ai fait envers toi, pour te rendre service d'abord, et ensuite pour la forcer à t'épouser ; elle a signé, comme toi, sans savoir ce qu'elle faisait. Elle l'a appris ensuite, elle a consenti à tout. Munis de votre contrat de mariage, nous travaillons maintenant à faire valoir le testament de l'oncle Dermond, et à retirer votre fortune des mains d'un tuteur obstiné, d'un vieux fou qui voudrait tout garder, et que tu as vu; c'est ce vieillard dont tu me parlais tout-à-l'heure. — Qui, l'homme au procès ? — Justement ; il est entamé, ce procès, et nous aurons la succession, ou parbleu !.... — Vous dites *nous aurons ;* quel intérêt avez-vous dans tout cela ? — Très-fort, mon cher. Cette jeune Arsène, ta femme, la nièce du testateur Dermond, est ma sœur à moi, ma propre sœur. J'ai fait, moi, ma petite fortune d'une autre manière, je n'envie point la préférence que mon oncle lui a donnée, et bien au contraire, c'est que je ferai l'impossible pour qu'elle rentre dans des biens qui lui appartiennent. — Mais pourquoi ne m'avoir pas conté tout cela d'abord, au lieu d'employer la ruse, pour me faire signer ? — Que veux-tu, je t'ai sondé cent fois sur le mariage; il te causait une répugnance invincible... Que te dirai-je ; j'ai voulu rendre mon ami heureux malgré lui. — Tout cela n'est pas clair. — Tout cela s'éclaircira, si tu veux consentir à suivre Arsène à l'autel. — Oui ? et je ne la verrai que là, m'avez-vous dit ? — Ah... oui... il le faut... ce n'est pas que ses traits redoutent tes regards. Elle est jolie, très-jolie; tiens, voilà son portrait.

Laurenzo me montre en effet le portrait d'une charmante personne, dont la vue fait sur moi la plus vive impression. Il me donne à lire des papiers de famille; il me fournit mille preuves bien en règle, que cette Arsène est sa sœur, fille de sa mère et d'un second lit ; que le testateur Dermond a mis son héritage à la condition que cette Arsène se marierait; il me fait lire le contrat que j'ai signé, et qui est aussi très en règle : en un mot, il a tellement l'art de me persuader, que je lui promets d'être docile, et de faire tout ce qu'il voudra.

Huit jours s'écoulèrent sans qu'il se passât rien de nouveau. Laurenzo m'apprit alors que, le dimanche suivant, nous irions à trois lieues de Paris, dans le château d'un de ses amis; que cet ami avait une chapelle, un aumônier, et qu'enfin cet aumônier nous unirait, Arsène et moi. Nous partons ensemble, le jour dit; je ne vois point encore ma femme. Arrivés au lieu désigné, j'entre dans la chapelle; une femme voilée est à genoux sur un carreau; je me place à côté d'elle; je n'ose point, pour exiger qu'elle se découvre, interrompre la messe qui est commencée. Laurenzo me réconforte tout bas; il me dit que c'est pour me ménager la surprise la plus agréable que ma femme s'est ainsi cachée à mes regards. Je prononce le *oui* fatal; elle se hâte d'y joindre le sien, et nous voilà mariés. La cérémonie finie, je cherche des yeux Laurenzo, il n'est plus là. Je supplie ma femme de me faire admirer ses attraits. Ah, me dit-elle, d'une voix faible, combien vous allez me haïr!

Elle jette son voile... Qu'aperçois-je!... une magote! le singe le plus singe qu'on puisse s'imaginer! les traits les plus hideux, les plus épouvantables!... et boiteuse... et bossue avec cela!...

Je ne suis pas le maître de mon premier mouvement ; je jette un cri perçant et je cache ma figure dans mes deux mains. Mon cher mari, me dit en riant cette femme d'une voix criarde et rauque, je savais bien que ma vue produirait sur vous cet effet : hélas! c'est celui que tout le monde éprouve à mon aspect, et ce n'est pas ma faute, vrai, ce n'est pas ma faute. — Mais, madame, ce portrait qu'on m'a montré?.... — C'est bien le mien, oh! c'est le mien, avant qu'une maladie affreuse, il y a deux ans... Si j'avais cent enfans, je les ferai tous inoculer, pour leur éviter ce qui m'est arrivé. — Vous ne les aurez pas de moi, madame, je vous l'assure. Il est affreux de m'avoir trompé à ce point. Où est donc M. Laurenzo ? — Vous ne le verrez plus ; non, il n'osera plus désormais se montrer à vos regards. J'ai fait meubler un appartement où je vais vous conduire ; on vous y enverra vos effets. — Madame... je ne puis... n'espérez pas...

J'étais fort embarrassé. Que dire à une femme ? sur-tout quand c'est la nature qui l'a traitée avec tant de rigueur ? Je la regardais, et son extérieur repoussant me glaçait d'horreur... Immobile, trop agité pour pouvoir réfléchir, pour prendre un parti en homme ferme, je me laissai conduire par ma femme, puisqu'enfin elle l'était; et en route pour revenir à Paris, seul avec elle dans une voiture, je n'eus pas la force de prononcer une seule parole. En revanche, elle parla sans cesse et avec autant de bêtise que de grossièreté, ce qui me persuada que, pour ajouter à son hideux physique, elle était aussi sotte que bavarde. Elle m'apprit que sa laideur ayant toujours repoussé d'elle tous les partis, son frère Laurenzo (car tout ce que ce traître m'avait dit était vrai) s'était déterminé à la marier par surprise à quelque personnage bon et confiant, afin de pouvoir revendiquer l'héritage de son oncle Dermond, en prouvant qu'elle a rempli les conditions exigées dans son testament. Le simple contrat, que j'avais signé sans le savoir, n'avait pas suffi. Son tuteur, frère de cet oncle Dermond, s'était méfié de quelque ruse, et ce vieillard malin m'avait vu à Paris pour s'informer de moi si en effet j'étais l'époux d'Arsène. Sûr du contraire, il avait entamé un procès que maintenant elle se flattait de gagner, puisqu'elle pouvait prouver son mariage. Il était réellement question de vingt mille fr. de rente.

L'espoir de cette fortune me sourit, je l'avoue, elle embellit un peu ma femme, et je consentis à la traiter comme telle, à l'aider enfin dans une entreprise qui pouvait nous devenir si lucrative.

A Paris, où nous nous fixâmes,

je revis Laurenzo à qui je fis d'abord de justes reproches; puis je finis par rire avec lui d'une aussi singulière aventure, sur-tout de l'ironie du particulier de l'opéra qui avait prétendu qu'à Nimes ma femme fixait tous les regards.... Cela n'était que trop facile à concevoir. Cependant le seul adoucissement que j'attendais à ma situation, me manqua; après avoir plaidé long-tems contre le tuteur d'Arsène, nous perdîmes notre procès; il eut l'art de garder la succession Dermond, et je me vis replongé une seconde fois dans la misère, chargé, pour comble de bonheur, d'une femme aussi hargueuse de caractère que laide et ridicule au physique. Ne pouvant plus vivre dans un véritable enfer, avec un tel démon, je me décidai à le quitter, à fuir; et, trouvant un ami qui voulait m'emmener en Amérique, comme écrivain de vaisseau, je partis un beau matin sans rien dire à personne. Je passai dans les Antilles, à la Martinique, et j'eus là le bonheur de vous connaître, monsieur le capitaine; vous eûtes assez de confiance en moi pour me donner l'éducation de monsieur votre fils, il y a dix ans passés de cela, et je m'attachai pour la vie à mon élève, ainsi qu'à ses respectables parens. J'appris depuis, et par l'effet du hasard, que Mme Poncet était allé s'établir en Angleterre avec son frère Laurenzo, et que tous deux avaient renoncé au séjour de la France. Grand bien leur fasse, m'écriai-je! pour moi, je ne suis pas curieux de les rejoindre.

Tel est, messieurs et madame,

l'événement peu commun qui m'est arrivé. Garçon, marié sans le savoir, j'ai été la dupe d'un perfide italien qui m'a mis sur les bras une femme aussi laide que méchante, et, depuis douze ans, je suis veuf sans pouvoir me remarier, si le sort m'offrait un avantage à le faire ; ce qui prouve bien que chacun à son roman, et que le bonheur n'est pas fait ici-bas pour les gens nés sans fortune, qui se font une douce félicité de cultiver les sciences et les arts libéraux ».

———

M. Poncet termina ainsi son récit, qui avait fait souvent sourire son auditoire ; et, quand il eut fini, le capitaine Fréming prit la parole à son tour : Comme vous dites, Poncet, les arts libéraux ne sont pas aujourd'hui un acheminement à la fortune.

Il vaut mieux posséder un bon coffre-fort, un porte-feuille bien garni : cela nourrit son homme mieux que votre latin, votre grec et toute votre belle érudition. Je ne peux pas m'empêcher de rire de ce pauvre Poncet, à qui on fait épouser une magote, qui, pis que cela, n'était peut-être pas la sœur de ce Laurenzo, mais autre chose. Ah ! ah ! ah ! (*il rit*) c'est plaisant ; n'est-ce pas, Mme Fréming, que c'est du dernier plaisant ?... Mais j'en reviens à Michelon, à ce pauvre Michelon qui a perdu sa femme et son fils, c'est bien malheureux ! Et vous êtes donc tout seul ici, brave homme ?
— Absolument seul, avec des domestiques néanmoins, en nombre suffisant pour m'aider dans les travaux de ma ferme. J'aurais une fille, hélas, une jolie fille, qui compterait

maintenant seize ans, et qui me serait bien utile; mais la mort me l'a aussi enlevée. — On n'a pas plus de malheur... A propos de fille, pourriez-vous me donner quelques renseignemens sur une certaine Elmonde que nous avons vue là-bas, à l'hôpital de Sarrance, soulageant, soignant les malades, et qui paraît être dans cette maison depuis son enfance ?

Mondesir, qui rêvait jusqu'alors; se réveille à cette question. Ses yeux s'animent; il tourne la tête vers le fermier, de l'air d'un homme qui prend un vif intérêt à la réponse qu'on va faire. Le capitaine s'aperçoit de ce changement dans les traits de son fils, et il pousse du genou Mme Fréming, dont la pantomine exprime qu'elle ne sait pas ce que son mari veut lui dire. Le fermier répond : ah, monsieur le capitaine, vous me parlez-là d'une personne céleste, accomplie, que tout le pays chérit, adore, révère même comme un ange qui serait descendu du ciel pour la consolation de l'humanité souffrante. Elle est belle avec cela!... — Oh oui, interrompt Mondesir enchanté, elle est d'une beauté!... — Non, pas tant, réplique le capitaine avec humeur, pas si belle que vous le prétendez tous. Mme Fréming, qu'en dites-vous ? — Mais, mon ami, dit Mme Fréming, j'avouerai que je l'ai trouvée très-bien. Il est dommage que cette aimable personne, dont les traits sont d'une régularité et d'une douceur ravissantes, ait au-dessus de l'œil gauche une cicatrice, qui paraît lui venir de quelque accident dans son enfance, et qui ôte quelque chose à l'ensemble parfait de sa figure. — Elle a une cicatrice, Mme Fréming ? — Comment, ne vous en êtes-vous pas aperçu ? — Pas aussi vîte que vous, Mme Fréming... ces femmes ! ça remarque tout dès la première vue... Cependant elle a une cicatrice, c'est vrai, et qui la défigure cruellement. — Qui la défigure, mon père, réplique Mondesir ? oh, je trouve au contraire que cela rend sa charmante mine plus piquante. — On ne vous demande pas votre avis, monsieur !... poursuivons : vous dites donc, Michelon, que cette jeune personne ? — Est l'exemple de son sexe, répond Michelon. Elle a toutes les vertus, en commençant par la résignation au sort que la providence lui a as-

signé sur la terre. — En effet, ce sort
là n'est pas fort beau ; celui d'une
servante d'hôpital ! — Ce n'est pas le
mot, monsieur le capitaine, non, Elmonde n'est point servante dans l'hospice de Sarrance ; elle y est l'ame, la
confidente, l'amie, le bras droit des
dames respectables qui habitent cette
maison ; elle régit tout, gouverne
tout, et rien n'y est bien fait si Elmonde ne l'a pas ordonné. — Mais,
entre nous, c'est une fille de rien ?
— On ignore ce qu'elle est, par exemple. On dit seulement qu'elle a des
parens, et qu'apparemment fort pauvres ces parens ont prié la mère Séraphine, la supérieure de l'hospice,
d'en prendre soin. Mais qu'importent
le rang, la naissance, la fortune,
quand on possède tant de dons de
la nature ! la décence, la bonté sont

sur sa figure divine ; la charité, l'humanité habitent son cœur sensible. Chaque être souffrant qui prend de sa main un breuvage utile à sa guérison, semble recouvrer la santé, plus rapidement que s'il le tenait d'un autre. Joignez à cela, monsieur le capitaine, qu'Elmonde est une personne très-instruite. Elevée dans l'hospice, elle a su gagner, dès toute petite, l'amitié de la supérieure, qui lui a donné toutes sortes de maîtres. Outre le gascon et la langue basque, qu'on parle communément dans ces contrées, Elmonde sait la langue française par principes ; elle parle aussi l'italien, l'anglais ; elle dessine comme un ange ; elle fait de la musique comme ceux qui l'ont inventée; elle écrit avec une pureté, un esprit au-dessus de son age ; et, ce qui est encore bien plus au-dessus de son âge, c'est qu'elle a un caractère fort décidé, une expérience, un sang-froid, une maturité qui sembleraient n'être que les fruits de l'âge fait. Elmonde en un mot est à mes yeux, comme à ceux de tout le monde, une créature parfaite.

Ah, mon père, reprend Mondesir transporté de joie, entendez-vous, une créature parfaite ! — Oui, j'entends cela, et je vous entends aussi, monsieur mon très-cher fils. C'est que vous ne savez pas, Mme Fréming; je crois en vérité que ce petit drôle-là est amoureux de cette prétendue créature parfaite. — Serait-il possible, mon ami ? —Très-possible, ma femme. Et vous remarquerez que M. Mondesir n'a feint d'être plus

malade qu'il ne l'était, que pour prolonger son séjour dans l'hospice; qu'il ne nous a pas même donné de ses nouvelles, indiqué l'asile où le retenait un accident imprévu, au risque de nous faire mourir tous d'inquiétude, que dans la crainte de nous voir arriver là pour l'enlever au bonheur de soupirer près de sa belle; en sorte que, si le hasard ne m'avait pas fait le découvrir dans cet hôpital, il y serait encore, et qu'il aurait la cruauté de ne pas nous écrire. — Cela est il vrai, mon fils ? tu aurais eu assez peu de tendresse pour moi?...
— Parbleu, demandez-le lui, il n'en conviendra pas; mais son silence et son air contrit disent tout. Le voyez-vous, ce jeune Céladon aux beaux cheveux ? ses grands yeux bleus baissés, la tête courbée comme un coupable?

il semble dire : C'est vrai, vous avez deviné, et je n'ai rien à répondre... Mais on dit quelque chose, monsieur? — Et que voulez-vous que je vous réponde, mon père? n'avez-vous pas entendu les éloges que tout le monde fait de la divine Elmonde? — Oh, la divine!...Vous l'aimez donc? — Mon père, vous me l'avez dit cent fois: L'intérêt est le mobile de l'homme dans l'âge mûr; la vieillesse ne soupire qu'après le repos; mais la jeunesse, ah!.... la jeunesse est faite pour l'amour. — Que cela est bien appliqué ici! mais, mais voyez donc ce morveux? à vingt ans! et je le souffrirais, monsieur!.... Non! quand vous aurez couru, comme moi, les quatre parties du monde, alors je vous permettrai d'aimer, de vous marier; mais encore j'exigerai que vous fassiez un choix digne de vous et de nous. — Quel choix pourrais-je !... — Paix : laissons cela ; j'exige que vous, ni personne (*il lance un regard presque irrité au fermier*) ne me parle jamais de cette Elmonde. Le premier qui m'en rebattra les oreilles, fût-ce mon meilleur ami, je ne le reverrai de ma vie... d'ailleurs, mon petit monsieur, je vais vous donner tant d'occupations que vous n'aurez pas le tems de penser à l'amour.... Laissons cela encore une fois, et parlons d'autre chose.

Comme aucun autre sujet de conversation ne se présente, tout le monde reste un moment muet et pensif. Mondesir sur-tout semble souffrir horriblement. Ce silence est triste, principalement pour Michelon ; il le rompt le premier : Monsieur le capitaine, puisque vous cherchez à vous établir ici, dans nos environs, comptez-vous voir la Hutte-aux-Gardes, qui est à vendre? —Quoi, ce vaste et vieux château de M. le comte Rigolo? ce nom de Rigolo me paraît toujours comique. — Il n'est pas si plaisant que vous le pensez.— Mais oui, je verrai le château de M. Rigolo : s'il est logeable, et si M. Rigolo sur-tout ne veut pas le vendre plus cher qu'il ne vaut, je l'achèterai, nous verrons. Je ferai démolir tout ce qui est vieux, tout ce qui est bâti avant Henri IV peut-être, et je réserverai la partie habitable, où je ferai construire ; cela m'amusera. Les jardins, comment sont-ils? —Ah! un parc magnifique, des eaux, des cascades, un séjour enchanté ;

mais le château ! — Eh bien le château, on jette cela à bas ; c'est bientôt fait. Y a-t-il d'ailleurs d'autres propriétés à acheter, vous m'avez dit que non ? — Je n'en vois pas... non, je n'en vois pas. A moins que M. Durancy ne vous cède une partie de la Manœuvrerie des Verseaux ; car elle est trop considérable pour lui. — Moi, habiter avec un fou ! vous me connaissez bien peu. — Il n'est pas si fou que vous vous l'imaginez : il faut qu'il ait éprouvé de grands malheurs ! c'est un homme à plaindre et respectable. — Voilà deux fois que nous en parlons, et je ne puis fixer mon opinion sur lui. Attendez que je l'aie vu ; je vous dirai alors ce que j'en pense. Dès demain matin, je me rends chez lui. Mondesir m'y accompagnera. — Mon père, je suis encore trop faible pour entreprendre.... — Mon ami, interrompt Mme Fréming, ton fils a raison. Il a besoin de repos ; je ne veux pas que tu le fatigues sitôt. — Non, reprend le capitaine ; eh bien ! il restera, et se reposera deux jours, trois jours, s'il le faut ; mais après cela, je vous mets mon jeune homme en campagne, et il faudra bien qu'il recouvre ses forces !.... ainsi, voilà qui est décidé pour demain. Poncet, vous viendrez avec moi ; car il me faut toujours quelqu'un, ma goutte n'aurait qu'à me reprendre. Nous irons voir ce M. Durancy : ensuite nous visiterons la Hutte-aux-Gardes, et en l'absence de M. Rigolo, son concierge, M. Bajaloz, autre nom aussi saugrenu, nous dira peut-être combien on veut vendre ce château et toutes ses dépendances. Cela suffira, je crois, pour bien remplir notre matinée. Nous partirons de bon matin, et nous reviendrons ici, à l'heure du dîner, avec un appétit d'enfer. — Monsieur le capitaine, demande M. Poncet, est-ce que vous irez à pied ? — A pied, morbleu : je promènerai ainsi ma goutte ; c'est un ennemi qu'il faut battre dans les bois, et laisser mort sur la place. — La comparaison (*M. Poncet sourit*)... — Elle n'est peut-être pas pompeuse, comme vos fleurs de rhétorique à vous; mais elle est vraie. D'ailleurs, c'est mon style à moi, ma manière de m'exprimer.

Nos amis causèrent ainsi, se promenèrent, et le soir, chacun rentra dans la retraite qui lui était destinée pour y goûter les douceurs du sommeil.

Quel fut l'étonnement de nos quatre voyageurs, en entrant dans leur appartement, qui leur avait paru si nu le matin, de le trouver orné de lits charmans, de meubles élégans qui l'avaient transformé en un véritable boudoir! Les trois pièces de ce logement étaient décorées, meublées à neuf; rien n'y manquait pour l'utilité, la commodité, et il était maintenant plus que digne de recevoir de tels hôtes. Qué diable, s'écria le capitaine, a pu métamorphoser si vîte ce lieu, ce matin si laid, en un appartement de petite maîtresse? y a-t-il ici de la magie, ou si l'on a fait venir tous les tapissiers des environs?

Il appelle Sévérino qui, rentrant sur-le-champ dans ses nouvelles fonctions, marchait devant Mondesir en l'éclairant : Sévérino, lui dit le capitaine, ton oncle est-il sorcier ? est-ce un coup de baguette qui a fait tous ces changemens ? — Non, monsieur, répond le basque, c'est moi qui ai... — Toi, et comment ?... — Mon oncle, monsieur, à qui vous avez donné en pur don une somme de quinze cents livres, pouvait-il regarder à la dépense pour vous loger ? ce matin, il m'a remis une forte somme : Vas-t-en, m'a-t-il dit, à Oléron ; fais charger sur des voitures les meubles les plus élégans que tu trouveras à acheter ; amène avec toi le monde nécessaire pour monter ces meubles dans la journée, et que tout soit prêt ce soir chez monsieur le capitaine... j'ai suivi ses ordres : avec de l'argent et des bras on fait ce qu'on veut par-tout, et vous voilà au moins logés tous convenablement. — Mais par où ont donc passé ces meubles, ces ouvriers ? je n'ai rien vu... — Vraiment, mon oncle vous occupait d'un autre côté ! tandis que, par une porte de derrière, je faisais entrer tout cela. — Le digne homme que ton oncle, quelle délicatesse ! qu'en dites-vous, Mme Fréming, Mondesir, et vous M. Poncet.

Tout le monde fut de l'avis du capitaine ; on admira le procédé du bon fermier, et Séverino fut le seul qui ne s'en enthousiasma point : Je ne vois pas, ajouta-t-il, pourquoi madame et vous messieurs, vous faites tant d'éloges d'une action fort simple en elle-même. Mon oncle a acheté des meubles; mais ils lui resteront. — Ah! parbleu, reprend le capitaine, je ne les emporterai pas, à coup sûr! — Vous voyez donc bien qu'il n'a agi toujours que pour lui, et qu'il vous est encore redevable de la somme énorme et si utile que vous lui avez avancée. — Avancée n'est pas le mot... (*Il regarde sa femme*) ce garçon a aussi le cœur bien placé, il tient de son oncle; c'est une famille d'honnêtes gens. Mondesir, je te recommande Sévérino, et je t'engage à lui donner comme moi ta confiance toute entière; il paraît la mériter. — Monsieur, répond Sévérino, je ferai mes efforts pour m'en rendre digne, et si, avec sa confiance, je puis gagner l'affection de mon jeune maître, je serai trop heureux. — Allons, vas le coucher, et prends garde à sa blessure.

Chacun passa une bonne nuit; et, le lendemain matin, Mondesir, seul avec son domestique Séverino, lui parla ainsi : Séverino, où as-tu servi ? — Chez un garçon, monsieur ? — Avait-il des préjugés, en as-tu, toi-même ? — Qu'est-ce que monsieur entend par des préjugés ? — Je veux te demander si ton premier maître connaissait l'amour; si tu sais apprécier cette passion de la jeunesse et du sentiment ! — Monsieur, je sais servir les amans; mon ancien maître m'a donné souvent des commissions secrètes... Parlez, je suis adroit, actif et sur tout très discret. — Tu me jures que mon père, que personne ne saura... — Recevez-en ma parole...

par la suite, vous connaitrez Sévérino, qu'on a surnommé *le petit
basque*, et vous verrez qu'on peut
l'employer à tout... à tout ce qui ne
blesse pas l'honneur, cela s'entend.—
Fort bien : apprends que je chéris,
que j'adore Elmonde. — Quoi, cette
charmante personne de l'hospice
de?...— Oui, oui, oui, je brûle
pour elle. Il faut.... et ta sagacité
d'hier à meubler ce logement m'a
donné cette idée; il faut que tu
partes sur-le-champ, que tu crèves
un cheval; que tu fasses les em-
plettes indiquées sur ce papier que
je te remets, et que, gagnant, séduisant un ou quelques gens de l'hospice, tu fasses parvenir tous ces légers
cadeaux à ma chère Elmonde.—Cela
ne sera pas difficile; j'ai justement
des intelligences à notre Dame-de-

Sarrance; mon parrain est le concierge de la maison. — Fort bien ; voilà de l'or, beaucoup d'or, ne l'épargne pas ; tâche sur-tout que, de même que nous avons été surpris hier en montant ici, Elmonde soit absente quand on ornera sa chambre de ces dons de l'amour ; qu'elle les trouve en rentrant chez elle, et qu'elle ne puisse deviner de quelle main ils lui viennent ? — Laissez moi faire ; j'entends, je comprends à demi-mot ; je sais, je vois tout ce que vous voulez faire, et vous serez obéi ponctuellement.

Le Basque prit l'argent, le papier indicatif des objets qu'il devait acheter, et il partit pour faire sa commission : on verra par la suite qu'il y mit toute l'adresse d'un valet rusé, bien fait pour servir des jeunes gens.

Mondesir descendit rejoindre ses parens; et il embrassa, ainsi que sa mère, le capitaine, qui, après un bon déjeûner, partit avec M. Poncet, suivant le projet de la veille, pour aller voir M. Durancy, et visiter le vaste château du comte Rigolo.

FIN DU PREMIER VOLUME

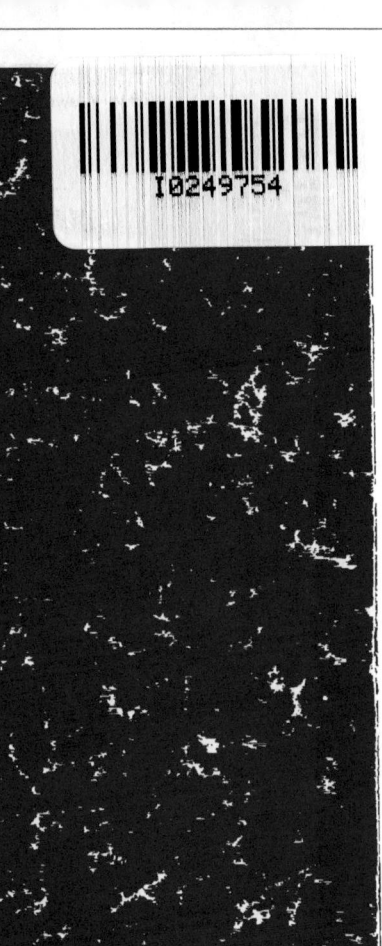

LES MÉMORIALISTES

MONLUC

LES CLASSIQUES POPULAIRES

Publiés sous la direction de M. Émile FAGUET

Prix de chaque volume, broché. **1 50**
— cart. souple, tr. rouges. **2 50**

Chaque volume contient de nombreuses illustrations.

CHATEAUBRIAND, par A. Bardoux, membre de l'Institut, 1 vol.
LAMARTINE, par Édouard Rod, 1 vol.
ALFRED DE MUSSET, par Claveau, 1 vol.
VICTOR HUGO, par Ernest Dupuy, inspecteur général de l'Enseignement secondaire, 1 vol.
BÉRANGER, par Ch. Causeret, agrégé de l'Université, docteur ès Lettres, inspecteur d'Académie.
AUGUSTIN THIERRY, par F. Valentin, agrégé de l'Université, professeur au Lycée Buffon.
MICHELET, par F. Corréard, professeur agrégé d'histoire au lycée Charlemagne, 1 vol.
THIERS, par Edgar Zevort, recteur de l'Académie de Caen, 1 vol.
GUIZOT, par J. de Crozals, professeur à la Faculté des Lettres de Grenoble, 1 vol.
ÉMILE AUGIER, par H. Parigot, professeur de rhétorique au lycée Janson-de-Sailly, 1 vol.
MONTESQUIEU, par Edgar Zevort, recteur de l'Académie de Caen, 1 vol.
LESAGE, par Léo Claretie, agrégé des Lettres, docteur ès Lettres.
VOLTAIRE, par Émile Faguet, professeur à la Sorbonne.
ANDRÉ CHÉNIER, par Paul Morillot.
BUFFON, par H. Lebasteur, professeur agrégé des Lettres au Lycée de Lyon, 1 vol.
J.-J. ROUSSEAU, par L. Ducros, professeur à la Faculté des Lettres d'Aix, 1 vol.
BERNARDIN DE SAINT-PIERRE, par de Lescure, 1 vol.
FLORIAN, par Léo Claretie, professeur agrégé des Lettres, docteur ès Lettres, 1 vol.
CORNEILLE, par Émile Faguet.
LA FONTAINE, par le Même, 1 vol.
MOLIÈRE, par H. Durand, inspecteur général honoraire de l'Université 1 vol.
BOILEAU, par P. Morillot, professeur à la Faculté des Lettres de Grenoble, 1 vol.
RACINE, par Paul Monceaux, professeur de rhétorique, docteur ès Lettres, 1 vol.
RETZ, par Ch. Normand, docteur ès Lettres, 1 vol.
Mme DE SÉVIGNÉ, par R. Vallery-Radot, lauréat de l'Académie française, 1 vol.
BOSSUET, par G. Lanson, maître de conférences à l'École normale supérieure, docteur ès Lettres, 1 vol.

LA ROCHEFOUCAULD, par Félix Hémon.
FÉNELON, par G. Bizos, recteur de l'Académie de Dijon, 1 vol.
LA BRUYÈRE, par Maurice Pellisson, 1 vol.
SAINT-SIMON, par J. de Crozals, professeur à la Faculté des Lettres de Grenoble, 1 vol.
RONSARD, par G. Bizos, 1 vol.
MONLUC, par Ch. Normand, docteur ès Lettres, professeur agrégé d'histoire au lycée Condorcet, 1 vol.
RABELAIS, par Émile Gebhart, professeur à la Sorbonne.
MONTAIGNE, par Maxime Lanusse, docteur ès Lettres, professeur agrégé au Lycée Charlemagne.
LES CHRONIQUEURS, par A. Debidour, inspecteur général de l'Enseignement secondaire.
PREMIÈRE SÉRIE : *Villehardouin ; — Joinville*, 1 vol.
DEUXIÈME SÉRIE : *Froissart ; — Commines*, 1 vol.
LA POÉSIE LYRIQUE EN FRANCE AU MOYEN AGE, par L. Clédat, doyen de la Faculté des Lettres de Lyon, 1 vol.
LE THÉATRE EN FRANCE AU MOYEN AGE, par le Même, 1 vol.
SHAKESPEARE, par James Darmesteter, professeur au Collège de France, 1 vol.
DANTE, par Édouard Rod. 1 vol.
LE TASSE, par Émile Mellier, inspecteur d'Académie, 1 vol.
GŒTHE, par Firmery, professeur de littérature étrangère à la Faculté des Lettres de Lyon, 1 vol.
CERVANTÈS, par Lucien Biart, 1 vol.
HOMÈRE, par A. Couat, recteur de l'Académie de Bordeaux, 1 vol.
VIRGILE, par A. Collignon, professeur de rhétorique et maître de conférences à la Faculté des Lettres de Nancy, 1 vol.
PLUTARQUE, par J. de Crozals, professeur d'histoire à la Faculté des Lettres de Grenoble, 1 vol.
DÉMOSTHÈNE, par H. Ouvré, professeur à la Faculté des Lettres de Bordeaux, 1 vol.
CICÉRON, par M. Pellisson, agrégé des Lettres, inspecteur d'Académie, docteur ès Lettres, 1 vol.
HÉRODOTE, par F. Corréard, professeur agrégé d'histoire au lycée Charlemagne, 1 vol.

Tous les volumes parus ont été honorés d'une souscription du Ministère de l'Instruction publique.

BLAISE DE MONLUC
(Reproduction de la Bibliothèque Nationale).

NOUVELLE COLLECTION DES CLASSIQUES POPULAIRES

LES MÉMORIALISTES

MONLUC

PAR

CH. NORMAND

PROFESSEUR AGRÉGÉ D'HISTOIRE AU LYCÉE MICHELET
DOCTEUR ÈS LETTRES

Un volume orné d'un portrait et de plusieurs reproductions
du Musée de Versailles

PARIS

SOCIÉTÉ FRANÇAISE D'IMPRIMERIE ET DE LIBRAIRIE

(ANCIENNE MAISON LECÈNE, OUDIN ET Cie)

13, RUE DE CLUNY, 13

1897

AVERTISSEMENT

Les Commentaires de Blaise de Monluc, maréchal de France, furent publiés pour la première fois en 1592 à Bordeaux, par Florimond de Rémond (chez Millanges, in-f°). Ils ont été complétés depuis et souvent réimprimés. L'édition à laquelle nous renvoyons nos lecteurs date de 1864 ; elle a été donnée chez Renouard par Alphonse de Rubble pour la Société de l'histoire de France ; elle a cinq volumes in-8° et comprend, avec les commentaires, un choix de lettres et de documents divers.

Les citations qu'on trouvera dans le courant de cet ouvrage sont conformes au texte de M. de Rubble : je me suis contenté, pour le plus grand agrément du public, d'habiller l'orthographe à la moderne. L'orthographe était trop fantaisiste au xvi° siècle pour que ce fût une impiété d'y toucher, et les grands écrivains de cette époque que l'on délaisse un peu retrouveront leurs lecteurs, le jour où on se décidera à leur faire subir à tous cette légère transformation. C'est la grâce que je leur souhaite, à commencer par Monluc.

BLAISE DE MONLUC

LIVRE PREMIER

LA VIE ET LES HAUTS FAITS DE BLAISE DE MONLUC, MARÉCHAL DE FRANCE

> « Gascogne, magasin de soldats, pépinière des armées, fleur et choix de la plus belliqueuse noblesse de la terre, et essaim de tant de braves guerriers qui peuvent contester l'honneur de la vaillance avec les plus fameux capitaines grecs et romains qui furent jamais. »
> (*Epître à la noblesse de Gascogne*, par Florimond de Rémond, premier éditeur de Monluc.) (1).
>
> Tel que je suis, vous me verrez dans mon livre.
> (B. de Monluc, *Remontrance à Monsieur, frère du Roi*) (2).

CHAPITRE PREMIER

LES ANNÉES DE JEUNESSE

I. Où l'on voit que Monluc est avant tout un Gascon.
II. Noblesse et pauvreté de la famille des Monluc.
III. Le petit Blaise de Monluc devient page de Mme de Lorraine, puis archer sous M. de Bayart.
IV. Comment un fils de famille au XVIe siècle quittait la maison paternelle.

---

(1) *Comm. et lettres* de B. de Monluc, t. V, p. 351.
(2) Ibid., t. III, livre VII, p. 492.

V. Hommage rendu par le Gascon Henri IV aux Gascons.
VI. Longue, pénible et brillante carrière de Monluc.
VII. De l'influence que les récits de guerre d'un vieillard peuvent avoir sur un jeune homme avide d'aventures.
VIII. L'Italie ! L'Italie !
IX. Où il est prouvé que les soldats des guerres d'Italie ne ressemblaient en rien aux corrects fantassins de nos jours.
X. Du changement que les razzias d'Italie produisirent dans le costume et dans la bourse de nos soldats.
XI. Humeur particulière et désagréable des aventuriers au delà les monts.
XII. Qualités et défauts personnels de Monluc.

I

OU L'ON VOIT QUE MONLUC EST AVANT TOUT UN GASCON.

Blaise de Monluc naquit en 1502 au manoir de *Sainte-Gemme,* entre Condom et Fleurance, en plein cœur du pays d'Armagnac. Nul homme n'a porté en lui, plus profondément empreinte, la marque de son origine et de sa race. Monluc est avant tout *un Gascon,* non le Gascon bélître et vantard des plaisanteries populaires, mais le vrai Gascon aux yeux de flamme des plateaux pyrénéens, noir de peau, médiocre de taille, la chair collée aux os comme la terre aux rochers de son pays, l'humeur âpre et brûlante comme l'alcool qu'il tire de ses vins : personnage original, pétri de contradictions qui font ensemble bon ménage, brave comme son épée, ronflant et sonore comme son tambour, glorieux et piaffeur sous l'éloge, souple et contenu sous le blâme, ami des aventures quand elles ont un but, et des dépenses quand elles rapportent, ménager d'argent et prodigue de promesses, bavard et capable de se taire, irritable et capable de se contraindre, ambitieux et capable d'attendre, enfin aussi réfléchi que bouillant, aussi flexible que fier, et toujours maître de sa tête et de son cœur même dans ses minutes de plus grande émotion. Tel est le Gascon réel, le Gascon authentique et vivant que nous retrouverons dans Monluc, celui que la race a depuis des siècles tiré pour l'armée française à des milliers d'exemplaires, et que le roman, ce jour-là aussi exact que l'histoire, a fixé pour jamais dans le type inoubliable du cadet de Gascogne, le mousquetaire d'*Artagnan*.

II

NOBLESSE ET PAUVRETÉ DE LA FAMILLE DES MONLUC.

Les Monluc (1) étaient une branche de la vieille famille des Montesquiou. Comme les trois quarts des petits gentilshommes au commencement du xviᵉ siècle, ils étaient à peu près ruinés, si tant est qu'ils eussent jamais été riches. On ne mangeait pas toujours à sa faim chez les Monluc.

— Et encore que je sois gentilhomme, néanmoins si suis-je parvenu degré par degré, comme le plus pauvre soldat qu'ait été de longtemps en ce royaume : car je suis

---

(1) Monluc était une châtellenie située en face d'Aiguillon, sur la rive gauche de la Garonne. Le nom primitif est peut-être Bonluc (Bonus lucus).

renu au monde fils d'un gentilhomme que son père avait vendu tout le bien qu'il possédait, hormis huit cents ou mille livres de rente ou revenu. Et comme j'ai été le premier de six frères que nous avons été, il a fallu que je fisse connaître le nom de Monluc de notre maison, avec autant de périls et hasards de ma vie que soldat ni capitaine ait jamais été (1).

III

LE PETIT BLAISE DE MONLUC DEVIENT PAGE DE MADAME DE LORRAINE, PUIS ARCHER SOUS M. DE BAYART.

Huit cents ou mille livres, c'était maigre pour tant d'appétits dévorants. Aussi le petit Blaise quitta de bonne heure le pigeonnier paternel. Il fut d'abord page du duc Antoine de Lorraine, qui le donna à sa femme : c'était une fonction domestique où les jeunes nobles faisaient leur apprentissage, et où ils emboursaient à l'ordinaire plus de coups de fouets que de gratifications. Monluc, qui fut sans doute un page noiraud et mal commode, n'était pas homme à se vanter de ceux qu'il avait pu recevoir. Il eut ensuite, suivant l'usage encore existant à cette époque, une place d'archer dans une compagnie de gens d'armes et il y servit sous les ordres de M. de Bayart. Après quoi, son éducation terminée, il revint au logis. Il avait alors dix-sept ans.

(1) *Comm. et lettres* de B. de Monluc, t. I. livre I, p. 29.

IV

COMMENT UN FILS DE FAMILLE, AU XVIᵉ SIÈCLE, QUITTAIT LA MAISON PATERNELLE.

Son père, qui n'était pas d'humeur à nourrir une bouche inutile, l'arracha bien vite à ses épanchements de famille. Un beau matin, il lui mit un cheval d'Espagne entre les jambes, une couple d'écus dans la main, et d'un geste significatif lui montra la grand'route. Monluc ne se le fit pas dire deux fois. Depuis qu'il était de retour, la terre natale lui brûlait les pieds : jeune, robuste, plein d'une inaltérable confiance en lui-même, il crevait d'envie de courir les aventures, et son cœur bondissant d'aise prenait par avance possession du monde entier. Plus tard, quand lui-même eut des fils, il les mit à la même école, amère et fortifiante :

— Mes enfants ne sont si lâches de cœur qu'ils veuillent demeurer simples cadets de Gascogne et se contenter de manger la soupe grasse auprès de leur père, mais veulent prospérer tant en biens que en honneurs et pour parvenir veulent libéralement hasarder leur personne et vie comme j'ai fait (1).

V

HOMMAGE RENDU PAR LE GASCON HENRI IV AUX GASCONS

Sèmes-y des Gascons, ils poussent partout, disait un jour Henri IV à son jardinier qui se plaignait

---

(1) *Comm. et lettres* de B. de Monluc, t. V, n° 152, p. 57.

de l'infertilité d'un coin de son parterre. Ce roi des Gascons en parlait en connaissance de cause. Tous ceux de ses compatriotes — et ils étaient nombreux — qui essaimaient au dehors, n'ont pas eu la même chance que lui; mais, les hasards de la guerre mis à part, il y en avait bien peu qui ne fussent pas capables de tirer leur épingle du jeu. Quelques-uns qui étaient allés bien loin avaient même fait des fortunes surprenantes, et l'on racontait en ce temps-là aux veillées l'histoire d'un Gascon qui avait traversé les mers et pris du service en Turquie où il était devenu pacha — Armagnac-pacha —, comme il se faisait appeler, en souvenir du pays natal. Il n'en fallait pas tant pour faire tourner les têtes des jeunes Gascons qui écoutaient, bouche béante, ces merveilleux récits, et la Gascogne était vraiment alors, suivant le mot de Florimond de Rémond, un magasin de soldats et une pépinière des armées.

VI

LONGUE, PÉNIBLE ET BRILLANTE CARRIÈRE DE MONLUC.

Monluc, n'ayant pas quitté le service du roi de France pour celui du padischah, ne devint pas Monluc-pacha; mais sa fortune n'en fut pas moins extraordinaire, et il ne la dut qu'à lui-même. A partir du jour où il reçut avec la bénédiction paternelle l'ordre de s'en aller au plus vite, il porta les armes pendant cinquante-cinq ans. Petit noble, sans fortune et sans protection, il monta un à un les degrés de l'échelle. Il fut soldat, enseigne, lieutenant, capitaine en chef, mestre de camp, lieutenant du roi en Toscane, colonel général de l'infanterie, lieutenant du roi en Guyenne et enfin, pour couronner le tout, maréchal de France. Les rêves du jeune Gascon, le jour où il quitta son village sans retourner la tête, avaient-ils osé monter jusque-là ?

VII

DE L'INFLUENCE QUE LES RÉCITS DE GUERRE D'UN VIEILLARD PEUVENT AVOIR SUR UN JEUNE HOMME AVIDE D'AVENTURES.

Un siècle plus tôt, Monluc n'eût pas hésité sur la direction à prendre : il eût rejoint tout droit devant Paris ses compatriotes, ces diables déchaînés d'Armagnacs qui firent de si belles peurs aux bourgeois de là-bas. Mais en l'an de grâce 1519 Français et Gascons combattaient sous la même enseigne et n'étaient plus que rivaux de gloire. A une journée de la maison, près de Lectoure, notre jeune homme rencontra heureusement le sire de Castelnau, une bonne vieille barbe grise qui avait fait les premières guerres d'Italie et qui s'en souvenait avec délices comme on se souvient de sa jeunesse. Ils eurent une longue conversation où ce fut Castelnau qui parla tout le temps. Monluc, qui ne s'était pas fait connaître, l'écoutait en silence. Quand il eut fini, sa résolution était fixée : il prit congé du vieillard qui soupirait en se revoyant dans ce jeune homme tel qu'il était au temps jadis, il remonta à cheval et tourna la tête de sa monture vers l'Italie.

VIII

L'ITALIE ! L'ITALIE !

L'Italie ! L'Italie ! nous ne comprenons plus tout ce que ce mot renfermait de séductions et d'attraits pour nos pères du xvie siècle. Nous ne voyons plus dans ses interminables guerres qu'une suite de boucheries presque sans but et à peu près sans résultat. L'invincible enchantement de ces campagnes au delà des monts nous échappe. Et cependant, dans cette Italie si pompeuse, si brillante et si parée, dans cette race si rapprochée et si différente de la nôtre, dans ce ciel d'un bleu intense que ne voilent jamais les brouillards glacés de nos climats, dans ces villes peuplées de chefs-d'œuvre où les femmes semblaient aussi belles que les statues, il y avait comme un philtre magique qui rendait fous les plus sages. Cette passion effrénée qui égara si longtemps le cerveau de nos rois pour Naples et le Milanais, ils ne furent pas les seuls dans le royaume à en être atteints : tous leurs sujets, petits ou grands, en souffraient avec eux. Pour les Français de ce temps-là l'Italie était une Amérique plus rapprochée et moins sauvage; c'était la terre faite à souhait pour les yeux des artistes et des poètes ;

c'était aussi et surtout l'Eldorado des chercheurs d'or, le pays d'élection de ceux qui ont perdu aux dés leur dernier sou vaillant, le refuge des pécheurs qui ne tiennent pas à faire pénitence dans leur patrie, la terre hospitalière ouverte à tous, aussi bien aux jeunes coqs échappés de leur nid comme Monluc qu'aux nobles ruinés, aux prêtres dépouillés de leur bénéfice, aux manants fatigués de travailler, aux coupeurs de bourse qui voulaient redevenir soldats, aux soldats tout prêts à se transformer en coupeurs de bourse, aux aventuriers de toute espèce et de tout ordre, en un mot à tous les déclassés auxquels le beau pays de France était devenu haïssable, les uns parce qu'ils n'y trouvaient pas de quoi vivre, les autres parce qu'ils y avaient trop vécu.

IX

OÙ IL EST PROUVÉ QUE LES SOLDATS DES GUERRES D'ITALIE NE RESSEMBLENT EN RIEN AUX CORRECTS FANTASSINS DE NOS JOURS.

Quand Monluc arriva en Italie, il y avait vingt-cinq ans déjà que cette foule bigarrée s'écoulait d'un flot incessant par les passages des Alpes. Combien rentraient ensuite dans le pays natal? Bien peu, à coup sûr. Mais c'était une question que les nouveaux survenants ne songeaient guère à se poser, et leurs réflexions n'allaient pas jusque-là.

— Nous étions trois compagnons
Qui allions delà les monts.

> Nous voulions faire grand chère
> Sens devant derrière
> Et si n'avions pas un sou
> Sens dessus dessous.
>
> (Chanson du xvie siècle.)

C'était là pour les simples soldats la philosophie des guerres d'Italie ; et les premiers au moins qui étaient passés ne pouvaient guère en avoir d'autre. Les aventuriers de guerre, comme on les appelait en ce temps-là,

> — Aventuriers de guerre,
> Tirez delà les monts

avaient, sous Charles VIII et sous Louis XII, l'extérieur de vrais bandits, et le dedans ne valait guère mieux. On les voit sur les vieilles tapisseries du temps et sur les vitraux des maisons anciennes, habillés à la pendarde, comme on disait alors, portant des chemises à longues et grandes manches qui leur duraient plus de trois mois, ouvrant à l'air leurs larges poitrines velues, quelques-uns avec des chausses bigarrées, découpées, déchiquetées et balafrées, à travers lesquelles paraissait la chair, d'autres par une mode bizarre portant une jambe chaussée et l'autre nue. Véritables sauvages pour la plupart, gens de sac et de corde, échappés par miracle à la potence, marqués à l'épaule de la fleur de lys, ou essorillés et laissant à dessein tomber leurs cheveux le long des joues pour cacher la place de leurs oreilles, restées entre les mains des justiciards. L'un d'eux, un capitaine suisse nommé Tocquenet, d'une taille gigantesque, se rendit célèbre par la peau d'ours dont il marchait toujours vêtu de pied en cap, à la tête de ses mercenaires.

X

DU CHANGEMENT QUE LES RAZZIAS D'ITALIE PRODUISIRENT DANS LE COSTUME ET DANS LA BOURSE DE NOS SOLDATS.

Français, Suisses ou Allemands, c'était tout un, bien que nos compatriotes, laquais, piétons, soudoyers et pillards fussent peut-être encore plus hirsutes et plus indisciplinés que leurs compagnons d'armes. On devine ce que pouvaient être les mœurs de cette ribaudaille, échappée au bourreau dans son pays et que la justice militaire rattrapait plus d'une fois en campagne. Mais tout changea peu à peu, et le pillage éhonté qui était de règle à cette époque fut lui-même pour quelque chose dans cette transformation. L'Italie servit aux troupes françaises de garde-manger et de magasin d'habillement. Ils y trouvèrent ce que Bonaparte promettait plus tard à ses soldats à demi-nus : *honneur, gloire* et *richesse*. Les Allemands et les Suisses profitèrent de leur nouvelle fortune pour faire *carroux*, comme on disait alors, c'est-à-dire pour se gorger jusqu'à la mort de viandes et de boissons. Les Français, Gascons et autres du même pays, tinrent surtout à honneur d'être braves, *gorgias* et bien attournés. On les vit porter des chausses de velours ou de satin, comme un patricien de Venise, revêtir des corselets de Milan, dorés et gravés, et faire flotter de hautes et grandes plumes sur leurs bonnets.

> Aventuriers et outrageux soudards,
> Tant là qu'ailleurs pour être brigands dignes,
> Fournis d'harnois et riches brigandines,

étalaient sur eux, comme les mameluks, toutes leurs richesses. Sous Henri II, ce luxe oriental était devenu d'une extravagance puérile. L'une des compagnies qui vinrent de Piémont pour réprimer les troubles de Guienne en 1548 avait cinquante soldats coiffés de velours galonné d'or, habillés et chaussés également de velours. Chacun des hommes portait au cou une longue chaîne d'or à plusieurs tours. C'était encore peu de chose auprès de la fantaisie d'un caporal nommé Alebret qui parut un jour à la messe, costumé de satin vert, et ses bandes de chausses toutes rattachées de doubles ducats, d'angelots et de nobles. Il y en avait jusqu'à ses souliers, et en marchant d'un pas relevé il faisait autant de bruit que le mulet de la gabelle.

XI

HUMEUR PARTICULIÈRE ET DÉSAGRÉABLE DES AVENTURIERS AU DELA LES MONTS.

A vivre en pays étranger, au milieu de périls continuels, de sièges en surprises, de surprises en embuscades et d'embuscades en trahisons,

Toutes les nuits qui vive ! alerte ! assauts ! attaques !

les soldats du Milanais et du Piémont finirent par prendre une humeur particulière qui les distinguait de tous les autres. Ils se crurent nécessaires parce qu'ils combattaient sans cesse : ils se crurent sacrifiés et le furent bien en effet quelquefois parce qu'ils étaient loin du soleil et de ses rayons. Quand ils revenaient à la cour, on les trouvait habillés sans goût, et surtout on trouvait à redire à leur caractère rogue, bravache et désagréable. Les galants de la cour mirent plus d'une fois la main à l'épée pour se mesurer avec ces messieurs d'au delà les monts, et ceux-ci, malgré leurs allures de tranche-montagne, n'en furent pas toujours les bons marchands.

XII

QUALITÉS ET DÉFAUTS DE MONLUC.

Tous ces détails étaient nécessaires pour faire comprendre le milieu où fut jeté Monluc dès le début, et le genre de vie qu'il y mena. Il s'y montra les premiers jours ce qu'il fut jusqu'à la fin, brave, infatigable, passant les nuits sans dormir, tantôt au froid, tantôt au chaud, toujours en action, jamais au repos, capable de courir tous les risques, pourvu qu'on sût caresser sa vanité.

— Le ciel, dit Florimond de Rémond, lui avait donné une prompte et merveilleuse vivacité d'entendement, une souple et néanmoins très retenue prudence qu'il découvrait sur-le-champs au maniement des affaires, une mémoire admirable et si riche qu'il ne s'en voit presque point de semblable, une parole aisée, forte et courageuse et pleine d'aiguillon d'honneur parmi l'ardeur des combats, et aux affaires d'Etat un langage rassis, rehaussé de pointes, de raisons et d'arguments (1).

Mais il apporta aussi tous les défauts de sa race, aggravés des siens propres et qui étaient justement ceux qu'on reprochait aux troupes d'au delà les monts : une vantardise outrée, une manie insupportable de tout rapporter à soi-même, et, ce qui était plus grave chez un soldat, même au XVIe siècle, une mauvaise tête emportée et querelleuse :

— Qui gouvernera bien le Gascon, dit-il lui-même, il pourra s'assurer qu'il aura fait un chef-d'œuvre : car, comme il est naturellement soldat, aussi est-il glorieux et mutin (2).

Amis et ennemis s'accordent sur son compte : il n'y a rien de complexe dans son caractère. Il est bizarre, fâcheux et colère, disait de lui le connétable de Montmorency qui ne put jamais le souffrir, sans doute parce qu'il avait les mêmes défauts que lui. François de Guise, qui l'estimait fort, le tenait néanmoins « *pour bizarre et incompatible* ». « *Si on veut l'aimer,* disait-il, *il ne faut pas le hanter.* »

(1) *Comm. et lettres* de B. de Monluc, t. V, p. 352 (*Epître à la noblesse de Gascogne.*)
(2) *Comm. et lettres* de B. de Monluc, t. III, livre v, p. 73.

— Aux chevaliers de Poissy que le petit roi François fit, le maître des cérémonies, M. de Chemans ou de Rode les accoupla tous deux, M. de Monluc et de Vassé, pour aller et marcher ensemble aux cérémonies et même à l'offrande. J'ouïs feu M. de Guise dire : Les voilà bien couplés ensemble, car ils sont autant bizarres, hauts à la main et colères que pas un de la troupe, mais pourtant très braves et vaillants capitaines. (*Brantôme, Vie de M. de Vassé.*)

M. de Brissac, qui avait vu Monluc à l'œuvre, l'ayant eu au Piémont sous ses ordres, ne le jugeait pas autrement : c'était, disait-il, un des plus colères hommes du monde et le plus bizarre, et tel qu'il fallait que la plupart du temps il endurât de lui, connaissant ses imperfections, mais il était bien bon pour faire tenir la police et la justice en un camp, pour commander à la campagne et faire combattre les soldats (1).

Monluc, en parlant de lui-même, emploie les mêmes expressions ou d'autres à peu près semblables.

— Moi qui suis Gascon, prompt, colère, fâcheux et mauvais patient (2).

— Ce méchant naturel, âpre, fâcheux et colère, qui sent un peu et par trop le terroir de Gascogne (3).

Il ne put ou ne voulut jamais amender cette humeur, particulièrement désagréable aux supérieurs et qui nuisit plus d'une fois à ses intérêts. Tel il était à sa première campagne d'Italie, tel

(1) *Comm. et lettres* de B. de Monluc, t. I, livre III, p. 437.
(2) Ibid. t. II, livre III, p. 33.
(3) Ibid., t. I, livre I, p. 85.

on le retrouve bien des années après devant Boulogne où, raillé après un échec par le dauphin, qui fut plus tard Henri II, il s'écriait, sans souci du rang de ce prince :

— Comment, Monsieur, auriez-vous opinion que j'eusse fait faute? Si je le savais, je m'en irais tout à cette heure me faire tuer dans la ville. Vraiment nous sommes bien fous de nous faire tuer pour votre service (1).

Tel il était encore, à la fin de sa longue carrière, quand il disait fièrement, au cours de ses démêlés avec Damville, gouverneur du Languedoc et l'un des fils du connétable de Montmorency :

— Si suis-je gentilhomme et chevalier qui n'ai jamais souffert injure et suis moins taillé que jamais de l'endurer, tant que je pourrai porter épée (2).

Quand il parlait ainsi, c'était en 1570 : il avait soixante-huit ans, mais il avait l'écorce trop dure pour que la vieillesse pût mordre sur son humeur : il était de ceux que l'âge n'amende ni n'affaiblit et qui meurent tout entiers.

(1) *Comm. et lettres* de B. de Monluc, t. I, livre II, p. 301.
(2) Ibid., t. III, livre VII, p. 394.

CHAPITRE II

PREMIÈRES CAMPAGNES DE MONLUC EN ITALIE ET EN FRANCE

I. Les débuts d'un aventurier en Italie vers 1521.
II. Une chanson militaire du vieux temps.
III. Le malheur de Pavie. Une autre chanson militaire qui n'est pas celle de la Palice.
IV. Monluc, abandonné par les siens, est grièvement blessé au bras.
V. Grave et amusante consultation de deux médecins et d'un chirurgien autour d'un bras à couper.
VI. Retour du pigeon voyageur à la maison.
VII. Les angoisses d'un petit gentilhomme, père de famille, au XVIe siècle.
VIII. Nécessité pour la noblesse française de la guerre ou de l'émigration.
IX. Reprise des hostilités. Le second siège de Marseille (1536) et l'affaire des moulins d'Auriolle.
X. Monluc essaie en vain de jouer le personnage de courtisan. Il retourne à l'armée.
XI. Comment on levait deux compagnies sous François Ier.
XII. Petites libertés prises par les soldats de Monluc pendant son absence.
XIII. Monluc, déguisé en cuisinier, fait pour la première et la dernière fois le métier d'espion.

I

LES DÉBUTS D'UN AVENTURIER EN ITALIE VERS 1521.

Jeté brusquement au milieu des gens de guerre que nous avons dépeints, le jeune Monluc y fut tout de suite à son aise. Il était né soldat : il était de ceux qui frappent avant d'être frappés;

sa nature exubérante avait besoin de se dépenser en longues traites à cheval ou à pied, en nuits passées à l'affût sans dormir, en rencontres furieuses et inextricables, comme celles que l'on voit dans les tableaux de Salvator Rosa. Vieux et dictant ses commentaires, il pense encore avec délices à ces journées de beau soleil où il prodiguait sa jeunesse et sa vie. Il en crie de ravissement :

— Il me semblait en ces banquets que mon corps ne pesait pas une once et que je ne touchais pas en terre (1).

Aussi comme il s'étend sur les moindres escarmouches auxquelles il a eu la chance de prendre part ! Pour débuter, il a pris une casaque d'archer dans la compagnie de M. de Lescun (2), frère de M. de Lautrec. La guerre éclate à quelque temps de là, et Monluc y fait ses premières armes. C'est sa première campagne, et il s'en rappelle les plus minces circonstances, au moins celles qui lui sont personnelles, car des autres il n'en a cure, et, s'il écrit dans sa vieillesse, c'est pour se ragaillardir au souvenir de ses propres exploits. Que chacun en fasse autant s'il le peut !

(1) *Comm. et lettres* de B. de Monluc, t. I, livre II, p. 424.
(2) Thomas de Foix, sire de Lescun, frère puîné de M. de Lautrec. Il fut tué à Pavie en 1525.

II

UNE CHANSON MILITAIRE DU VIEUX TEMPS.

Il en vit d'ailleurs de rudes, et bien lui prit d'être fortement trempé. Il eut cinq chevaux tués sous lui en dix jours, dès les premières rencontres, et il assista en Italie comme en France à toutes les batailles de cette nouvelle guerre qui se termina si mal. Il était à la Bicoque où il se trouva combattant à pied, comme fit aussi M. de Montmorency, depuis connétable, à Saint-Jean-de-Luz où M. de Lautrec commença de le remarquer, au siège de Marseille quand le duc de Bourbon vint piteusement se casser le nez devant la ville, défendue par trois mille bons vieux routiers de guerre que le capitaine Rance avait ramenés de delà les monts ! Quels formidables éclats de rire on fit à la déconvenue du duc, le jour où il fut obligé de plier bagage ! Quelles impitoyables gausseries saluèrent son départ ! On le reconduisit jusqu'aux Alpes et au delà en lui cornant aux oreilles la chanson du jour que Monluc chanta sans doute plus d'une fois avec les siens après boire :

> — Quand Bourbon vit Marseille,
> Il a dit à ses gens :
> Vrai Dieu ! quel capitaine
> Trouverons-nous dedans ?
>
> Il ne m'en chaut d'un blanc
> D'homme qui soit en France,
> Mais que ne soit dedans
> **Le** capitaine Rance.

Au mont de la Coulombe
Le passage est étroit :
Montèrent tous ensemble
En soufflant dans leurs doigts.

Disant à cette fois :
Prenons tretous courage.
Abatons tous ces bois.
Nous gagnerons passage

O noble seigneur Rance,
Nous te remercions
De la bonne recueillance
Que tu as faite à Bourbon.

A grands coups de canon
Aussi d'artillerie
Les as tous repoussés
Jusques en Italie.

(*Brantôme*, Vie de M. l'amiral de Brion.)

III

LE MALHEUR DE PAVIE. UNE AUTRE CHANSON MILITAIRE QUI N'EST PAS CELLE DE LA PALICE.

Le noble seigneur Rance (1) n'empêcha pas Bourbon de gagner la partie finale à Pavie. Le roi François Ier y fut pris, et Monluc aussi. Mais la grandeur a ses inconvénients ; pendant que le roi de France voguait vers l'Espagne où l'attendait un accueil peu courtois, Monluc, qui n'avait pas grand'finance, fut mis en liberté. Il revint à pied de Pavie en Languedoc : excellent exercice pour

---

(1) C'était un gentilhomme romain, Renzo di Ceri, qui appartenait par alliance à la famille des Ursins.

Le connétable de Bourbon.
(Reproduction du Musée de Versailles.)

les jambes d'un jeune homme de vingt-trois ans qui n'en était déjà plus à s'étonner des disgrâces de la fortune. Il put chanter encore une fois tout à son aise sur le chemin ; mais il ne s'agissait plus de célébrer la gloire du noble seigneur Rance : la complainte à la mode maudissait les traîtres qui avaient abandonné le roi à Pavie :

> — Qu'a fait la chansonnette ?
> Ce sont gentils galans
> Qu'étaient en la défaite
> Bien marris et dolens.
> Voyant le roi, leur maître,
> Combattre vaillamment,
> Mais par des gens déshonnêtes
> Fut laissé lâchement (1).

IV

MONLUC, ABANDONNÉ PAR LES SIENS, EST GRIÈVEMENT BLESSÉ AU BRAS.

A quelque temps de là, la reprise des hostilités rendit Monluc à la vie active : sur l'invitation de M. de Lautrec qui avait pris du goût pour lui, il forma une compagnie de gens de pied de sept à huit cents hommes environ, dont quatre à cinq cents arquebusiers, ce qui était beaucoup pour ce temps-là. Il reprit tout joyeux le chemin de l'Italie, mais cette fois le *cimetière des Français* faillit être le sien. A peine remis d'une arquebusade qui avait offensé sa jambe droite, il attaque, à la tête

---

(1) Julien Tiersot, *la chanson populaire en France*, p. 172 (d'après Leroux de Lincy).

de ses gens, la petite ville de Porchianna, près d'Ascoli de Tionne. L'assaut est donné : il entre avec sa furie habituelle par un trou pratiqué dans la muraille ; ses soldats ne le suivent pas, il est blessé, jeté à terre, et sa carrière se terminait là sans quelques-uns des siens qui le tirèrent par les jambes de la muraille dans le fossé. On peut penser qu'ils n'y mirent pas beaucoup de précautions. Quand on put le relever, son bras gauche, cassé en deux endroits, pendait comme une loque le long de sa cuisse. Mais sa blessure parut moins insupportable à Monluc que l'idée d'avoir été abandonné par ses compagnons d'armes :

— Voyant les soldats de ma compagnie autour de moi : « O mes compagnons, dis-je, je ne vous avais pas toujours si maltraités pour m'abandonner à un si grand besoin », ce que je disais, n'ayant rien vu de l'empêchement qu'ils avaient eu (1).

V

GRAVE ET AMUSANTE CONSULTATION DE DEUX MÉDECINS ET D'UN CHIRURGIEN AUTOUR D'UN BRAS A COUPER.

Deux médecins du roi, maître Alleme et maître Georges, envoyés par M. de Lautrec, se présentèrent au chevet du malade. Après examen, ils opinèrent gravement qu'il fallait couper ce bras devenu inutile. La médecine militaire tenait déjà en ce temps-là pour les remèdes énergiques. En

(1) *Comm. et lettres* de B. de Monluc, t. I, livre I, p. 80-81.

ce temps-là aussi, quand deux savants docteurs disaient blanc, il y en avait toujours un troisième qui disait noir. Ce troisième, un petit chirurgien qui avait appartenu à M. de Bourbon, sauva Monluc. *Que ferez-vous n'ayant plus qu'un bras, Monsieur ?* lui dit-il. *Vous voyez-vous manchot pour tout le reste de votre existence ? Gardez votre bras : il peut guérir.* Le petit chirurgien sans conséquence l'emporta sur les deux graves autorités, et il y eut une scène amusante au lit de Monluc :

— Cependant, lendemain matin, arrivèrent à ma chambre les susdits seigneurs (Montpezat et Grammont) et les deux chirurgiens et médecins, portant tous leurs appareils, pour incontinent mettre la main à l'œuvre et me couper le bras, sans me donner le temps de me repentir, ayant commandement de la part de M. de Lautrec de me dire que je ne me souciasse de perdre le bras pour sauver la vie et que je ne me désespérasse point de ma fortune ; car quand le Roi ne me voudrait faire du bien, que sa femme et lui avaient quarante mille livres de rente pour me récompenser et ne me laisser jamais pauvre, seulement que je pensasse à prendre patience et à sauver ma vie, et qu'à ce coup je fisse paraître mon courage. Mais comme ils furent prêts à me délier le bras pour le couper, mon chirurgien étant derrière le lit qui toujours me prêchait le contraire et m'assurait que dans un an ou deux je pourrais à tout le moins tenir la bride d'un cheval, et comme Dieu aide aux personnes quand il lui plaît, encore que je fusse résolu une fois de l'endurer, il fit changer ma volonté et ne voulus plus entendre à me le laisser couper, qui fut cause que tous les susdits seigneurs et chirurgiens s'en retournèrent et en firent le rapport audit seigneur de Lautrec, lequel leur dit comme eux-mêmes m'ont dit plusieurs fois, ces mots : « Aussi bien me repentais-je de le lui faire couper, étant certain que j'eusse eu tout jamais cela sur le cœur, s'il mourait, et vivant sans bras, regret perpétuel de le voir en la sorte, mais qu'il fallait laisser faire à Dieu sa volonté » (**1**).

VI

RETOUR DU PIGEON VOYAGEUR A LA MAISON.

La guérison fut longue ; le bras était encore en mauvais point, au retour de Monluc en France, après le siège de Naples, où mourut M. de Lautrec.

— De ma part avec ce qui se sauva, qui fut presque rien, je m'en revins à pied la plupart du chemin, portant mon bras en écharpe, y ayant plus de trente aunes de taffetas sur moi, pour ce qu'on me liait le bras avec le corps et un coussinet entre deux, souhaitant la mort mille fois plus que la vie : car j'avais perdu tous mes seigneurs et amis qui me connaissaient (2).

C'est ainsi accoutré que le pauvre oiseau voyageur revint au nid.

— Traînant l'aile et tirant le pied.

— En ce bel équipage j'arrivai à notre maison où je trouvai mon père assez en nécessité pour n'avoir pas grand moyen de m'aider, de tant que son père avait vendu des quatre parts les trois des biens de la maison et le laissa encore chargé de cinq enfants d'un second mariage et nous qu'étions dix de notre père. Chacun peut penser comme nous autres pauvres de la maison de Monluc a fallu que suivissions la fortune du monde en toutes nécessités (3).

(1) *Comm. et lettres* de B. de Monluc, t. I, livre I, p. 83-84.
(2) Ibid., t. I, livre I, p. 104.
(3) Ibid., t. I, livre I, p. 105.

VII

LES ANGOISSES D'UN PETIT GENTILHOMME, PÈRE DE FAMILLE, AU XVIᵉ SIÈCLE.

On était un peu à l'étroit dans la gentilhommière des Monluc, et chaque bouchée que mangeait notre aventurier lui semblait un vol fait aux autres. Il a trop d'orgueil pour s'étendre sur de pareilles misères ; mais le peu qu'il nous en montre en dit long sur la vie pénible qui était faite par les circonstances et les préjugés aux petits hobereaux du temps. Un mouchoir de terre avec un colombier, quelques carrés de choux, de misérables rentes que l'avilissement de l'argent réduisit à rien, après la découverte de l'Amérique, c'était là-dessus que vivaient des milliers de familles nobles, engravées d'enfants. Comment faire pour nourrir ces petits loups dévorants qui pullulaient dans tous les coins de la maisonnée ? L'histoire, qui a tant de sympathies pour les gras bourgeois des villes, devrait en garder quelques-unes pour tous ces maigres don Quichottes qui séchaient d'angoisse au milieu de leur progéniture affamée parce qu'ils étaient nobles, et que tout autre occupation que la guerre leur était interdite, sous peine de déchéance. La paix était pour eux une véritable calamité. Trop heureux quand ils ne voyaient pas, comme le père de Monluc, revenir mal en point au foyer et surtout à la table ceux dont on s'était cru débarrassé pour toujours.

VIII

NÉCESSITÉ POUR LA NOBLESSE FRANÇAISE DE LA GUERRE OU DE L'ÉMIGRATION.

Dans cette petite noblesse française, dont on n'a pas encore écrit l'histoire, il y avait un fonds inépuisable d'ardeur chevaleresque, de générosité et de dévouement; mais, à côté de l'esprit de sacrifice qui n'a jamais faibli chez elle, il y avait une envie bien naturelle de vivre. Toutes les fois qu'une issue semblait s'ouvrir à la situation inextricable où elle était engagée, elle s'y précipitait avec furie. Les guerres d'Italie d'abord, les guerres de religion ensuite furent le salut pour elle. Ses cadets apprirent aussi vers la même époque le chemin de la mer; les aventuriers de guerre français parurent à leur tour en Amérique; et, pour revenir directement à notre sujet, l'un des fils de Monluc, le capitaine Peyrot, fut tué plus tard par les Portugais à Madère, au cours d'une entreprise qu'il avait montée lui-même pour conquérir Madagascar.

IX

REPRISE DES HOSTILITÉS. LE SECOND SIÈGE DE MARSEILLE (1536) ET L'AFFAIRE DES MOULINS D'AURIOLLE.

Trois ans et plus se passèrent: le bras de Monluc était guéri, mais la paix durait toujours, et, las de rôder, d'un air furieux, autour du château de ses pères, il songeait à servir le Turc plutôt que de rester inutile. Il n'eut pas besoin d'aller si loin : les affaires se gâtaient de nouveau du côté de l'Italie, et, en 1534, François Ier créa sept légions d'infanterie nationale, fortes chacune de six mille hommes. Antoine de Rochechouart, sénéchal de Toulouse et Albigeois, fut chargé de la quatrième, affectée au Languedoc ; il prit Monluc pour lieutenant : je laisse à penser la joie de notre Gascon. A peine les compagnies étaient-elles levées avec leurs centeniers, leurs capitaines d'escouade et leurs enseignes, que la guerre éclata. Et voilà nos gens en campagne.

L'empereur en personne avait envahi la Provence, il était à Aix, le roi François Ier à Avignon, et Marseille investie était défendue par quelques milliers de braves gens que Charles-Quint luimême n'intimidait pas. Monluc était de ceux-là. Toujours petit compagnon, malgré sa lieutenance, il ne pensait qu'à se mettre en avant. C'était un vrai chef de partisans, un homme de coups de main, sec, net, droit, énergique, sans peur du danger et sans mépris non plus, décidé, suivant son mot, quand il avait pris une résolution, à l'exécuter ou à crever (1). C'est ainsi qu'il enleva avec cent vingt hommes les moulins d'Auriolle, à cinq heures de Marseille, qui approvisionnaient l'armée impériale. L'entreprise avait paru si difficile qu'on s'était d'abord moqué de

---

(1) *Comm. et lettres* de B. de Monluc, t. I, livre I, p. 111 et suiv.

lui, quand il en avait parlé pour la première fois :

— Laissez-le aller, disait un certain M. de Villebon, car il prendra l'empereur et serons tous ébahis qu'il nous l'amènera demain matin prisonnier en cette ville.
— Vous n'êtes qu'un cogne-fétu, riposta Monluc avec son accent : vous ne voulez rien faire ni laisser faire les autres.

Il partit, il réussit — et un autre, le marquis de Barbézieux, s'en attribua tout l'honneur auprès de François Ier. Avec ses humeurs et complexions de Gascogne, Monluc avait une âme à ressentir vivement l'injustice. Celle-ci l'affecta plus qu'on ne saurait croire.

— M. de Lautrec, dit-il, n'eût pas fait cela. Il sied mal de dérober l'honneur d'autrui : il n'y a rien qui décourage tant un bon cœur (1).

X

MONLUC ESSAIE EN VAIN DE JOUER LE PERSONNAGE DE COURTISAN. IL RETOURNE A L'ARMÉE.

Avec Monluc il faut toujours faire la part de l'exagération qui lui est naturelle. Il alla à Paris après la campagne de Provence, et l'accueil qu'on lui fit prouve qu'on lui rendait suffisamment justice, en dépit de son caractère emporté, de son humeur étrange et aussi — il faut bien le dire — d'une déplorable intempérance de lan-

(1) *Comm. et lettres* de B. de Monluc, t. I, livre I,. p. 124.

gue dont il était affligé et affligeait les autres plus qu'aucun de ses compatriotes. M. le grand-maître, qui depuis fut connétable, Anne de Montmorency lui donna une compagnie de gens de pied ; il fut de la garde de M. le Dauphin, qui fut Henri II et prit part à une campagne insignifiante en Artois. Après quoi, la nostalgie de l'Italie et des grands coups d'épée qui s'y donnaient, le reprit. La cour n'était point faite pour son humeur bourrue : ses coutumes *« qui sont rapports et traverses à ceux qui ont envie de bien faire »*, l'exaspéraient, et plus encore la vue et le contact de tous ces courtisans damerets, pimpants, douillets, frisés, fardés et moqueurs. Le midi, plus indulgent aux gasconnades, l'attirait davantage. Il retourna en Provence, où il avait laissé ses grands chevaux et ses armes, y reçut une commission pour dresser deux compagnies, et, tout en hâte, alla chercher des recrues en Gascogne.

XI

COMMENT ON LEVAIT DEUX COMPAGNIES SOUS FRANÇOIS Ier.

En huit jours, il eut sous la main ce qui lui était nécessaire. Il était si pressé qu'il ne songea pas à regarder de très près la marchandise humaine qui s'offrait à lui. Tout ce qu'il y avait de plus louche et de plus taré en Gascogne et aux pays voisins postula avec succès pour ses deux compagnies : jamais on n'avait vu pareille réunion de bandits, de batteurs d'estrade et de détrousseurs de grande route. Pour comble d'imprudence, Monluc, qui trépignait de les voir marcher pas à pas comme des tortues sur le chemin de l'Italie, les quitta près de Toulouse pour gagner au plus vite le roi et le grand-maître. Ce fut le bouquet, et Monluc reconnaît de bonne grâce la faute grave qu'il commit alors.

— Un chef ne doit guère abandonner sa troupe, si ce n'est par grande occasion. Le désir que j'avais d'être des premiers me fit quitter la mienne, ce qui fut cause de ce désordre (1).

XII

PETITES LIBERTÉS PRISES PAR LES SOLDATS DE MONLUC PENDANT SON ABSENCE.

Ce qui suivit est un témoignage édifiant des mœurs de l'armée française au xvi° siècle. A peine leur chef eut-il disparu au tournant du chemin que les compagnies se débandèrent et prirent la campagne.

> Grand troupe de mauvais garçons
> Périgourdins et Gascons,
> Joueurs d'harpe au rebours du luc,
> Dessous la charge de Monluc,
> Galaffre, Bruget et Méreins,
> D'Agen, Marmande et de Tonneins (2).

(1) *Comm. et lettres* de B. de Monluc, t. I, livre I, p. 129.
(2) *Relation contemporaine en vers français*, Revue de Gascogne. Année 1872, t. XIII, p. 298.

Les faits de ce genre n'étaient pas très rares, et les traditions des grandes compagnies n'étaient pas aussi abandonnées qu'on le croit communément. Après avoir rançonné les villages de l'Albigeois, les gens de Monluc, agissant comme en pays ennemi, emportèrent de force la petite ville d'Isle en Albigeois avec toutes les conséquences qu'entraînait à cette époque une prise d'assaut. Mis en goût par ce premier succès, ils se dirigèrent vers Gaillac, situé à quelques kilomètres en amont. Les habitants, prévenus, les attendaient de pied ferme. Il y eut une petite bataille où le bon droit l'emporta, et les trois quarts de ces loyaux soldats du roi tombèrent entre les mains de leurs adversaires. (24 octobre 1537.) Six eurent incontinent la tête tranchée, par privilège de noblesse ; dix-neuf furent pendus. Les autres, après avoir reçu un nombre convenable de coups de fouet, furent bannis de la province. L'histoire ne dit pas s'ils vinrent rejoindre la cornette de Monluc qui fut très marri en apprenant ces nouvelles.

XIII

MONLUC, DÉGUISÉ EN CUISINIER, FAIT POUR LA PREMIÈRE ET LA DERNIÈRE FOIS LE MÉTIER D'ESPION.

Pour comble de bonheur, après avoir refait deux nouvelles compagnies en Provence, il reçut devant Barcelonnette une arquebusade au bras gauche et faillit, à quelque temps de là, être pendu comme espion à Perpignan. Vers la fin de l'année 1537, M. de Montmorency était allé à Leucate conférer avec les représentants de l'empereur, et il avait obtenu d'eux, pour le président Poyet (1) et Gilbert Bayart, baron de la Font (2), la permission d'aller voir Perpignan. C'était pour ces deux personnages une partie de plaisir qui pensa tourner au tragique, par la fantaisie qu'eut Montmorency de leur adjoindre Monluc habillé en cuisinier et chargé sous ce déguisement de reconnaître la place. Très courtois, très pompeux et très solennels comme à leur habitude, les Espagnols de Perpignan firent une excellente réception aux Français et leur montrèrent la ville. Monluc suivait, et, sans en avoir l'air, notait dans son esprit les points faibles. Tout semblait aller à merveille, et il s'applaudissait déjà en lui-même de son habileté, quand un capitaine espagnol, plus fin que les autres et qui l'avait déjà vu quelque part, l'arrêta.

— N'êtes-vous pas, dit-il, M. de Monluc ?

De toute sa vie le faux cuisinier n'eut jamais peur autant que ce jour-là. Il parvint cependant à se contenir suffisamment pour répondre :

— Je désavouai la dette, dit-il, contrefaisant mon pays et mon langage, feignant savoir mieux manier une lardoire qu'une épée, disant toujours être le cuisinier de M. le président Poyet qui ne répondit mot de la grand'-

(1) Guillaume Poyet fut chancelier de France. Il fut dégradé pour concussions en 1545.
(2) C'était un seigneur originaire du Bourbonnais et nullement parent du fameux Bayart.

peur qu'il avait si j'étais reconnu. Monsieur le général Bayart se prit à rire à part lui et lui dit qu'il n'était pas le premier qui y eût été trompé, car icelui qu'il pensait, dit-il, était un des bons capitaines que le roi eut. De tout ce conte Monsieur le connétable n'en faisait que rire : si est-ce que je lui dis que tant qu'il vivrait ne me ferait plus servir d'espion. C'est un métier trop dangereux et que j'ai toujours haï (1).

(1) *Comm. et lettres* de B. de Monluc, t. I, livre 1, p. 135.

CHAPITRE III

CERISOLES

I. Où l'on fait plus ample connaissance avec les aventuriers ou rodomonts du Piémont.
II. Monluc est dépêché à la cour par le duc d'Enghien.
III. Monluc au conseil du roi. Il y prononce une harangue à la gasconne qui obtient un merveilleux succès.
IV. Comment les courtisans montrèrent à Monluc qu'ils ne méritaient pas les mépris des rodomonts du Piémont.
V. Pas d'argent, pas de bataille. Angoisses du duc d'Enghien.
VI. Bataille de Cerisoles. Joie et déconvenue de Monluc.
VII. Monluc à la campagne et en campagne.

I

OU L'ON FAIT PLUS AMPLE CONNAISSANCE AVEC LES AVENTURIERS OU RODOMONTS DU PIÉMONT.

On était en 1544. La guerre entre Français et Impériaux avait repris au Piémont, et Monluc, qui avait, encore une fois, passé les Alpes commençait à s'y faire une place à part. Il ne portait que le titre de *capitaine*, alors respecté et donné seulement à ceux qui commandaient ou avaient commandé des bandes d'infanterie. Comme il le dit lui-même :

— Du temps que je commençai à porter les armes, le titre de capitaine était titre d'honneur, et des gentilshommes de bonne maison ne dédaignaient de le porter.

Je n'ai pas appelé d'autre titre mes enfants. A présent le moindre pique-bœuf se fait appeler ainsi s'il a eu quelque commandement (1).

Mais il était célèbre dans le petit monde, un peu éloigné de la cour, où il vivait par sa bravoure audacieuse et prudente, par la fermeté de ses décisions, la hardiesse de ses coups de main et l'autorité de son commandement. Les soldats le suivaient avec plaisir, bien qu'il eût la réputation de jouer un peu trop facilement de la corde (2). Ils le tenaient pour un des meilleurs *rodomonts* qu'ils eussent à leur tête. Ce nom bizarre, dont on se parait volontiers en Italie, n'entraînait avec soi aucune idée désavantageuse pour le courage de l'individu. Les rodomonts du Piémont étaient les plus braves capitaines du temps, mais ils en étaient aussi les plus arrogants et les plus vantards. Comme les Africains sous Louis-Philippe, ils formaient une sorte de confrérie qui ne voyait pas de salut en dehors de l'école de guerre où elle avait fait son noviciat. Les courtisans, qui disaient bien le mot, suivant l'expression du temps, n'avaient pas assez de railleries pour les bonnets empanachés et les mines truculentes de tous ces tranche-montagnes : ceux-ci, moins habiles en paroles que les plaisants de cour, s'en vengeaient en mettant en doute leur valeur, et Monluc en particulier ne perd pas une occasion de dauber sur leur compte.

(1) *Comm. et lettres* de B. de Montluc, t. III, livre VII, p. 476.
(2) Ibid., t. I, livre II, p. 368.

— Ces Messieurs les courtisans, dit-il, qui ne manièrent jamais autre fer que leurs horloges et montres, parlent comme bon leur semble : ils font les demi-dieux et font les empressés comme si rien n'était bien fait s'il ne passait par leur tête (1).

En parlant ainsi sur la fin de sa vie, Monluc était injuste. Il oubliait Cerisoles et ce qu'il nous a raconté lui-même dans un récit que sa longueur nous forcera d'abréger, mais qui mériterait d'être cité en entier, tant il est vibrant de confiance et d'entrain, tant il respire cette gaîté particulière aux hommes d'action qui ont besoin, pour vivre de mettre à chaque instant leur vie et celle des autres en danger.

II

MONLUC EST DÉPÊCHÉ A LA COUR PAR LE DUC D'ENGHIEN.

Cette année-là — 1544 — c'était le comte d'Enghien (2) qui commandait au Piémont. Il avait en face de lui un adversaire résolu, le marquis du Guast, qui avait reçu et attendait encore des renforts venus d'Allemagne ou du royaume de Naples. Jeune, naturellement perplexe, tiraillé entre les divers avis de ses lieutenants, sans argent à distribuer aux soldats qui réclamaient leur paie, le comte d'Enghien ne savait à quel parti s'arrêter. Ne pas livrer bataille était dange-

---

(1) *Comm. et lettres* de B. de Monluc, t. III, livre vi, p. 90.
(2) François de Bourbon Vendôme, comte d'Enghien, frère d'Antoine de Bourbon, roi de Navarre, et du prince Louis de Condé.

reux ; la livrer l'était peut-être autant, et le souvenir de la Bicoque, perdue dans des conditions à peu près semblables, n'était pas fait pour le rassurer. Dans cette incertitude, il dépêcha Monluc à la cour pour prendre les ordres du roi. C'était bien là la mission qu'il fallait à notre Gascon. A peine parti, il eût voulu être arrivé. Toutes les passions des rodomonts de là-bas chevauchaient avec lui, et il débarqua à la cour, persuadé qu'il n'aurait qu'à paraître pour obtenir la bataille que lui et ses compagnons souhaitaient de toutes leurs forces. Il se trompait grandement : il y fit l'effet d'un homme à moitié ivre qui tombe au milieu d'une assemblée de gens graves. François Ier, vieilli avant l'âge, usé par la maladie, n'avait plus rien du fringant chevalier d'autrefois. Ses conseillers, graves et prudents, se modelaient sur le maître, et hésitaient à jouer le sort de la France sur un simple coup de dés. Il n'y avait point d'argent dans les coffres du roi, ce qui n'était pas surprenant ; les Anglais préparaient une attaque par le nord. Que deviendrait-on si la défaite des vieilles bandes du Piémont laissait le royaume à la merci de l'étranger ?

III

MONLUC AU CONSEIL DU ROI. IL Y PRONONCE UNE HARANGUE A LA GASCONNE, QUI OBTIENT UN MERVEILLEUX SUCCÈS.

Monluc enrageait, mordait son frein, piaffait sur place, attendant une réponse définitive qu'on remettait chaque jour au lendemain. Au bout de trois semaines, il n'y tint plus et s'apprêta à repartir. Il allait mettre le pied à l'étrier quand il fut averti que le roi désirait lui parler une dernière fois. Il s'y rendit aussitôt et fut introduit dans son conseil. Dieu sait quelles bouffées de vanité montèrent au cerveau du Gascon, mis en présence de François 1er, et des personnages les plus considérables du royaume. Il y avait là le dauphin, qui fut plus tard Henri II et pour lequel depuis ce jour Monluc eut toujours une dévotion particulière ; étaient présents aussi M. Galiot de Genouillac, M. de Saint-Paul et l'amiral d'Annebaut que les mauvaises langues du temps appelaient Ane-Bœuf. Le roi était soucieux ; les conseillers renfrognés ; tous, sauf le dauphin, étaient d'avance contraires à Monluc. Ils donnèrent leur avis les uns après les autres, et Monluc en fumait de rage de les écouter sans pouvoir dire son mot.

— Je trépignais de parler et voulant interrompre lorsque M. de Galiot opinait, M. de Saint-Paul me fit signe de la main et me dit : *Tout beau! Tout beau!* ce qui me fit taire et vis que le roi se prit à rire (1).

Enfin il eut licence de parler : il était temps : il étouffait. Son premier mot, après les éloges de rigueur donnés à un roi auquel la guerre avait quelquefois souri, est grand comme la Gascogne tout entière :

(1) *Comm. et lettres* de B. de Monluc, t. I, livre II, p. 214 et suiv.

— Sire, nous sommes de cinq à six mille Gascons comptés... ..... de ceux-là je vous en réponds sur mon honneur. Tous, capitaines et soldats, vous baillerons nos noms et les lieux d'où nous sommes et vous obligerons nos têtes que tous combattront le jour de la bataille, s'il vous plaît de l'accorder et nous donner congé de combattre .... Croyez, Sire, qu'au monde il n'y a pas de soldats plus résolus que ceux-là : ils ne désirent que mener les mains.

On sent que, s'il osait, il gagnerait d'avance la bataille avec les Gascons tout seuls. Mais ce fol enragé, comme l'appela M. de Saint-Paul ce jour-là, est aussi un adroit : sous l'espèce de fureur divine qui le possède pour la bataille, il garde assez de sang-froid pour rester dans le vraisemblable. Il consent à laisser aux Suisses une partie de l'honneur de la future victoire, sans compter les Gruyériens et les Italiens pour lesquels il a moins d'estime.

Pendant qu'il parlait, le visage du roi se déridait insensiblement, et le dauphin, debout derrière la chaise de son père et heureux d'une exubérance toute juvénile qui répondait à la sienne, lui faisait signe de continuer. Les conseillers se taisaient, un peu moroses, partagés aussi entre le désir de plaire au roi et de ne pas mécontenter son fils. C'était une vraie scène de comédie que Monluc a décrite avec autant de verve qu'il en avait mis à y jouer son rôle. Le tempérament passionné de sa race y ajoutait le geste aux paroles. A chaque fois qu'il prononçait le mot de bataille, il levait le bras comme pour frapper un ennemi invisible, et le dauphin, ravi, l'approuvait plus vivement encore de la tête et de la main. Jamais Monluc ne s'était trouvé à pareille fête : il assénait ses arguments comme autant de coups d'épée, et à mesure qu'il suivait sur le visage du roi les progrès faits dans son esprit, son éloquence, un peu hachée, devenait vibrante, colorée et presque agressive envers les adversaires de la bataille.

— Et puis donc, Sire, dis-je lors continuant mon propos, que je suis si heureux que de parler devant un roi soldat, qui voulez-vous que tue neuf ou dix mille hommes que l'on est assuré que tous combattront, et de mille à douze cents chevaux, tous résolus de mourir ou de vaincre. Telles gens que cela ne se défont pas ainsi : ce ne sont pas des apprentis. Nous avons souvent sans avantage attaqué l'ennemi et l'avons le plus souvent battu. Je veux dire que si nous avions tous un bras lié, il ne serait encore en la puissance du camp des ennemis de nous tuer de tout un jour et qu'ils ne perdissent la plus grande part de leurs gens et les meilleurs hommes. Pensez donc, quand nous aurons les deux bras libres et le fer en la main, si serons aisés à être vaincus Certes, Sire, j'ai appris des sages capitaines pour les avoir ouy discourir, qu'une armée composée de douze à quinze mille hommes est bastante (1) d'en affronter une de trente mille, car ce n'est pas le grand nombre qui vainc, c'est le bon cœur : un jour de bataille, la moitié ne combat pas. Nous n'en voulons pas davantage : laissez faire à nous.

— Monsieur le Dauphin s'en riait derrière la chaire du roy, continuant toujours à me faire signe de la tête : car à ma mine il semblait que je fusse déjà au combat :

— Non, non, Sire, ces gens ne sont pas pour être redéfaits. Si messieurs qui en parlent les avaient vus en besogne, ils changeraient d'avis et vous aussi. Ce ne

(1) Suffisante.

sont pas soldats pour reposer dans une garnison : ils demandent l'ennemi et veulent montrer leur valeur. Ils vous demandent permission de combattre. Si vous les refusez, vous leur ôterez le courage et serez cause que celui de votre ennemi enflera : peu à peu votre armée se défera. Et pour vous achever de dire mon opinion, Sire, à ce que j'ai entendu tout ce qui émeut messieurs de votre conseil qui ont opiné devant Votre Majesté est la crainte d'une perte. Ils ne disent autre chose, si ce n'est : *si nous perdons, si nous perdons !* Et n'ai ouï homme qui ait jamais dit quel grand bien vous adviendra si nous vous gagnons la bataille. Pour Dieu, Sire, ne craignez de nous accorder notre requête et que je ne m'en retourne pas avec cette honte qu'on die que vous avez peur de mettre le hasard d'une bataille entre nos mains qui vous offrons volontiers et de bon cœur notre vie(1).

La cause était à moitié gagnée ; le roi cependant hésitait encore : Saint-Paul, voyant qu'il inclinait à la bataille, essaya encore de le retenir. — *Sire, dit-il, voudriez-vous bien changer d'opinion pour le dire de ce fou qui ne se soucie que de combattre et n'a nulle considération du malheur que ce vous serait si perdions la bataille. C'est chose trop importante pour la remettre à la cervelle d'un jeune Gascon.*

Mais Monluc, et je pense aussi l'attitude du dauphin avaient converti tout le monde. L'amiral d'Annebaut exprima l'avis général en conseillant au roi de prier Dieu pour qu'il voulût bien lui indiquer le meilleur parti à prendre. Le comte d'Enghien s'était adressé à François Ier, et celui-ci s'adressait à Dieu. Les responsabilités ne pouvaient remonter plus haut.

(1) *Comm. et lettres* de B. de Monluc, t. I, livre II, p. 248-249.

— Alors le roy leva les yeux au ciel, et joignant les mains, jetant le bonnet sur la table, dit : « Hô ! mon Dieu ! Je te supplie qu'il te plaise me donner aujourd'hui le conseil de ce que je dois faire pour la conservation de mon royaume et que le tout soit à ton honneur et à ta gloire ». Sur quoi, monsieur l'amiral lui demanda : « Sire, quelle opinion vous prend-il à cette heure ? » Le roy, après avoir demeuré quelque peu, se tourna vers moi, disant comme en s'écriant : « Qu'ils combattent, qu'ils combattent ! » « Or donc il n'en faut plus parler, dit monsieur l'Amiral : si vous perdez, vous seul serez cause de la perte, et si vous gagnez, pareillement : et tout seul en aurez le contentement, en ayant donné seul le congé » (1).

IV

COMMENT LES COURTISANS MONTRÈRENT A MONLUC QU'ILS NE MÉRITAIENT PAS LES MÉPRIS DES RODOMONTS DU PIÉMONT.

A partir de ce moment, Monluc ne se possède plus : il nage dans l'enivrement : il est atteint de la fièvre de combat. A quarante ans passés il a le regard et l'enthousiasme d'un jeune homme : sa verve gasconne part de tous côtés en feux d'artifice. Il a le sentiment qu'il peut tout oser et qu'il est au moins ces jours-là au-dessus du ridicule.
— *En sortant, je trouvai sur la porte messieurs de Dampierre, de Saint-André, d'Assier et trois ou quatre autres qui me demandèrent si je portais le congé à M. d'Enghien pour combattre. Je leur répondis en gascon : Hares y harem aux pics et palacs*

---

(1) *Comm. et lettres* de B. de Monluc, t. I, livre II, p. 253.

Entrez, entrez promptement si en voulez manger avant que M. l'amiral se départe du roi.

Ces braves jeunes gens et bien d'autres encore, plus de cent des galants de la cour qu'à cette heure Monluc ne méprisait plus, obtinrent la permission de partir. Le vieux Galiot soupira beaucoup et secoua sa tête blanche en voyant son fils d'Assier se joindre à la bande ; mais rien ne put retenir l'écervelé, et il sauta à cheval comme les autres avec de grands éclats de rire. Il fut un de ceux qui ne revinrent pas.

Ce fut une cavalcade effrénée sur la route d'Italie. Les gens étonnés s'écartaient pour livrer passage dans un nuage de poussière à ces fous qui allaient mourir en poste. Têtes légères et braves cœurs comme la noblesse française en a tant produit, mêlant à tout, même au sombre fanatisme des guerres civiles, un éclair de bonne humeur et de gaîté. La première prise d'armes des réformés, quand Condé et ses gentilshommes s'en allaient vers Orléans, riant aux éclats et jetant leurs chapeaux au vent sans daigner les ramasser (1), ne fut guère moins joyeuse que le départ pour Cerisoles.

(1) *Hist. Univ.* par Agrippa d'Aubigné, t. II, livre III, ch. III, p. 15-16.

V

PAS D'ARGENT, PAS DE BATAILLE. ANGOISSES DU DUC D'ENGHIEN.

Arrivés là-bas, autre embarras. Le duc d'Enghien n'avait pas d'argent pour faire la solde, et l'armée menaçait de se débander. Quel crèvecœur pour Monluc et pour les autres ! Les gentilshommes venus de si loin durent encore payer pour se battre. En attendant la venue très problématique de l'argent du roi, d'Enghien leur emprunta les sommes nécessaires pour fermer la bouche aux mercenaires étrangers qui étaient les plus pressés. Quant aux autres, on les paya en bonnes paroles :

— On remontra aux capitaines et soldats que le paiement se ferait mal à propos à la tête de l'ennemi et qu'il fallait attendre. Ce fut une ruse pour amuser ceux qui demandaient de l'argent (1).

Et puis ensuite... Ensuite, quand tout fut conclu, arrangé ou replâtré, le duc d'Enghien ne voulut plus donner bataille. Le souvenir de la Bicoque et de Pavie le hantait : autour de lui les prudents ou les trembleurs ne manquaient pas pour exagérer la supériorité de l'armée espagnole. Il fallait voir la rage de Monluc ; il ne décolérait pas : cette bataille était son ouvrage : on n'avait pas le droit de la lui enlever. Il avait dit à Paris avant de partir :

(1) *Comm. et lettres* de B. de Monluc, t. I, livre II, p. 264.

La bataille de Cerisoles
(*Reproduction du Musée de Versailles.*)

— Les premières nouvelles que vous entendrez seront que nous les aurons tous fricassés et en mangerons si nous voulons.

Paroles dignes d'un rodomont du Piémont, mais qui risquaient fort de n'être qu'une pure et simple *galéjade*. Dans sa fureur, Monluc prêtait ses passions aux soldats qui n'étaient peut-être pas aussi pressés que lui :

— Tout le camp grinçait des dents de ce qu'on ne marchait.

VI

BATAILLE DE CERISOLES. JOIE ET DÉCONVENUE DE MONLUC.

La bataille fut enfin livrée, et pensez si Monluc s'en donna à cœur-joie ! A la tête de sept à huit cents arquebusiers, tirés des gens de pied et qui combattirent en enfants perdus, il fut un de ceux qui décidèrent du gain de la journée : il s'y prodigua en homme qui a un arriéré de rancunes et de rancœurs à solder :

— J'étais las, dit-il, de frapper et courir et encore de crier que je n'en pouvais plus.

Le duc d'Enghien reconnaissant le fit chevalier sur le champ de bataille, lui promit de l'envoyer à Paris porter la nouvelle de la victoire — et le lendemain en expédia un autre. Ce sont là jeux de prince. Le coup fut si cruel pour Monluc qu'il ne put soutenir l'idée de rester plus longtemps au Piémont. Il quitta l'armée et alla cuver sa mortification en Gascogne. Mais comme il l'a dit lui-même en parlant des gens colères :

— J'ai toujours connu qu'il valait mieux se servir de ces gens-là que d'autres : car il n'y a point d'arrière-boutique en eux (1).

VII

MONLUC A LA CAMPAGNE ET EN CAMPAGNE.

La solitude de la campagne lui rafraîchit bien vite le sang. Au sortir de tant d'émotions poignantes, il ne pouvait que bâiller formidablement aux entretiens et compliments des hobereaux du pays qui venaient lui rendre visite. Il adorait sa chère Gascogne et y périssait d'ennui au bout de vingt-quatre heures.

Il en repartit presque aussitôt — cette fois avec le titre de mestre de camp — assista au siège malheureux de Boulogne (1545), leva une soixantaine d'enseignes, qu'il amena lui-même au Havre de Grâce pour le voyage d'Angleterre, descendit dans l'île de Wight où tout fut brûlé et dégâté ; pour son particulier, comme il l'avoue lui-même, il ne fit rien qui fût digne d'être écrit. L'Italie lui avait mieux réussi, et il lui fallut retourner sur ce théâtre de ses premières armes pour y accomplir son exploit le plus retentissant, celui qui lui a valu avec ses Commentaires une place dans l'histoire, la *Défense de Sienne*.

(1) *Commu et lettres* de B. de Monluc, t. I, livre III, p. 441.

CHAPITRE IV

ILLUSTRE DÉFENSE DE SIENNE

I. Premières atteintes de l'âge et des infirmités.
II. Comment Monluc soignait ses maladies quand il recevait l'ordre de partir.
III. Du conseil où fut décidée la nomination de Monluc. M. de Montmorency, le grand rabroueur, est rabroué à son tour.
IV. Monluc en Italie. Quelques détails sur son ami et compagnon d'armes le rodomont Charry.
V. Où l'on voit que les Gascons de ce temps-là avaient l'âme chevillée au corps.
VI. Embarras et périls de la situation.
VII. Comment Monluc s'en tira. Un exemple bon à suivre pour les futurs défenseurs de places assiégées.
VIII. Discours de Monluc aux principaux de la ville de Sienne.
IX. Comment le capitaine Saint-Auban faillit faire prendre Sienne, et de quelle façon Monluc traitait ses officiers.
X. Un élève digne du maître : les exploits du capitaine Charry.
XI. Courtoisie du marquis de Marignan.
XII. Souffrances des Siennois : Quelques-uns parlent de capituler.
XIII. Un tour de Gascon. Quelques renseignements précieux sur l'histoire du costume en 1554.
XIV. Succès obtenu par la bouffonnerie de Monluc.
XV. Héroïque conduite des dames de Sienne.
XVI. Caractère à la fois frivole et atroce de la guerre entre Sienne et Florence.
XVII. Sienne à toute extrémité. Expulsion des bouches inutiles.
XVIII. Capitulation de la ville. Monluc refuse de la signer.
XIX. Monluc à Rome et en France. Henri II lui donne audience dans son lit et l'embrasse.
XX. Monluc colonel général de l'infanterie. Pourquoi il refusa ce périlleux honneur et ce qu'il lui en coûta d'avoir accepté.

I

PREMIÈRES ATTEINTES DE L'AGE ET DES INFIRMITÉS.

Né avec le siècle ou peu s'en faut, Monluc n'était plus jeune quand il fut appelé à Sienne en 1554 contre les Impériaux. Son corps, traîné depuis trente-cinq ans par les chemins à tous les coups et à tous les temps, commençait à demander grâce. Ce n'est pas impunément qu'on soumet une machine humaine, fût-ce celle d'un Gascon sans argent, à de pareilles épreuves. Tanné par les intempéries, couturé de cicatrices, percé à jour par les arquebusades, Monluc commençait à cette époque à prendre la tête et les allures d'un glorieux débris. S'il ne portait pas, comme tant de stropiats, un bandeau noir sur l'œil, il boitait assez bas depuis qu'il s'était démis la hanche gauche en voulant empêcher le sac de Quiers par des larrons (1).

II

COMMENT MONLUC SOIGNAIT SES MALADIES QUAND IL RECEVAIT L'ORDRE DE PARTIR.

La volonté restait entière ; entier aussi le désir de paraître, de s'élever toujours plus haut, de bien faire sans doute, mais surtout de mieux faire que les autres. Les vrais acteurs meurent

---

(1) *Comm. et lettres* de B. de Monluc, t. I, livre II, p. 341.

Le connétable de Montmorency.
(*Reproduction du Musée de Versailles.*)

sur la scène plutôt que de laisser leur rôle à une doublure. Il était malade d'une fièvre compliquée de dysenterie quand un courrier du roi arriva en Gascogne, lui apportant sa nomination et lui intimant l'ordre de s'embarquer au plus vite. Il dit comme le maréchal de Saxe avant Fontenoy : « *Il ne s'agit pas de vivre, mais de partir* ». Ses médecins résistaient comme si le métier de ces bélîtres eût été de raisonner et non de guérir. Il leur jeta ses draps au nez, en six jours prit sept médecines à tuer toute son écurie, se fit arracher deux énormes dents qui lui avaient enflé la tête, et partit.

III

DU CONSEIL OU FUT DÉCIDÉE LA NOMINATION DE MONLUC. M. DE MONTMORENCY LE GRAND RABROUEUR EST RABROUÉ A SON TOUR.

L'événement lui donna raison. Il y a des cas où la prudence et le souci de soi-même sont la plus insigne des maladresses. Sa nomination ne s'était pas faite toute seule : elle avait donné lieu dans le conseil du roi à de curieux débats dont il nous a conservé le détail. M. de Strozzi, qui tenait la campagne autour de Sienne contre le marquis de Marignan, général de l'empereur, avait demandé à Henri II un gouverneur pour la ville :

— Alors le roi ayant reçu cette dépêche appela M. le Connétable, M. de Guise et M. le maréchal Saint-André pour en nommer chacun un. Par les mains de ces trois tout passait : tous les rois ont eu toujours cela : ils se laissent gouverner à quelques-uns, peut-être trop : certes il semble parfois qu'ils les craignent (1).

La remarque est fine et ce n'est pas la seule de ce genre que l'on trouve dans Monluc. Aucun des futurs triumvirs ne pensa d'abord à notre vieux routier. Ce fut Henri II qui le proposa, qui tint bon et qui finit par l'emporter. Au moins dans ce cas il ne se laissa pas gouverner par ses favoris. Il n'y eut pas d'opposition de la part de Guise et de Saint-André qui rendaient justice au candidat du roi ; Montmorency seul fit une belle résistance. Ce grand rabroueur, qui traitait tous ses inférieurs comme des valets, ne pouvait pas souffrir la mauvaise humeur chez les autres. Il déshabilla Monluc de main de maître en plein conseil et prouva clair comme le jour qu'avec son caractère bizarre, colère, prompt à l'emportement et à la menace, Monluc ne ferait que de la mauvaise besogne. Le procédé était peu aimable pour un homme qui lui avait écrit quelques mois auparavant, en le remerciant d'avoir fait donner le gouvernement d'Albe à son frère, le sieur de Lioux :

— Les biens et honneurs que nous aurons à jamais n'espérons qui viennent par autre moyen que le vôtre : aussi avons-nous à tout jamais voué notre fortune sous la vôtre et des vôtres (2).

Monluc, qui n'aimait pas les courtisans, savait

---

(1) *Comm. et lettres* de B. de Monluc, t. I, livre. II, p. 435.
(2) Ibid., lettre du 23 mars 1553, t. IV, p. 9 et 10.

employer leurs procédés au besoin. En cette occasion, les termes plus que respectueux de sa lettre ne lui furent guère profitables. Après la philippique du connétable, Henri II, qui n'était pas habitué à lui résister, maintint cependant son choix. Il s'était toujours souvenu de la scène du conseil avant Cerisoles, et il avait déjà donné à Monluc une preuve de son affection, en le nommant gentilhomme de la chambre, charge alors en grand honneur, et qu'il fallait posséder pour devenir capitaine de gendarmes et lieutenant du roi. Dans toute cette affaire il se montra à son avantage ; il résista même à une lettre de M. de Brissac, gouverneur du Piémont, qui, pour garder Monluc à son service, disait pis que pendre de lui, et le duc de Guise aidant, notre Gascon fut désigné. Il n'oublia jamais, bien qu'il prétendît n'avoir pas d'arrière-boutique, ce qu'il devait à Henri II, à M. de Guise et aussi à M. le Connétable. Dans ses Commentaires il couvre de fleurs le premier, il rend justice au second ; et quant au troisième, sans méconnaître ses qualités, il en tire une vengeance posthume :

— *Il savait en son temps, dit-il, enseigner et montrer aux capitaines ce qu'ils devaient faire, et néanmoins le malheur porta qu'il ne sut prendre pour lui ce qu'il avait coutume de départir aux autres* (1).

(1) *Comm. et lettres* de B. de Monluc, t. I, livre III, p. 470.

IV

MONLUC EN ITALIE. QUELQUES DÉTAILS SUR SON AMI ET COMPAGNON D'ARMES LE RODOMONT CHARRY.

Débarqué près de Scarlino (Toscane), où M. de Strozzi avait son camp, Monluc arriva à Sienne le 28 ou le 29 juillet 1554. Il amenait avec lui une trentaine de bons soldats, presque tous gentilshommes et parmi eux son *alter ego*, Charry, qui mérite une mention spéciale. Ce Charry, tout dévoué à Monluc et l'un des meilleurs Rodomonts du Piémont, eut l'honneur de commander le premier, avec le titre de mestre de camp, le régiment des Gardes françaises, créé par Charles IX en 1563. Après tant de campagnes en Italie et ailleurs, ce brave à trois poils, qui était digne, on le verra, de la confiance de Monluc, fut assassiné sur le pont Saint-Michel, sur l'ordre, dit-on, de d'Andelot, colonel général de l'infanterie, dont il avait refusé de reconnaître l'autorité.

V.

OU L'ON VOIT QUE LES GASCONS DE CE TEMPS-LA AVAIENT L'AME CHEVILLÉE AU CORPS.

Monluc eut à peine le temps de recevoir les compliments de la seigneurie de Sienne, et de donner quelques conseils à M. de Strozzi qui ne les écouta pas. Le mal contre lequel il s'était raidi pour partir reprit le dessus : il se mit au lit où, pour mieux dire, il y tomba ; les Siennois éplorés purent croire que leur nouveau gouverneur n'était venu chez eux que pour se faire enterrer à leurs frais plus pompeusement qu'en France et avec tous les honneurs dus à un lieutenant de roi. Ils ne connaissaient pas leur homme. Monluc, à demi agonisant, eut encore assez de sang-froid et de lucidité pour s'occuper des intérêts de la ville. Quand il apprit que M. de Strozzi était décidé, contre son avis, à décamper de jour devant le marquis de Marignan dont l'artillerie était bien supérieure, il manda la Seigneurie de Sienne au Palais, et lui apprit ce qui allait se passer et que désormais le siège était inévitable. A cinq heures du soir il se trouva qu'il avait raison. Le capitaine Combas, couvert de sang et de poussière, vint annoncer la défaite (bataille de Marciano, 12 août 1554). Strozzi, battu et blessé, arriva à son tour. Il ne se souciait pas d'être bloqué dans Sienne, où le duc de Florence eût tout fait pour avoir sa tête ; et Monluc, si malade qu'il fût, trépignait dans son lit à l'idée de n'être que le second de Strozzi. Tout s'arrangea. L'Italien s'esquiva de nuit, et Monluc resta seul pour diriger la défense.

VI

EMBARRAS ET PÉRILS DE LA SITUATION.

Il avait enfin la première place qu'il avait si souvent rêvée, mais dans quelles conditions !

Devant lui un ennemi actif, intelligent, énergique, ayant de l'artillerie et sachant s'en servir, poussé d'ailleurs en avant par les haines combinées contre Sienne de l'empereur et de Florence. Avec lui des soldats de quatre pays, de quatre langues et de quatre caractères différents, Allemands, Grisons, Italiens et Français, la plupart mercenaires sans patrie et sans foi, déjà démoralisés par la précédente défaite et peu disposés, en tout cas, à se serrer le ventre pour des gens qui les intéressaient autant que le Grand Turc. Derrière lui une cité sans doute fidèle au roi de France à qui elle s'était donnée deux ans auparavant, mais peuplée de cerveaux légers, mobiles, imprégnés d'une essence inflammable, capables de toutes les confiances et de tous les soupçons, capables de tous les dévouements et de toutes les trahisons. Il fallait avoir l'œil au guet nuit et jour, repousser les surprises du dehors, prévenir les complots du dedans, plaire à tous et se garder de tous. En accommodant son humeur qui n'avait guère le souci des nuances à des exigences aussi délicates, Monluc fit un véritable miracle et il a amplement mérité les éloges qu'il se décerne avec une libéralité toute méridionale dans ses Commentaires.

VII

COMMENT MONLUC S'EN TIRA. UN EXEMPLE BON A SUIVRE
POUR LES FUTURS DÉFENSEURS DE PLACES ASSIÉGÉES.

La défense militaire de Sienne est classique : elle mérite de l'être par la netteté de son but et la simplicité de ses moyens. Monluc, grâce à Dieu, n'était qu'un soldat, et il savait très clairement quel était dans un siège son devoir de soldat : attendre les renforts qu'on lui avait promis, faire le plus de mal possible à l'ennemi et tenir jusqu'à la dernière bouchée de pain. Les renforts, il n'y croyait pas beaucoup ; mais il agit comme s'il y eût cru, et c'était là le point important. Strozzi avait à peine tourné les talons qu'il décida de rationner la ville. Il fit d'abord part de ses intentions aux soldats qui ne protestèrent pas, bien que vingt onces de pain fussent peu de chose au moins pour de gros mangeurs comme les Allemands ; ensuite il pria la Seigneurie de réunir les principaux de la ville, et voici comme il leur parla :

VIII

DISCOURS DE MONLUC AUX PRINCIPAUX DE LA VILLE DE SIENNE.

— Seigneurs, si plutôt Dieu m'eût rendu un peu de santé et de mémoire, plutôt eussé-je pensé à ce qu'il nous faut faire à la conservation de votre liberté et cité ; vous avez tous vu comme la maladie m'a conduit jusque au dernier soupir, et à la fin Dieu, plutôt par miracle que par œuvre de la nature, m'a ressuscité pour faire encore service à cette république en telle et si grande extrémité. Or, seigneurs, je vois bien que la conservation de la cité et de votre liberté ne consiste sinon à prolonger les vivres, car, si par les armes le marquis se veut efforcer de nous avoir, j'espère que nous le rendrons si mal content qu'il maudira l'heure d'être venu assiéger cette cité. Je vois qu'il n'est pas résolu d'en manger : au contraire, il veut à faute de manger nous forcer : à quoi il faut obvier, s'il est possible. Hier j'assemblai le colonel des Allemands et ses capitaines, le seigneur Cornelis que voilà avec les siens ; Combas pareillement avec les capitaines français, et aux tous je remontrai que pour prolonger le temps et donner le temps au roi très chrétien de nous secourir, il fallait amoindrir le pain de nos soldats qui était de vingt-quatre onces et le faire revenir à vingt ; et que, comme tout le monde entendra, mêmement le roi, que nous sommes délibérés de tenir jusqu'au dernier morceau ; Sa Majesté plus tôt mettra la main à lever notre secours pour ne perdre tant de gens de bien et n'abandonner au besoin ceux qu'il a pris sous sa protection. Car selon que j'ai entendu vous aviez fait, moi étant à l'extrémité, la discrétion des vivres et n'aviez trouvé à manger que jusque au quinzième de novembre, et que du tout en aviez donné avis à Sa Majesté : cela pourrait bien lui avoir donné occasion de se reffrédier (refroidir) à nous envoyer le secours, vu le long chemin qu'il y a et aussi que nous nous approchons de l'hiver. Les armées ne volent point et ne vont point en poste : son secours sera et digne d'un grand prince et répondant à l'amitié qu'il vous porte et bastant pour forcer vos ennemis : voilà pourquoi c'est chose qui ne peut être si tôt prête. Or, seigneurs, après avoir fait la remontrance aux capitaines, je les trouvai tous de bonne volonté à pâtir jusques au dernier soupir de leurs vies, et nation par nation s'en allèrent faire la remontrance aux soldats, lesquels ils trouvèrent tous de bonne volonté de prendre patience, et ainsi l'ont promis et juré. Or, seigneurs, regardez ce que vous autres devez faire, qui vous y va de la perte de votre liberté, de vos Scigneuries et par aventure de la vie : car il ne vous faut espérer aucun bon traitement, vu que vous vous êtes mis sous la protection du roi. Je vous prie donc, puisque nous autres à qui n'y va de rien envers de ce qu'il y va à vous autres, qui n'avons ici ni femmes ni foyers, vous montrons le chemin, vous veuilliez régler votre dépense et ordonner commissaires pour faire la discrétion de tous les blés que vous avez dans la cité, la discrétion des bouches ; et ce fait, commencer à amoindrir votre pain jusques à quinze onces : car il n'est possible que vous n'ayez quelque peu plus de commodité en vos maisons que n'ont les soldats. Et de tout ce bon ordre, j'en avertirai les ministres du roi qui sont à Rome, et de là ferai passer outre le gentilhomme que j'y enverrai à la cour en donner avis à Sa Majesté, afin qu'il juge le temps qu'il pourra avoir pour notre secours. Du surplus reposez-vous-en sur moi qui ne veux avoir plus de privilège que le moindre citadin : ce jeûne que nous ferons sera non seulement pour nos péchés, mais aussi pour rédimer vos vies, pour la conservation desquelles je dépendrai volontiers la mienne. « Credete, signori, que fin a la morte io vi gardaro quello che voi promesso : riposate voi supra di me (1)—. »

IX

COMMENT LE CAPITAINE SAINT-AUBAN FAILLIT FAIRE PRENDRE SIENNE ET DE QUELLE FAÇON MONLUC TRAITAIT SES OFFICIERS.

Monluc entraîna tout le monde. Les Siennois décidèrent qu'ils attendraient les secours promis par Henri II, et qu'en attendant ils mangeraient, s'il le fallait, leurs femmes et leurs enfants. Ces

---

(1) *Comm. et lettres* de B. de Monluc, t. II, livre III, p. 11-13. — « Croyez, Seigneurs, que jusqu'à la mort je vous garderai ce que je vous ai promis. reposez-vous sur moi. »

derniers ne furent pas consultés. On était au mois d'octobre : dès le début de novembre, les greniers de l'armée étaient vides et ne se remplissaient que par les réquisitions faites dans la ville. Chaque jour l'investissement devenait plus étroit : bien que le marquis de Marignan eût résolu au pis-aller de prendre Sienne par la famine, il n'eût pas été fâché de brusquer le dénoûment. Une imprudence ou une défaillance du capitaine français Saint-Auban faillit lui en fournir les moyens. Le fort de Comolia qui commandait la ville fut surpris par les Impériaux : il fallait le reprendre ou périr. On voit d'ici la rage de Monluc : il écume encore en le racontant vingt ans après :

— Tout à coup... j'aperçus Saint-Auban auquel je mis l'épée à la gorge, et lui dis : « O malheureux ! tu es cause de nous faire perdre la ville, si ne le verras-tu jamais, car je te tuerai toût astheure (à cette heure) ou tu sauteras dedans. Alors tout épouvanté me dit : « Oui, monsieur, j'y sauterai » (1).

X

UN ÉLÈVE DIGNE DU MAITRE : LES EXPLOITS DU CAPITAINE CHARRY.

Le terrible homme ! et qu'il était difficile de résister à ses arguments ! Tous ses capitaines n'étaient pas d'ailleurs des Saint-Auban ; et Monluc dans la même affaire met en regard la conduite

(1) *Comm. et lettres* de B. de Monluc, t. II, livre III, p. 23.

de Charry — l'un des rares êtres qu'il ait aimés avec ses enfants et son cheval turc.

— Le capitaine Charry arriva à nous, encore qu'il n'y eût que huit jours qu'il avait eu une arquebusade par la tête, lequel nous tenions pour mort, toutefois je le vis l'épée et la rondelle en la main, un morion sur son couvre-chef qui lui couvrait sa plaie. Le bon cœur se montre toujours là où il est : encore extrêmement blessé voulait-il avoir part au combat. J'étais au pied de l'échelle et avais dit au sieur Cornelio et au comte de Gayasse de sortir hors le fort, donner courage à ceux qui défendaient les flancs, et que l'un prît un côté et l'autre un autre : ce qu'ils firent et y trouvèrent encore prou d'affaires. Je pris par la main le capitaine Charry et lui dis : « Capitaine Charry, je vous ai nourri pour mourir faisant un grand service au Roi : il faut que vous montiez le premier ». Lui, plein de bonne volonté et sans marchander, commença à monter par l'échelle, laquelle ne pouvait être de plus de dix ou douze degrés : et fallait entrer par une fausse-trappe comme j'ai déjà dit. J'avais de bons arquebusiers et toujours les faisais tirer à ce trou de la fausse trappe ; et fis mettre sur l'échelle deux desdits arquebusiers qui montaient après lui. J'avais les deux torches avec moi, car les autres deux, le sieur Cornelio et le comte les m'en avaient emportées, et voyaient si clair que nos arquebusiers n'offensaient pas le capitaine Charry, qui montait degré à degré, donnant toujours loisir à nos arquebusiers de tirer, et comme il fut à se montrer sur le haut, ils tirèrent deux arquebusades qui lui percèrent la rondelle et le morion sans l'offenser à la tête. L'arquebusier qui était après lui tira par-dessus la rondelle : qui fut cause que le capitaine Charry s'avança de monter, et les voilà tous trois dedans l'un après l'autre. Ils y tuèrent trois des ennemis et le reste sauta par le trou. Ceux des flancs furent aussi repoussés, et ainsi notre fort fut reconquêté de tous côtés (1).

(1) *Comm. et lettres* de B. de Monluc, t. II, livre III, p. 25-26.

XI

COURTOISIE DU MARQUIS DE MARIGNAN.

Marignan savait exactement ce qui se passait dans la ville et n'ignorait pas la famine qui y sévissait. Par une attention courtoise qui n'a rien d'extraordinaire à l'époque — peut-être aussi, en Italien qui connaît ses compatriotes, pour exciter la défiance des Siennois à l'égard de leur gouverneur étranger, — il voulut que Monluc passât, comme il convenait à son rang, les fêtes de Noël.

— La veille de Noël, environ quatre heures après midi, le marquis de Marignan m'envoya par un sien trompette la moitié d'un cerf, six chapons, six perdrix, six flacons de vin Trebian et six pains blancs pour faire lendemain la fête : ce que je ne trouvai pas étrange, de tant qu'à l'extrémité de ma grande maladie, il permit que mes médecins envoyassent vers les siens au camp pour recouvrer de Florence certaines drogues, et ses médecins mêmes y envoyaient et lui-même n'envoya par trois ou quatre fois des ortolans. Me laissa aussi entrer un mulet chargé de petits flacons de vin grec que M. le Cardinal d'Armagnac m'envoya... Toutes ces courtoisies sont très honnêtes, et louables même aux plus grands ennemis s'il n'y a rien de particulier, comme il n'y avait entre nous. Il servait son maître et moi le mien (1).

XII

SOUFFRANCES DES SIENNOIS. QUELQUES-UNS PARLENT DE CAPITULER.

En janvier la situation devint plus mauvaise. Marignan tira de Florence vingt-six ou vingt-huit

---

(1) *Comm. et lettres* de B. de Monluc, t. II, livre III, p. 15-16.

grands canons ou couleuvrines. De vivres, hors le pain, il n'en fallait plus parler : les plus riches seuls pouvaient encore acheter à prix d'or un cheval ou un âne étique qu'on mettait en vente à la boucherie. C'était l'instant ou jamais de capituler avant que les provisions ne fussent tout à fait épuisées. Quelques Siennois du moins le pensèrent :

— Ils se résolurent d'assembler toute la noblesse et citoyens au Palais pour résoudre entre eux s'ils devaient endurer l'assaut ou composer avec le marquis. Or là il ne me fallait pas faire le mauvais, car ils étaient plus forts que moi : il fallait toujours gagner ces gens-là avec grandes remontrances et persuasions douces et honnêtes, sans y parler de se courroucer (1).

XIII

UN TOUR DE GASCON. QUELQUES RENSEIGNEMENTS PRÉCIEUX POUR L'HISTOIRE DU COSTUME EN 1555.

Bien en prit à Monluc d'être Gascon, c'est-à-dire souple, insinuant, beau parleur et un peu bouffon : il joua aux Siennois une comédie de son invention dont le souvenir le fait encore pouffer de rire.

— Or j'étais encore si très exténué de ma maladie et le froid étant grand et âpre, j'étais contraint d'aller si enveloppé le corps et la tête de fourrures que quand on me voyait aller par la ville, nul ne pouvait avoir espérance de ma santé, ayant opinion que j'étais gâté dans

(1) *Comm. et lettres* de B. de Monluc, t. II, livre III, p. 32.

le cœur et que je me mourais à vue d'œil. « Que ferons-nous, disaient les dames et les peureux, car en une ville il y en a d'uns et d'autres, que ferons-nous si notre gouverneur meurt? Nous sommes perdus : toute fiance, après Dieu, est en lui : il n'est possible qu'il en échappe. » Je crois fermement que les bonnes prières de ces honnêtes femmes me tirèrent de l'extrémité et langueur où j'étais, j'entends du corps, car quant à l'esprit et à l'entendement je ne le sentis jamais affaiblir. Ayant donc accoutumé auparavant d'être ainsi embéguiné et voyant le regret que le peuple avait de me voir ainsi malade, je me fis bailler des chausses de velours cramoisi que j'avais apportées d'Albe, couvertes de passement d'or et fort découpées et bien faites... je pris un pourpoint tout de même, une chemise ouvrée de soie cramoisie et de filet d'or bien riche : en ce temps-là on portait les collets des chemises un peu avalés. Puis pris un collet de buffle et me fis mettre le hausse-col de mes armes qui étaient bien dorées... et avais encore un chapeau de soie grise, faite à l'allemande avec un grand cordon d'argent et des plumes d'aigrette bien argentées. Par lors les chapeaux ne couvraient pas grand comme font à cette heure. Puis me vêtis un casaquin de velours gris, tout couvert de petites tresses d'argent à deux petits doigts l'une de l'autre et doublé de tocquadille d'argent, tout découpé entre les tresses, lequel j'apportais en Piémont sur les armes. Or avais-je encore deux petits flacons de vin grec, de ceux que le cardinal d'Armagnac m'avait envoyés, et m'en frottai un peu les mains, puis m'en lavai fort le visage, jusqu'à ce qu'il eût pris un peu de couleur rouge et en bus avec un petit morceau de pain trois doigts, puis me regardai au miroir. Je vous jure que je ne me connaissais pas moi-même... Je ne pus me contenir de rire, me semblant que tout à coup Dieu m'avait donné tout un autre visage (1 .

(1) *Comm et lettres* de B. de Monluc t. II, livre III, p. 35-37.

XIV

SUCCÈS OBTENU PAR LA BOUFFONNERIE DE MONLUC.

Ainsi déguisé, il obtint un succès énorme. Le colonel des Allemands pensa en étouffer de rire : comme tous ses compatriotes, il aimait les farces un peu fortes. Les autres rirent à l'italienne, à ventre moins déboutonné que les Teutons. Mais Monluc plus encore par ses paroles que par son accoutrement obtint ce qu'il désirait : il rendit la confiance à ce peuple exténué de misère qui tendait vers le roi de France des mains suppliantes et il le décida à combattre jusqu'au dernier soupir. Alors vint l'heure des sacrifices cruels : les Allemands, qui depuis trois mois n'avaient pas senti l'odeur du vin, n'y tinrent plus et quittèrent la ville le 29 janvier 1555. « *Ces gens qui aiment trop leur ventre* » ne furent regrettés de personne, mais leur départ diminua les forces disponibles pour la défense. Les habitants durent ensuite détruire de leurs propres mains une partie de leurs maisons pour terrasser une porte que menaçait l'artillerie ennemie : ils s'y portèrent avec empressement et consommèrent eux-mêmes de gaîté de cœur leur ruine. On vit les femmes de la ville, plus exaltées encore que les hommes par la fièvre de la résistance, prendre part aux travaux avec leurs maris et leurs enfants. Leur conduite arrache au vieux routier un cri d'admiration qui a traversé les siècles :

XV

HÉROÏQUE CONDUITE DES DAMES DE SIENNE.

— Tous ces pauvres habitants, sans montrer nul déplaisir ni regret de la ruine de leurs maisons, mirent les premiers la main à l'œuvre : chacun accourut à la besogne. Je veux dire qu'il ne fut jamais qu'il ne s'y trouvât plus de quatre mille personnes au travail et me fut montré par des gentilshommes siennois plus de quarante gentilles femmes des plus grandes de la ville qui portaient le panier sur la tête plein de terre. Il ne sera jamais, dames siennoises, que je n'immortalise votre nom, tant que le livre de Monluc vivra, car à la vérité vous êtes dignes d'immortelle louange, si jamais femmes le furent. Au commencement de la belle résolution que ce peuple fit de défendre sa liberté, toutes les dames de la ville de Sienne se départirent en trois bandes : la première était conduite par la signora Forteguerra qui était vêtue de violet, et toutes celles qui la suivaient aussi, ayant son accoutrement en façon d'une nymphe, court et montrant le brodequin ; la seconde était la signora Piccolomini, vêtue de satin incarnadin et sa troupe de même livrée ; la troisième était la signora Livia Fausta, vêtue toute de blanc, comme aussi était sa suite avec son enseigne blanche. Dans leurs enseignes elles avaient de belles devises : je voudrais avoir donné beaucoup et m'en ressouvenir. Ces trois escadrons étaient composés de trois mille dames, gentilles femmes ou bourgeoises : leurs armes étaient des pics, des pelles, des hottes et des fascines, et en cet équipage firent leur montre et allèrent commencer les fortifications... Elles avaient fait un chant à l'honneur de la France lorsqu'elles allèrent à leur fortification : je voudrais avoir donné le meilleur cheval que j'ai et l'avoir pour le mettre ici (1).

(1) *Comm et lettres* de B. de Monluc, t. II, livre III, p. 55-56.

XVI

CARACTÈRE A LA FOIS FRIVOLE ET ATROCE DE LA GUERRE ENTRE SIENNE ET FLORENCE.

Et moi aussi, si j'avais un cheval turc aussi précieux que le sien, je le donnerais volontiers pour revoir le spectacle étrange qu'il nous décrit et Brantôme après lui. S'agit-il ici d'un ballet qu'on pourrait appeler *le Siège Galant* et où les dames, vêtues comme il convient, dansent le pas des Fortifications ? Est-ce là le début d'une révolte qui ruina Sienne et transforma le pays en désert ? Quel bizarre mélange de l'horrible avec le frivole et le précieux ! Pendant que les Siennoises évoluaient comme sur une scène d'opéra, à quelques pas d'elles des massacres effrayants étaient commis : aux cris de mort contre l'étranger les Impériaux répondaient par une extermination générale. Une haine atroce, inexpiable, lançait les deux races l'une contre l'autre. Les chroniques siennoises (1), entre autres horreurs commises cette année-là, rapportent l'histoire d'une vieille femme de plus de soixante ans qui fut prise par les Allemands. On voulut lui faire crier : « *Duc ! Duc !* » comme pour lui extorquer un acte d'obéissance à l'égard du duc de Florence. Elle, farouche, inébranlable, répondait par le mot de « *Louve ! Louve !* » qui rappelait l'emblème

---

(1) V. Les *Chroniques Siennoises*, traduites de l'italien par le duc de Dino, 1846. Il s'y trouve un plan de Sienne au XVIᵉ siècle.

de Sienne, la Louve de Romulus et de Remus (1). Quand les Allemands virent qu'ils ne pouvaient rien tirer d'une fermeté aussi sûre d'elle-même, ils prirent leur prisonnière, la dépouillèrent en entier de ses vêtements et la clouèrent en croix à la porte d'un château. Dans son agonie, elle leur crachait encore à la face : Louve ! louve ! louve ! et leur fureur fut telle qu'ils la firent enfin taire en lui plantant un piquet de bois entre les dents. Voilà qui ne va guère avec les processions et les chants et la livrée de satin incarnadin de la signora Piccolomini.

XVII

SIENNE A TOUTE EXTRÉMITÉ. EXPULSION DES BOUCHES INUTILES.

Vers la fin de janvier 1555, Sienne, déjà si éprouvée, se remplit de larmes et de gémissements. Les vivres étaient devenus si rares que Monluc se résolut à expulser les bouches inutiles. Ici le dur aventurier de guerre, dont les yeux ont déjà vu sans les plaindre tant de souffrances, ne peut contenir son émotion.

— Je vous dis que le rôle des bouches inutiles se monta à quatre mille et quatre cents ou plus : que de toutes les pitiés et désolations que j'ai vues, je n'en vis jamais une semblable ni n'espère en voir jamais..... Ce sont des lois de la guerre : il faut être cruel bien sou-

---

(1) *Chroniques Siennoises*, p. 259 et suiv. Récit des principaux faits de la guerre de Sienne par Girolamo Roffia, 1554.

vent pour venir à bout de son ennemi. Dieu doit être bien miséricordieux en notre endroit qui faisons tant de maux (1).

Les pauvres gens chassés de la ville périrent pour la plupart entre les fortifications et le camp des ennemis. Février se passa encore. Sienne n'en était pas venue à de pareilles extrémités sans avoir résolu d'aller jusqu'au fond de son désespoir. Les secours toujours attendus — avec quelle angoisse fiévreuse, on le devine — n'arrivaient pas. En vain de Rome on pressait le roi d'intervenir. Brissac, du fond du Piémont, demandait à marcher sur Sienne. La ville était irrévocablement sacrifiée par ceux-là mêmes qui étaient en partie cause de ses malheurs.

— Et commençâmes à entrer au mois de mars, nous ayant tout failli, car de vin il n'y en avait une seule goutte : dès la demi-février avions mangé tous les chevaux, ânes, mulets, chats et rats qui étaient dans la ville. Les chats se vendaient trois et quatre écus, et le rat un écu, et en toute la cité n'était demeuré que quatre vieilles juments, que rien plus qui faisaient tourner les moulins (2).

XVIII

CAPITULATION DE SIENNE. MONLUC REFUSE DE LA SIGNER.

C'en était fait : la ville était condamnée. Habitants et soldats ne touchaient plus que neuf onces de pain par jour. A chaque instant on en voyait

(1) *Comm. et lettres* de B. de Monluc, t. II, livre III, p. 73-74.
(2) Ibid., t. II, ivre III, p. 89.

par les rues battre l'air de leurs mains et tomber morts sur le seuil des portes.

— En cet état nous traînâmes jusqu'au 8⁰ d'avril 1555. Alors la Seigneurie me pria ne trouver mauvais s'ils commençaient à penser à leur sauvation, et voyant que n'y avait plus remède si ce n'est de nous manger nous-mêmes, je ne leur pus nier, chargeant de malédictions ceux qui engagent les gens de bien et puis les laissent là. Je n'entendais pas parler du roi, mon bon maître : il m'aimait trop, mais bien de ceux qui le conseillent mal à son désavantage. J'ai toujours vu plus de mauvais conseils que de bons près les rois (1).

Monluc laissa les Siennois s'entendre à leur guise avec Marignan ; quant à lui, il déclara fièrement que jamais son nom ne se trouverait au bas d'une capitulation. Il était vaincu, mais son orgueil blessé refusait de l'avouer par acte authentique.

Le marquis de Marignan — très courtois et très prudent — ne se soucia pas d'affronter ce sanglier gascon qui parlait d'en découdre encore une fois plutôt que de rien signer. A son départ, il lui fit le meilleur accueil.

— Le marquis m'embrassa, me disant ces paroles en aussi bon français que j'eusse su dire: Adieu, M. de Monluc, je vous prie, recommandez-moi très humblement à la bonne grâce du roi : assurez-le que je lui suis très humble et affectionné serviteur autant que gentilhomme qui soit en Italie saurait être, mon honneur sauf (2).

(1) *Comm. et lettres* de B. de Monluc, t. II, livre III, p. 91.
(2) Ibid., t. II, livre. III, p. 103.

XIX

MONLUC A ROME ET EN FRANCE. HENRI II LUI DONNE AUDIENCE DANS SON LIT ET L'EMBRASSE.

Tout gonflé de ces belles paroles qui ne doivent pas faire illusion sur le véritable caractère de Marignan, Monluc, à partir de ce moment, marcha dans un rêve étoilé. Son appétit de gloire et de popularité fut largement satisfait, d'abord à Rome où on s'étouffait pour le voir :

— Allant par les rues et allant au château Saint-Ange, tout le monde courait aux fenêtres et sur les portes pour voir celui qui avait si longuement défendu Sienne. Cela ne me faisait que d'autant plus élever le cœur pour acquérir de l'honneur, et encore que je n'eusse presque pas d'argent pour m'en retourner, si me semblait-il que j'étais plus riche que seigneur de France (1).

Ensuite, à la cour, où Henri II lui fit un accueil qui le surprit lui-même, et lui fit en une minute oublier toutes ses misères.

— Le lendemain matin je fus au lever de Monsieur de Guise qui ne se pouvait soûler de m'embrasser, et m'amena au lever du roi qui était encore au lit, toutefois éveillé, et à l'entrée de la chambre, il commença à crier tout haut, me tenant par la main : « Sire, voici votre homme perdu ». Et alors je m'approchai pour lui baiser les mains ; il m'embrassa de tous ses deux bras et me tint la tête contre sa poitrine presque autant comme on demeurerait à dire un Patenôtre et me dit par deux fois en me tenant de cette sorte : « Hé ! Monsieur de Monluc, vous soyez le bienvenu ! Je ne vous pensais jamais voir ». Alors je lui dis que Dieu m'avait conservé pour lui faire encore ma vie un bon service, et il me dit qu'il

---

(1) *Comm. et lettres* de B. de Monluc, t. II, livre. III, p. 125.

le croyait, et était bien assuré que pour ce faire je n'y épargnerais ma vie ; et me retourna encore rembrasser, puis se leva, alla à ses affaires et moi je me retirai au logis que le maréchal des logis avait baillé audit sieur de Lécussan, par le commandement du roi même, aussi content du bon visage de mon maître, comme s'il m'eût donné quelque riche présent : car j'ai été toujours glorieux : aussi suis-je Gascon (1).

XX

MONLUC COLONEL GÉNÉRAL DE L'INFANTERIE. — POURQUOI IL REFUSE CE PÉRILLEUX HONNEUR ET CE QU'IL LUI EN COUTA D'AVOIR ACCEPTÉ.

Après ces fumées de vaine gloire, il eut aussi quelque chose de plus solide que les baisers d'un roi. Il eut le collier de l'Ordre, trois mille francs de pension sur l'épargne, deux mille écus d'argent comptant, plus encore trois mille livres de rente en Gascogne. Sa fortune marchait d'un tel pas qu'elle lui tournait un peu la tête. Il refusa d'obéir à M. de Thermes qui remplaçait Brissac en Piémont, fit une nouvelle campagne dans la province de Sienne (1556-1557), fut mis quelque temps à la disposition du duc de Ferrare et revint ensuite en France (1558) où une surprise l'attendait :

— Et comme je fus arrivé, Sa Majesté me fit venir en sa chambre où était Monsieur le cardinal de Lorraine et deux ou trois autres que ne saurais me souvenir de leur nom, sinon qu'il me semble que le roi de Navarre et Monsieur de Montpensier y étaient. Et alors le roi me dit qu'il fallait que j'allasse trouver M. de Guise à Metz pour commander les gens de pied que M. d'Andelot en

(1) *Comm. et lettres* de B. de Monluc, t. II, livre III, p. 132

était colonel. Je lui fis très humble requête de ne me vouloir point faire exercer la charge d'autrui et que je m'en irais plutôt lui faire service auprès de M. de Guise comme soldat privé ou bien que lui commanderait les pionniers, plutôt que de prendre cette charge. Le roi me dit que M. de Guise même me demandait pour commander en ladite charge, après qu'il eut été averti de la prise dudit seigneur d'Andelot. Et comme je vis que je ne gagnais rien en excuses, je lui dis que je n'étais pas encore guéri d'une dyssenterie que ma grand maladie m'avait laissée et que cette charge requérait la grand santé et disposition pour l'exercer et que cela ne pouvait être en moi. Sa Majesté me répondit qu'il tiendrait mieux cette charge bien commandée de moi en une litière que d'un autre qui fût bien sain, et qu'il ne me la baillait pas pour l'exercer pour un autre, car il voulait que je l'eusse pour toujours. Je lui répondis alors que je le suppliais très humblement ne trouver mauvais si je ne la voulais point. Alors Sa Majesté me dit ces mots : « Je vous prie, prenez-la pour l'amour de moi ». Et Monsieur le cardinal me dit alors : « C'est trop contester contre Sa Majesté : c'est trop contester contre son maître, Monsieur de Monluc. » Alors je lui dis que je ne contestais point pour mauvaise volonté que j'eusse à son service, ni que je n'eusse volonté d'aller retrouver M. de Guise : car dès que j'étais à Paris j'avais baillé de l'argent pour acheter quelques tentes et autre équipage pour m'aller rendre audit seigneur de Guise. Alors le roi me dit qu'il n'en fallait plus parler et qu'il fallait que j'y allasse : sur quoi je ne sus plus que dire, car il me semble que le roi de Navarre et Monsieur de Montpensier se mêlèrent au propos pour me faire prendre cette charge, pour ce qu'il me souvient que le roi me dit : « Il n'y a plus d'excuse ; car vous voyez que tout le monde est contre vous » (1).

La faveur conférée à Monluc était insigne ; mais elle était plus dangereuse encore, et le fin Gascon

(1) *Comm. et lettres* de B. de Monluc, t. II, livre. III, p. 256-258.

l'avait bien senti. Si elle faisait de lui un des principaux personnages du royaume, elle armait contre lui les tribus puissantes des Châtillon et des Montmorency. Dandelot, dépouillé de sa charge à cause de ses opinions religieuses, était le frère de l'amiral Coligny et le neveu du connétable, alors prisonnier des Espagnols. Avoir contre soi deux familles aussi unies et aussi vindicatives, c'était beaucoup pour un pauvre gentilhomme de province qui n'était en réalité qu'un officier de fortune et un aventurier de guerre heureux. Les Guises, en jetant Monluc dans ce guêpier, lui rendirent un mauvais service, et jusqu'à sa mort il fut poursuivi par la haine des ennemis qu'il s'était faits, en devenant colonel des gens de pied.

Après la paix du Cateau-Cambrésis, il s'empressa de remettre à qui de droit cette charge malencontreuse et quitta la cour où le connétable était rentré plus en faveur que jamais. Il se reposait dans ses domaines quand il apprit la mort tragique d'Henri II : les guerres de religion allaient commencer : un nouveau champ s'ouvrait à son activité et à son zèle. Il ne s'agissait plus de guerres courtoises, mais de répressions sanglantes, comme il le dit lui-même dans ses Commentaires :

— Et commencerai à écrire les combats où je me suis trouvé durant ces guerres civiles, èsquelles il m'a fallu contre mon naturel user non seulement de rigueur, mais de cruauté (1).

(1) *Comm. et lettres* de B. de Monluc. t. II, livre IV, p. 335.

CHAPITRE V

MONLUC EN GUYENNE. — LA PREMIÈRE GUERRE CIVILE.

I. Monluc mérite-t-il la réputation de cruauté qu'on lui a faite ?
II. Inconvénients du gasconnisme à outrance.
III. Comme quoi Monluc, persécuteur des protestants, n'a jamais été un enragé catholique.
IV. Loyalisme et royalisme de Monluc.
V. Où il est prouvé que Monluc n'oubliait jamais ses propres intérêts.
VI. Monluc soldat, et rien que soldat, pendant la guerre civile.
VII. Un contraste amusant : deux chefs d'armée peu faits pour s'entendre.
VIII. Les opérations militaires en Guyenne. Justice un peu sommaire de Monluc.
IX. Les commissaires Compain et Girard passent un mauvais quart d'heure à Cahors.
X. Monluc entre à Toulouse (18 mai 1562), mais n'y trouve plus les réformés.
XI. La cornette noire de M. de Monluc.
XII. Atrocités commises par les alliés espagnols.
XIII. Fureurs et massacres.
XIV. Hésitations de M. de Burie. La bataille de Ver.
XV. Monluc est enfin nommé lieutenant du roi en Guyenne. Les grimaces qu'il fait avant d'accepter la charge.

I

MONLUC MÉRITE-T-IL LA RÉPUTATION DE CRUAUTÉ QU'ON LUI A FAITE ?

— *Contre mon naturel.* — A qui se souvient des massacres de la Guyenne, voilà une parole qui a tout l'air d'une sinistre gasconnade : peut-être, à tout prendre, est-elle plus vraie qu'on ne pourrait le penser. Rien dans la vie de Monluc n'indique qu'il ait été bassement cruel, à la façon de cet odieux Annibal Coconnas, qui rachetait à la Saint-Barthélemy les huguenots prisonniers pour les égorger ensuite à petits coups de dague. Il avait l'indifférence du sang versé : il n'en avait ni le besoin ni le goût. Il jetait au vent la vie des autres comme il y jetait la sienne. Tous ces grands tueurs d'hommes ont une sorte d'insensibilité professionnelle qui s'explique par l'insouciance avec laquelle ils se risquent eux-mêmes en enjeu sur le tapis. La pitié leur est inconnue parce qu'elle n'est, la plupart du temps, qu'un retour égoïste sur la fragilité de notre propre bonheur. Cuit et recuit par quarante années de guerre, Monluc n'était ni plus tendre ni plus coriace que ses compagnons d'armes : il n'était pas incapable d'admirer l'héroïsme de ses adversaires ni même de compatir en passant à leurs infortunes ; mais il avait sur ce point la philosophie du soldat qui attend à chaque instant son tour, et si la rudesse du vieux troupier n'est pas doublée chez lui de la sentimentalité généreuse du troubadour, il faut moins s'en prendre à sa propre humeur qu'aux mœurs grossières et brutales du temps où il vivait. La partie de ses mémoires qui contient les guerres civiles, loin d'être une exception affligeante, complète admirablement le tableau d'une époque où l'assassinat n'est un crime que s'il ne réussit pas et où le plus galant homme du monde peut, sans être déshonoré, tuer froidement dans un duel son ennemi désarmé ou déjà gisant à terre.

II

INCONVÉNIENTS DU GASCONNISME A OUTRANCE.

D'autres causes ont valu à Monluc la détestable réputation dont il jouit et que ce livre sans doute ne lui fera pas perdre. D'abord ses propres aveux, faits avec une candeur gasconne qui touche quelquefois au cynisme. La complaisance avec laquelle il raconte ses exploits lui a rendu un mauvais service : en histoire comme ailleurs, les juges prennent au mot les accusés assez imprudents pour se charger eux-mêmes. Ensuite le pays même où ont eu lieu ces exploits. Ces régions du midi que Monluc connaissait bien puisqu'il y était né, ressemblent à ces galeries souterraines où une simple pichenette sur le mur, répercutée par les échos, devient un formidable coup de tonnerre. L'eau de la Garonne donne à ceux qui la boivent une agilité de langue et une fertilité d'imagination incomparables ; aujourd'hui encore, quand on parle là-bas vers le Quercy de Monluc et de ses victimes, on en fait des récits où pâlissent les plus braves. Et ce qui est amusant, c'est que Monluc a contribué de son propre fonds aux exagérations de ses compatriotes. On a constaté en effet qu'en véritable capitan, il avait augmenté à dessein dans son récit le nombre des malheureux qu'il avait fait mettre à mort. Sa mémoire a payé chèrement cette imprudence tout à fait nationale.

III

COMME QUOI MONLUC, PERSÉCUTEUR DES PROTESTANTS, N'A JAMAIS ÉTÉ UN ENRAGÉ CATHOLIQUE.

Tout cela ne suffit pas encore pour expliquer la défaveur qui s'est attachée à Monluc. Il faut aller plus avant au fond des choses pour expliquer le renom d'ogre et de croquemitaine que ses ennemis lui ont fait. Ce qui caractérise Monluc, entre tous ceux qui ont comme lui pris part aux guerres de religion, c'est qu'il ne s'est nullement armé pour la querelle du catholicisme. En faire un catholique fanatique combattant pour son Dieu comme les huguenots combattaient pour le leur est une conception aussi bizarre qu'inexacte et qui ne soutient pas un instant l'examen. Venu au monde avant l'éclosion de la Réforme, Monluc appartenait, par son âge, par ses traditions, par ses préjugés, à une tout autre génération. Au moment où éclatèrent les guerres religieuses il avait soixante ans. Sur ces soixante années, il en avait passé plus des deux tiers dehors à se battre et à être battu, sans s'appartenir un seul instant, sans avoir le loisir, en eût-il eu envie, d'ouvrir un livre ou de méditer sur les graves questions que soulevaient Luther et Calvin. C'était un homme des guerres d'Italie égaré dans une autre époque et qui ne pouvait pas la comprendre.

Le sifflement des arquebusades l'avait empêché d'entendre le bruit des controverses, quand elles avaient commencé de naître. L'eût-il entendu qu'il eût fortement bâillé, comme un vieux soldat aux prises avec la lettre imprimée. Plus tard, s'il fut obligé d'ouvrir ses oreilles aux nouveautés, colportées en tous lieux par des prédicateurs fanatiques, son crâne un peu épais leur resta toujours fermé. Il entendait partout parler de surveillants, de diacres, de consistoires, de synodes, de colloques, et il en restait tout ébahi, n'ayant jamais, comme il le dit lui-même, été repu de telles viandes.

IV

LOYALISME ET ROYALISME DE MONLUC.

En réalité, Monluc, fils de petit gentilhomme, élevé dans le respect et la crainte de la royauté, ayant passé sa vie à combattre pour elle, a surtout été, dans les guerres qui s'ouvrirent, un *loyaliste* et un *royaliste*. Il fut de la religion du roi, et ce fut la cause du roi et non celle de la religion catholique, qu'il soutint si vigoureusement. A ce point de vue son attitude est curieuse : elle accuse le changement qui s'était opéré depuis plus d'un demi-siècle dans les mœurs de la petite noblesse. Pendant que les princes du sang et les grands seigneurs, sans être des barons féodaux, continuaient les traditions féodales, les nobles de province, détachés insensiblement des liens qui les attachaient à leurs suzerains, se tournaient vers le roi et mettaient à son service pour la conduite de ses armées une race féconde et besoigneuse, où la monarchie recruta ses cadres jusqu'à la Révolution française. La fidélité au roi remplace l'ancienne fidélité au suzerain ; et si ce dévouement sert de point d'appui au développement exagéré de l'autorité royale, il ne faut pas oublier que c'est aussi par lui que s'est achevée, dans les deux siècles qui suivirent, la constitution de l'unité française.

A une époque où il était si difficile de deviner de quel côté, Dieu ou les hommes, était le devoir, Monluc eut une ligne de conduite inébranlable. Après la mort du roi François II à Orléans, il alla prendre congé de la reine-mère.

— Et encore qu'elle fût bien malade, elle me fit cet honneur de commander qu'on me laissât entrer pour prendre congé d'elle. J'avais connu des maniements qui se faisaient qui ne me plaisaient guère et mêmement sur les états qui se tinrent. Et le tout entendu, je connus bien que nous ne demeurerions pas longtemps en paix. Et me résolus de m'ôter de la cour, afin de n'être embarrassé parmi les uns ni les autres : car je m'y étais déjà trouvé contre toute raison, ainsi que je veux que Dieu m'aide : qui fut cause que prenant congé de Sa Majesté, je lui dis ces mots, ne la voulant entretenir longuement à cause de son mal : « Madame, je m'en vais en Gascogne, avec délibération de vous faire toute ma vie très humble service. Et vous supplie très humblement croire que s'il y advient chose aucune dont vous ayez affaire de vos serviteurs, je vous promets et vous donne ma foi que je ne tiendrai jamais autre parti que le vôtre et celui de Messeigneurs vos enfants et serai si soudain à cheval que vous me le commanderez ». Le jour propre que le roi François était mort, la nuit, je lui en avait donné toute telle assurance. Alors elle m'en fit cet honneur de me remercier. Madame de Cursol (Crussol), qui était au chevet de son lit, lui dit : « Madame, vous ne lui devriez pas laisser aller, car vous n'avez point de plus fidèles serviteurs que ceux de Monluc. » Alors je répondis : « Madame, vous ne demeurerez jamais sans avoir des Monlucs : car il vous en demeure trois, qui sont mes deux frères et mon fils : que tous mourront à vos pieds pour votre service ». Sa Majesté se prit à rire. Elle qui avait beaucoup d'entendement et l'a bien montré voyait bien qu'ayant tant d'affaires sur les bras, parmi la jeunesse de ses enfants, qu'elle aurait besoin des personnes. Elle se ressouviendra de ce qu'elle me dit, et si j'ai manqué d'exécuter ce qu'elle me commanda, ce sont lettres closes. Et ainsi je pris congé d'elle (1).

V.

OU IL EST PROUVÉ QUE MONLUC N'OUBLIAIT JAMAIS SES PROPRES INTÉRÊTS.

Ce Gascon de Monluc est bien le fils de sa race. Dans ses minutes les plus vives d'attendrissement ou d'exaltation, il reste maître de lui-même : il garde sa pensée de derrière la tête. Le jour où il parlait ainsi à Catherine de Médicis, il aimait la reine et ses enfants, mais il aimait aussi Monluc, et ce dernier était un personnage qu'il n'oubliait pas facilement. Brouillé avec les Montmorency, en froid avec les Guise qui ne lui pardonnaient pas sa conduite équivoque sous François II, au plus mal avec les Navarre qu'on

(1) *Comm. et lettres* de B. de Monluc, t. II, livre v, p. 336-337.

l'avait pourtant accusé de favoriser, il ne lui restait guère d'autre ressource que le parti de la reine, et il s'y jeta avec la décision qu'il apportait en toutes choses. Quant à la religion qui troublait alors tant de têtes, c'était le moindre de ses soucis. Il n'en est pas question dans son entretien avec Catherine. Il était, là-dessus, aussi libre d'esprit que son frère l'évêque de Valence. Théodore de Bèze l'accuse formellement d'avoir changé d'attitude cette année-là (1561), à la nouvelle que la Cour inclinait vers la Réforme. Il faisait alors le bon apôtre, et ceux qui le connaissaient étaient tout étonnés d'entendre sortir de sa bouche des maximes de douceur et de modération qui auraient fait pleurer un tigre. Il lui échappa même de dire que bientôt la papauté serait abattue et que tous ces ventres bénéficiers perdraient leur marmite. Il disait aussi — que ne disait-il pas, car il était très bavard — qu'il était prêt de devenir Turc, voire d'aller à tous les diables si le roi le lui commandait (1).

VI

MONLUC SOLDAT ET RIEN QUE SOLDAT PENDANT LA GUERRE CIVILE.

Voilà le vrai Monluc, en y ajoutant le petit bénéfice personnel dont il ne parle pas, mais qu'il ne faut pas négliger. Les huguenots le détestèrent

---

(1) Th. de Bèze, *Histoire ecclésiastique des églises réformées*, publiée par P. Vesson Toulouse, 1882, t 1, p. 431-436.

d'abord à cause de son indifférence religieuse : ils l'exécrèrent quand ils l'eurent vu à l'œuvre en Guyenne. Cruel, il ne le fut pas plus que beaucoup d'autres dont le nom n'est pas resté taché de sang comme le sien ; mais il eut sur eux cette infériorité de paraître agir sans l'excuse du fanatisme. Ce qu'il ne ressentait pas pour sa part, il ne voulut pas ou ne put pas le comprendre chez ses adversaires. Français ou Impériaux, la guerre était pour lui la guerre, c'est-à-dire un duel où l'avantage reste au plus fort, au plus habile, au plus impitoyable. Il fut en Guyenne ce qu'il avait toujours été, actif, vigilant, infatigable, capable d'admirer l'héroïsme de ses ennemis ou de compatir à leurs infortunes, quand sa sûreté semblait le lui permettre ; inflexible, impénétrable à l'émotion comme à la prière, de fer contre toutes les sollicitations et toutes les caresses quand son œil perçant de vieux routier découvrait le danger futur caché sous l'indulgence que réclamaient de lui les âmes sensibles. A la prise de Monségur, il y eut un affreux massacre qu'il a raconté lui-même dans ses Commentaires sans la moindre trace d'émotion. On y prit les officiers du roi et les consuls qui furent pendus avec le chaperon sur le col : on y prit aussi celui qui avait dirigé la résistance et qui était un ancien soldat de Monluc :

— Le capitaine qui commandait là s'appelait le capitaine Héraud, qui avait été de ma compagnie à Moncallier et à Albe lance passade, un brave soldat s'il y en avait en Guyenne, et fut prisonnier ; beaucoup de gens le voulaient sauver pour sa vaillantise, mais je dis que s'il échappait, il nous ferait tête à chaque village et que je connaissais bien sa valeur : *voilà pourquoi je le fis pendre*. Et pensait toujours que je le sauvasse parce que je savais bien qu'il était vaillant ; *mais cela le fit plutôt mourir*, car j'étais bien assuré qu'il ne se retournerait jamais de notre côté, parce qu'il était fort opiniâtre et coiffé de cette religion : *sans cela je l'eusse sauvé* (1).

Rien n'est plus antipathique aux faibles cœurs des mortels que ces rigueurs calculées où la passion n'a pas sa part. On comprend les cris d'exécration qui s'élevèrent contre Monluc de tous les points du pays et dont l'écho retentit encore à nos oreilles.. Envoyé en Guyenne avec patentes et permission de lever gens à pied et à cheval pour courir sus aux uns et aux autres qui prendraient les armes, il arriva à Bordeaux le 27 décembre 1561. Il y trouva Charles de Coucy, seigneur de Burie, lieutenant depuis deux ans du roi de Navarre en Guyenne et avec lequel il devait s'entendre pour diriger les opérations militaires.

VII

UN CONTRASTE AMUSANT : DEUX CHEFS D'ARMÉE PEU FAITS POUR S'ENTENDRE.

C'était un homme calme et pondéré que M. de Burie ; c'était un homme intempérant et fougueux que M. de Monluc. Leurs deux natures n'étaient

---

(1) *Comm. et lettres* de B. de Monluc, t. II, livre v, p. 447.

pas faites pour aller ensemble. M. de Burie parlait bas, avec douceur et d'un ton fort discret; M. de Monluc parlait haut, sacrait volontiers et n'admettait pas qu'on fût d'un autre avis que le sien. Le premier penchait vers l'indulgence et le pardon : le second tenait pour la répression et n'avait que bourreaux et cordes à la bouche. M. de Burie, avec son titre, eût dû précéder M. de Monluc, et il le suivait en soupirant ; M. de Monluc, qui eût dû être respectueux avec M. de Burie, ne se gênait pas pour dire qu'il radotait après dîner et que la Guyenne se porterait mieux s'il était seul pour y commander. Quand il s'agissait de livrer bataille, c'était la même comédie. Burie opinait sagement qu'on peut être battu et qu'il était peut-être prudent de remettre l'affaire à un autre jour ; Monluc s'emportait, jurait et finissait par avoir gain de cause en se jetant sans crier gare en avant.

On devine le mauvais sang que se fit Monluc, dont l'âge n'avait point adouci les emportements, avec un compagnon très poli, très convenable et très indécis. Ce pauvre M. de Burie passa aussi de vilains quarts d'heure avec cet insupportable Gascon aussi noir de peau que d'humeur, et que la moindre contradiction jetait ou semblait jeter dans des accès de rage folle. Ils partirent cependant ensemble pour pacifier la Guyenne. M. de Burie menait avec lui des serviteurs qui étaient presque tous de la nouvelle religion, mêmement un sien secrétaire qu'il aimait fort: ce qui prouve,

pour le dire en passant, que les partis n'étaient pas encore aussi nettement tranchés que nous sommes tentés de le croire. Monluc traînait après lui une escorte d'arquebusiers et marchait flanqué de deux bourreaux qu'on appelait ses laquais parce qu'ils ne le quittaient pas d'une semelle.

VIII

LES OPÉRATIONS MILITAIRES EN GUYENNE. JUSTICE UN PEU SOMMAIRE DE MONLUC.

En quelques jours la Guyenne protestante sut à quoi elle devait s'attendre. Monluc n'était pas de ceux qui se plaisent à voiler leurs intentions. Il frappait vite, fort et juste. A deux lieues de son manoir d'Estillac, à Saint-Mezard, une sédition s'était mue contre le seigneur du lieu, M. de Rouillac. « *Déjà commençait la guerre découverte contre la noblesse.* » Monluc y courut et fit arrêter les chefs de la rébellion.

— Comme je fus arrivé à Saint-Mézard, Monsieur de Fontenilles me présenta les trois et le diacre, tous attachés dans le cimetière, dans lequel il y avait encore le bas d'une croix de pierre qu'ils avaient rompue qui pouvait être de deux pieds de haut. Je fis venir Monsieur de Corde et les consuls, et leur dis qu'ils me disent la vérité à peine de la vie, quels propos ils leur avaient ouï tenir contre le roi. Les consuls craignaient et n'osaient parler. Je dis au seigneur de Corde qu'il touchait à lui de parler le premier et qu'il parlât. Il leur maintient avoir tenu les propos ici-dessus écrits : alors les dix consuls dirent la vérité comme ledit seigneur de Corde. J'avais les deux bourreaux derrière moi, bien équipés de leurs armes et surtout d'un marassau bien tranchant : de rage je sautai au collet de ce Verdier et lui dis : « O méchant paillard, as-tu bien osé souiller ta méchante langue contre la majesté de ton roi ? » Il me répondit : « Ha ! Monsieur, à pécheur miséricorde ». Alors la rage me prit plus que jamais et lui dis : « Méchant, veux-tu que j'aie miséricorde de toi, et tu n'as pas respecté ton roi ! » Je le poussai rudement en terre, et son col alla justement sur ce morceau de croix et dis au bourreau : « Frappe, vilain ! » Ma parole et son coup fut aussitôt l'un que l'autre et encore emporta plus de demi-pied de la pierre de la croix. Et les autres deux fis pendre à un orme qui était tout contre, et pour ce que le diacre n'avait que dix-huit ans, je ne voulus le faire mourir, afin aussi qu'il portât les nouvelles à ses frères ; mais bien lui fis-je bailler tant de coups de fouet aux bourreaux qu'il me fut dit qu'il en était mort au bout de dix ou douze jours après. Et voilà la première exécution que je fis au sortir de ma maison, sans sentences ni écriture, car en ces choses j'ai ouï dire qu'il faut commencer par l'exécution (1).

Avec un compagnon aussi décidé, M. de Burie se trouvait bien appareillé !

— Que si j'eusse fait le doux, comme Monsieur de Burie, nous étions perdus. Il leur promettait prou et je ne tenais rien, sachant bien que ce n'était que pour nous tromper et peu à peu se rendre maître des places. Bref ces nouveaux venus voulaient nous donner la loi et n'y avait si petit ministre qui ne fît le Monsieur, comme s'il eût été un évêque. Voilà les beaux commencements de cette belle religion et comme elle apprenait à vivre (2).

(1) *Comm. et lettres* de B. de Monluc, t. II, livre v, p. 363-364.
(2) *Comm. et lettres* de B. de Monluc, t. II, livre v, p. 367.

IX

LES COMMISSAIRES COMPAIN ET GIRARD PASSENT UN MAUVAIS QUART D'HEURE A CAHORS.

Dans cette promenade à deux à travers la Guyenne frémissante, Monluc ne décolère pas, et M. de Burie le suit en le suppliant de s'apaiser. A Fumel, où les protestants avaient tiré à la butte sur le seigneur, trente ou quarante de ces bons garçons furent pendus ou roués. A Cahors autre antienne. Les commissaires royaux *Compain* et *Girard*, adjoints à Monluc pour la pacification de la province, étaient en train d'instruire le procès des catholiques qui avaient, le 16 novembre précédent, envahi la maison d'Oriole et massacré vingt-huit réformés. La ville, presque tout entière catholique, était menacée de payer cent vingt mille francs d'amendes, sans parler du supplice des principaux séditieux. Les cheveux en dressèrent sur la tête à Monluc quand il apprit ces étranges nouvelles.

— Je passai toute cette nuit en rage de colère, et au soleil levant M. de Burie m'envoya quérir pour entendre le jugement des procès... et avec cette furie j'arrivai à la chambre de M. de Burie et trouvai qu'ils étaient déjà tous assis les sacs sur la table. *Ils virent bien à ma mine ce que je portais sur le cœur.* Je pris une petite escabelle et me mis au bout de la table, car ils tenaient tout l'environ de la table. Et là commença ledit Compain à faire de grandes remontrances de ce forfait qu'était venu en la ville et que tant de femmes et enfants y avaient perdu leurs maris et leurs pères.

Tout le morceau serait à citer. Monluc, en racontant l'affaire, croit y être encore : il note les gestes et les mots avec une précision saisissante. Il nous montre Compain après sa harangue qui ne dura pas moins d'une demi-heure, tirant l'arrêt tout préparé du sac et priant Monluc de lui prêter main-forte. Il s'adressait bien : Monluc étouffait de colère.

— Je regarde M. de Burie si disait rien, car il touchait à lui de parler premier qu'à moi. Et comme je vis qu'il se laissait aller sans répondre et que l'autre commença à ouvrir l'arrêt et voulait commencer à lire, je lui dis : « Holà! Monsieur de Compain, ne passez pas plus outre que vous ne m'ayez répondu sur ce que je vous veux demander. » Alors il me dit qu'après qu'il aurait lu la sentence, il répondrait à ce que je lui demanderais et qu'il la voulait lire premier que faire autre chose. Alors je dis à M. de Burie en jurant : « Monsieur, dès le premier mot qu'il ouvrira la bouche, je le tuerai, s'il ne m'a rendu raison de ce que je lui demanderai devant vous ». Alors M. de Burie lui dit : « Monsieur de Compain, il faut que vous entendiez ce qu'il vous veut dire, car aventure il a entendu des choses que je n'ai pas entendues. » Alors je vis mon homme pâlir : il avait raison. Je lui dis : « A qui est la ville de Cahors ? » Il me répondit : « Elle est au roi. » — « A qui est la justice ? » Il me répondit : « Elle est au roi. » — « A qui est l'Eglise ? » Il me répondit qu'il n'en savait rien. Alors je lui dis : « Niez-vous que l'Eglise ne soit au roi aussi bien que le demeurant ? » Il me répondit qu'il ne se souciait point de cela. Alors je lui dis : « Avez-vous départi la ville en trois corps, c'est assavoir l'église, la justice et la ville déséparément et sur chacune déclaré les amendes ? » Il me dit lors que j'écoutasse lire leur sentence et que alors je le saurais. Sur quoi je lui commence à donner du *tu*, lui disant : « Tu déclareras ici, devant M. de Burie et devant moi, ce que je te demande, ou je te pendrai moi-même de mes mains : car j'en ai pendu une vingtaine plus gens de bien que toi, ni que ceux qui ont assisté à ta sentence » ; et me lève dessus l'escabelle. Alors M. de Burie lui dit : « Il faut parler, Monsieur Compain, et dire si vous l'avez fait. » Et il répondit : « Oui, Monsieur, car nous avons tous été de cette opinion. » Alors je lui dis : « O méchant paillard, traître à ton Roi, tu veux ruiner une ville qui est à ton Roi pour le profit d'un particulier. Si ce n'était la présence de M. de Burie qui est ici lieutenant de Roi, je te pendrais, toi et tes compagnons, aux fenêtres de cette maison. Et dis à M. de Burie : « Hé ! Monsieur, laissez-moi tuer tous ces méchants traîtres au Roi pour le profit d'autrui et le leur. » Et tirai la moitié de mon épée : je les eusse bien gardés de faire jamais sentence ni arrêt ; mais M. de Burie me sauta au bras et me pria de ne le faire point ; et alors tous gagnèrent la porte et se mirent en fuite, criant si étonnés qu'ils sautèrent des degrés sans compter. Je voulais aller après les tuer ; mais M. de Burie et M. de Courré, son neveu, me tinrent que je ne pus échapper (1).

Malgré la peur qu'ils avaient eue, Compain et Girard se trouvèrent encore à Villefranche-de-Rouergue avec Monluc et essayèrent de lui arracher quelques prisonniers protestants, accusés de différents crimes. Mais il n'était pas facile d'en imposer à ce terrible sanglier, sans cesse en éveil, sans cesse en colère. Sans attendre le jugement, il fit pendre les prisonniers aux fenêtres de la maison de ville. Le jour même, arriva à Villefranche la nouvelle de la prise d'armes du prince de Condé. Les affaires se gâtaient. Compain et Girard s'esquivèrent et Monluc ne sut heureusement leur départ que le lendemain.

(1) *Comm. et lettres* de B. de Monluc, t. II, livre v. p. 375, 378.

X

MONLUC ENTRE A TOULOUSE (18 MAI 1562), MAIS N'Y TROUVE PLUS LES RÉFORMÉS.

Nous n'écrivons pas ici une histoire des guerres de religion en Guyenne et nous ne voulons retenir que les détails nécessaires pour donner tout son relief à la physionomie froncée et rébarbative du vieil homme de guerre. Les hostilités une fois déclarées, il se retrouva dans son élément, loin de ces maudits robins qui l'embarbouillaient de leurs scrupules de légalité. A Toulouse, son intervention sauva la ville, menacée par une rébellion des réformés. Il y eut là pendant plusieurs jours avant son arrivée des combats, des massacres, des incendies, un désordre inexprimable (1). Monluc nageait dans la joie : son bonheur eût été complet si les révoltés eussent consenti à l'attendre ; mais ils s'étaient envolés.

— De quoi je fus bien marri, car s'ils m'eussent attendu... Dieu sait si j'avais envie d'en faire belle dépêche et si je les eusse épargnés.

A plus de soixante ans, il est encore actif, vivant, glorieux et vibrant ; il tient encore la selle pendant de longues heures. Il faut le voir quand il débouche à cheval, en tête de ses hommes, devant

(1) *Comm. et lettres* de B. de Monluc, t. IV, p. 136, n° 53. Lettre au Roi datée de Toulouse, 22 mai 1562.

le palais de Toulouse : le roi de France n'est pas son cousin.

— A notre arrivée, nous allâmes descendre devant le palais, tous armés, mon enseigne et guidon dépliés ; et pour cent cinquante ou deux cents gentilshommes que nous pouvions être en troupe avec ma compagnie, il faisait fort beau voir cette troupe. Nous trouvâmes toute la cour ensemble. Je laisse penser à chacun si nous fûmes là bien reçus. Je leur dis qu'encore que je fusse pas lieutenant de roi, si est-ce que le service que j'avais de longtemps voué à leur ville et particulièrement à la cour de parlement était cause qu'après l'avertissement reçu j'avais assemblé le plus d'amis que j'avais pu pour la conservation de leur ville, seconde de la France, et que je fusse venu même dès lors (1).

XI

LA CORNETTE NOIRE DE M. DE MONLUC.

Sa présence n'étant plus nécessaire à Toulouse, il reprit les champs aussitôt. Sa cornette noire, à peine aperçue, faisait fuir au loin les protestants comme des lièvres. Il disait lui-même que si les ennemis la trouvaient gisant dans un fossé, ils n'oseraient pas la ramasser, de peur de s'y brûler les doigts.

— Il semblait, quand ils oyaient parler de moi, qu'ils avaient le bourreau à la queue : aussi m'appelaient-ils ordinairement *tyran* (2).

Une tentative des protestants sur le Château-

(1) *Comm. et lettres* de B. de Monluc, t. II, livre v, p. 402.
(2) *Comm. et lettres* de B. de Monluc, t. II, livre v, p. 408.

Trompette le rappela à Bordeaux. Sur son chemin on pouvait connaître par où il était passé : car par les arbres, sur les chemins on en trouvait les enseignes. C'était, comme nous l'avons déjà dit, plus par tactique et dessein bien arrêté que par goût :

— Un pendu étonnait plus que cent tués (1).

Il dit ailleurs et dans le même sens :

— J'en pris (à Sauveterre) quinze ou seize, lesquels je fis tous pendre sans dépendre papier ou encre et *sans les vouloir écouter, car ces gens parlent d'or* (2).

XII

ATROCITÉS COMMISES PAR LES ALLIÉS ESPAGNOLS.

A Bordeaux, quand il y arriva, on n'avait plus besoin de lui (premiers jours de juillet 1562). Il en repartit aussitôt avec M. de Burie. La Guyenne était en feu : chaque ville, chaque bourg, chaque village étaient le théâtre de luttes furieuses entre catholiques et protestants. Il fallait un cœur de chêne et de fer comme celui de Monluc pour envisager sans frémir une situation aussi lamentable. Un renfort de mille Espagnols fanatiques, arrivés au camp de Burie le 12 août 1562, accrut encore l'atrocité de la lutte. A la prise de Penne, ils commirent d'épouvantables massacres que Monluc

---

(1) *Comm. et lettres* de B. de Monluc, t. II, livre v, p. 442.
(2) *Comm. et lettres* de B. de Monluc, t. II, livre v, p. 443.

lui-même désapprouva parce qu'ils étaient inutiles. Mais les chefs n'étaient plus, à cette heure-là, maîtres de leurs hommes.

— Nous baillâmes à quinze ou vingt soldats ces prisonniers qui pouvaient être en nombre de quarante ou cinquante. Les Espagnols les vinrent ôter à ces quinze ou vingt soldats et les tuèrent tous, sauf deux serviteurs de madame la maréchale de Saint-André, que j'avais retenus à mon logis. Il ne se trouva point que de deux cent cinquante à trois cents hommes qu'ils étaient, il en échappât que les deux que je sauvai et un qui descendit par la muraille avec une corde par derrière le château et alla passer la rivière à la nage, ayant tout plein de soldats après à coups d'arquebusades : mais il se sauva miraculeusement en dépit de tous : son heure n'était pas venue, car il lui fut tiré un monde d'arquebusades qu'aucune portât. Je connus à cette heure que ces gens de dom Loys étaient la plupart bisoignes (recrues) : car les vieux soldats ne tuent pas les femmes et ceux-là en tuèrent plus de quarante et m'en courrouçai à eux. Les capitaines en étaient marris, mais ils n'y purent donner ordre, car ils disaient que c'étaient des Lutheranos déguisés (1)......

XIII

FUREURS ET MASSACRES.

A Terraube, ce fut pis encore, puisque le massacre eut lieu après la capitulation. Monluc, exaspéré par un manque de foi de ceux de Lectoure qu'il tenait assiégés, donna l'ordre de tuer tous les prisonniers. Près de trois cents hommes furent froidement égorgés (25 septembre 1562).

(1) *Comm. et lettres* de B. de Monluc, t. II, livre v, p. 458.

— Et après qu'ils furent morts, les jetèrent tous dans le puits de la ville qui était fort profond et s'en remplit tant que l'on les pouvait toucher avec la main. Ce fut une très belle dépêche de très mauvais garçons (1).

Ce sont là de tristes exploits : une âme plus délicate les aurait abrégés ou passés sous silence. Monluc n'y fait pas tant de façons : il triomphe sans remords de ses compatriotes ; sa campagne de France lui semble aussi glorieuse que ses guerres d'Italie, et il raconte ses hauts faits de Guyenne avec une complaisance infinie, comme un vieux sergent après boire qui essaie d'éblouir les conscrits. Il n'est point de ceux qui reculent devant les responsabilités, et sa tête qu'il risque chaque jour lui semble une réponse à tout :

— Alors je lui respondis, présents beaucoup de gens : « Monsieur, Monsieur, *sanguis ejus super filios nostros*. Que tout le monde charge hardiment sur moi, car j'en veux porter la coulpe du tout : j'ai les épaules assez fortes. Mais je vous assure que je serai chargé d'honneur et non de honte et que plutôt y demeurerai-je le ventre au soleil (2).

XIV

HÉSITATIONS DE M. DE BURIE. LA BATAILLE DE VER (9 OCTOBRE 1562).

Il disait ces paroles à M. de Burie, toujours hésitant et toujours inquiet, quelque temps avant la

(1) *Comm. et lettres* de B. de Monluc, t. III, livre v, p. 23.
(2) *Comm. et lettres* de B. de Monluc, t. III, livre v, p. 32-33.

bataille de Ver : Pauvre et excellent Burie ! En voilà un que le poids des responsabilités accablait. Il était malade d'irrésolution, non de crainte, quand il fallait prendre un parti décisif. Sans Monluc qui lui donnait à chaque instant de l'éperon, les protestants auraient pu dormir tranquilles. Il ne se décida à livrer bataille à Ver que contraint et forcé par la position respective des deux armées.

— Alors M. de Burie dit : « Je vois bien que nous sommes engagés à une bataille ; mais puisqu'il en est ainsi, il faut boire et combattre ». Et vis qu'il se réjouit, de quoi je fus fort aise et lui dis, en l'embrassant, ces mots: « Monsieur, si nous devions mourir, nous ne pourrions plus honorer notre mort que de mourir en une bataille, faisant service à notre Roi ». Il me répondit : « C'est la moindre peur que j'aie ; pour moi ce n'est rien, mais je crains la perte du pays ».

La bataille fut gagnée (9 octobre 1562), et M. de Duras qui commandait les protestants, obligé de se mettre en retraite. Je laisse à penser si Monluc fut glorieux d'avoir remporté cette victoire, avant l'arrivée du duc de Montpensier que la reine envoyait en Guyenne. Montpensier ne lui en sut pas mauvais gré et lui fit mille amitiés, ce qui combla de joie notre Gascon, trop vaniteux pour n'avoir pas un peu l'âme d'un parvenu :

— Croy que Monsieur de Montpensier m'embrassa plus de dix fois et demeura trois ou quatre heures avec lui. C'était un bon prince et vraiment homme de bien, aimant la religion et l'Etat.

Dans ses Commentaires, Monluc entonne, à propos de cette même victoire, une fanfare triomphale. Quant à Burie, il n'a rien fait, ou si peu que ce n'est pas la peine d'en parler.

— Il était vieux (dit Monluc qui avait lui-même soixante ans cette année-là), il était vieux (quelle admirable gasconnade !) et n'avait pas la disposition que j'avais pour commander et aller des uns aux autres, comme je fis, étant au partir de la bataille en eau comme si l'on m'eût plongé dans la rivière (1).

XV

MONLUC EST ENFIN NOMMÉ LIEUTENANT DU ROI EN GUYENNE. LES GRIMACES QU'IL FAIT AVANT D'ACCEPTER LA CHARGE.

Tant de zèle et tant de coups de trompette eurent le résultat qu'en attendait sans doute Monluc, bien qu'il s'en défende avec fureur dans ses Commentaires. Quelques mois après Ver, une patente royale le nomma lieutenant du roi dans la moitié du gouvernement de Guyenne, en l'absence du roi de Navarre. Monsieur de Burie gardait l'autre moitié. Le vieux renard feignit de refuser le morceau qu'on lui tendait, bien qu'il brûlât d'envie de l'accepter.

Et avais fait la dépêche au roi et à la reine de ne la vouloir point et pour remercier Leurs Majestés : car il m'allait toujours au devant qu'il m'en adviendrait ce qui m'en est advenu et que ce gouvernement ne m'amènerait qu'envies et haines.

(1) *Comm. et lettres* de B. de Monluc, t. III, livre v, p 53.

Il avait fait la dépêche, mais il ne l'envoya pas. Il se donna l'ineffable jouissance de savourer les sollicitations inquiètes des parlementaires et des nobles bordelais; il se laissa tourmenter de toutes les façons; on lui prouva qu'il était l'homme nécessaire, et enfin il se résigna à faire le bonheur de son pays et le sien.

— Quoi qu'il en soit, pour le bien de la patrie je pris cette charge pesante sur mes épaules (1).

Le bon apôtre ! Le jour où il revêtit cette charge qu'il repoussait loin de lui fut le beau jour de sa vie, et il pleura assez quand il fallut la quitter, six ans après.

— Et si dirai-je qu'il n'y a homme sous le ciel qui eût su faire mieux que j'ai fait, au dire de tous les trois Etats de la Guyenne, et si j'eusse fait tels services que j'ai faits, aux feus rois François ou Henri, il n'y a gentilhomme en France s'il ne porte titre de prince qui eût été plus avancé ni mieux reconnu que j'eusse été. Or Dieu soit loué du tout, ma récompense sera d'une grande arquebusade au visage, de laquelle je ne guérirai jamais, qui me fait toujours maudire l'heure que jamais j'eus cette charge. Plusieurs plus grands seigneurs que moi s'en fussent honorés : aussi faisais-je moi, mais ayant à servir un roi en son enfance et un pays où je prévoyais bien que j'aurais prou d'affaires et loin de moyens, il me semblait que ce serait plus d'avantage pour moi d'aller loin de mon fumier que demeurer dessus. Et conseillerai toujours à un mien ami de prendre charge plutôt loin que près du lieu de sa demeure : car enfin nul n'est prophète en son pays (2).

(1) *Comm. et lettres* de B. de Monluc, t III, livre v, p. 71.
(2) *Comm. et lettres* de B. de Monluc, t. III, livre v, p. 70-71.

CHAPITRE VI

DERNIÈRES CAMPAGNES DE MONLUC.

I. Les ennemis de Monluc. Ses relations équivoques avec le roi d'Espagne.
II. Les confidences de la reine Catherine.
III. Les idées politiques de Monluc. La première ligue catholique en Guyenne.
IV. La seconde guerre civile. Monluc est soulagé, bien malgré lui, d'une partie de ses fonctions.
V. Où l'on voit que notre héros commence à vieillir.
VI. Démêlés homériques de Monluc et de Damville.
VII. Commencement des mauvais jours.
VIII. La dernière campagne d'un vieux soldat.
IX. Assaut du château de Rabastens.
X. *Lou nase* de Rabastens et le touret de nez de ce bon M. de Monluc.
XI. Tout vient à point à qui sait attendre. Monluc est créé maréchal de France.
XII. La fin d'un vieux Rodomont.
XIII. Quelques mots sur la vie domestique de Monluc.

I

LES ENNEMIS DE MONLUC. SES RELATIONS ÉQUIVOQUES AVEC LE ROI D'ESPAGNE.

Ce n'était pas l'ordinaire en ce temps-là qu'un petit noble de rien du tout comme Monluc (1) fît la barbe aux premiers du royaume en leur subtilisant des places auxquelles ils croyaient avoir des droits exclusifs. Les Montmorency grognèrent

---

(1) Messire Blaise de Monluc, chevalier de l'ordre du Roi, conseiller en son conseil privé et son lieutenant général en Guyenne en l'absence de M. le prince de Navarre.

et firent plus tard sentir à notre homme le poids de leur rancune ; les Navarre ne furent pas de meilleure humeur, et ils avaient de bonnes raisons pour cela, s'il est vrai que Monluc eût réellement essayé de mettre la main sur Jeanne d'Albret, dans la campagne de 1562. Mais notre rusé Gascon était de ceux qui savent toujours se ménager une carte maîtresse. L'envoi des renforts espagnols en Guyenne lui avait permis de nouer des relations avec la cour d'Espagne par l'intermédiaire d'un certain Bardachin, personnage équivoque, capitaine de bandouliers au service de la France et espion au service du roi d'Espagne. A l'entrevue de Bayonne en 1565, il remit au duc d'Albe un mémoire sur la situation de la France : il s'y plaignait vivement de l'attitude du chancelier de l'Hôpital, conseillait de mettre la main sur la Rochelle pour mater les huguenots et suppliait le roi d'Espagne d'offrir à Charles IX son amitié sans aucune feintise, et *sans qu'il eût aucun doute dans le cœur des secourus* (1). Ce dernier conseil partait au moins d'une bonne âme ; mais il faut se méfier quand on trouve des naïvetés de ce genre dans Monluc. Il n'était sans doute pas aussi fin politique que le duc d'Albe qui se moque de sa vanité ; mais ses allures de paon qui fait la roue ne l'empêchaient pas d'avoir un souci infatigable de ses intérêts personnels, et s'il adorait la flatterie, il ne s'y laissait pas

(1) *Comm et lettres* de B. de Monluc, t. V, n° 137, p. 23.

facilement piper. Dans l'espèce, il y avait tant de haines — et de si puissantes — amassées sur sa tête qu'il avait songé, dans le cas d'une victoire, toujours possible, des réformés, à chercher un asile en pays étranger, et il avait obtenu de Philippe II l'assurance d'un accueil honorable et d'un rang à la cour d'Espagne qui ne lui permettrait pas de regretter la France. Comme son très honorable et très malin frère, M. de Valence, le bonhomme, si rêche et si raide quand il avait le harnais de guerre aux épaules, savait à l'occasion plier l'échine devant les puissants dont il avait besoin. Par malheur, ces sortes de négociations ont toujours quelque fissure par où le secret s'échappe; les ennemis de Monluc, informés à demi de ce qui se passait, aggravèrent son cas en répandant le bruit qu'il voulait livrer la Guyenne aux Espagnols : accusation peu vraisemblable, mais qui ne laissa pas de trouver quelque créance à Paris.

II

LES CONFIDENCES DE LA REINE CATHERINE.

Pour qui connaît la vanité transcendentale de Monluc, ce fut pour lui un vrai coup de fortune que le voyage du roi et de sa mère à travers les provinces. Il alla les saluer tous les deux à Toulouse, et on le voit d'ici faisant le gros dos auprès de la reine qui ne se lassait pas de causer avec lui et de le faire causer.

— Un jour étant en sa chambre avec Messieurs les cardinaux de Bourbon et de Guise, elle me raconta ses fortunes et la peine où elle s'était trouvée : et entre autres choses me dit que le soir que la nouvelle lui vint que la bataille de Dreux était perdue (car quelque hardie lance lui donna cette alarme, n'ayant pas eu loisir d'attendre ce que M. de Guise ferait, après que monsieur le connétable fut rompu et pris), elle fut toute la nuit en conseil où étaient mesdits seigneurs les cardinaux, pour aviser quel parti elle prendrait pour sauver le roi. Enfin sa résolution fut que si le matin la nouvelle se fût trouvé véritable, elle tâcherait se retirer en Guyenne, encore que le chemin fût bien long, où elle se tenait plus assurée qu'en tout autre pays de France. Je prie Dieu qu'il ne m'aide jamais si les larmes ne m'en vinrent aux yeux, lui oyant raconter sa désolation. Et lui dit ces mêmes mots : « Hé ! mon Dieu, madame, vous êtes-vous trouvée en telle nécessité ? » Elle me l'assura et jura sur son âme comme firent aussi messieurs les cardinaux. Il faut dire la vérité, que, si cette bataille eût été perdue, Sa Majesté eût eu bien à souffrir et crois que c'était fait de la France, car l'état eût changé et la religion : car à un jeune roi on fait faire ce qu'on veut (1).

III

LES IDÉES POLITIQUES DE MONLUC. LA PREMIÈRE LIGUE CATHOLIQUE EN GUYENNE.

En dépit de sa vanité risible qui allait quelquefois jusqu'à l'outrecuidance, Monluc voyait clair et juste. L'Eglise catholique et l'Etat étaient deux forces qui s'étayaient mutuellement : l'une par terre, l'autre s'écroulait aussitôt. Pas d'évêques, pas de rois, disait plus tard Jacques Ier d'Angle-

---

(1) *Comm. et lettres* de B. de Monluc, t. III, livre VI, p. 79.

terre ; et c'était là une formule applicable la à France du XVIe siècle. C'est ce que Monluc démontrait fort bien dès 1563 (décembre), dans les

Catherine de Médicis.

mémoires et instructions confiés par lui à son fidèle Charry qui s'en allait en cour :

— Les anciens qui ont tenu les conciles ont bien regardé à cela quand ils ont uni notre foi avec la continuation de la monarchie des princes : car ils ont bien pesé que le peuple qui est gouverné sous un monarque est beaucoup plus assuré et tenu en la crainte de Dieu et à l'obéissance qu'il doit porter à son roi que non celui qui est sous une république en laquelle sa loi amène tout le monde et détruit les monarchies... Que l'on regarde dès ce genre ce qui se fait en Angleterre et en Ecosse, et si ce n'est plutôt manière d'aristocratie ou démocratie que non de monarchie. Et quand le roi sera grand, il voudra demander sa liberté, laquelle ne lui sera concédée, et s'il fait semblant de la vouloir avoir par force, son conseil même lui coupera la gorge et feront un autre roi à leur plaisir (1).

Ces mêmes idées qu'il remâchait depuis le début des guerres civiles avaient amené Monluc dès 1562 à établir pour le service du roi et la défense de l'Eglise une ligue catholique en Guyenne et Gascogne qui fut dissoute l'année suivante après la paix d'Ambroise. Trois ans plus tard, avec la ténacité qui faisait sa force, il reparla de cette ligue à Catherine de Médicis, alors de passage à Mont-de-Marsan : le projet fut repris et étendu à tout le royaume. Ce fut *la confédération du roi*, à laquelle furent obligés de souscrire tous les princes, grands seigneurs, gouverneurs de province et capitaines de gens d'armes.

— Et encore que je sois qu'un pauvre gentilhomme, dit Monluc avec une feinte humilité, mais qui en crevait dans sa peau de satisfaction, le roi voulut que je m'y signasse pour la charge que je tenais de lui (2).

La confédération fut signée : on n'en parla plus ensuite, et l'on put croire qu'il n'y avait qu'un parchemin de plus dans les coffres du roi. Onze ans

(1) *Comm. et lettres* de B. de Monluc, t. IV, p. 294, n° 97.
(2) *Comm. et lettres* de B. de Monluc, t. III, livre VII, p. 88.

plus tard, l'explosion de la Sainte Ligue prouva que l'idée était bonne et que le pétard de Monluc avait fait son chemin.

IV

LA SECONDE GUERRE CIVILE. MONLUC EST SOULAGÉ BIEN MALGRÉ LUI D'UNE PARTIE DE SES FONCTIONS.

La guerre civile recommença en 1567. Monluc, qui était bien servi par ses espions, l'avait crié sur tous les tons à Catherine. Les galants de cour ne firent que rire des croassements du corne-guerre, comme ils l'appelaient spirituellement. Quand il fallut bien avouer que le vieux radoteur ne s'était pas trompé, on ne lui en sut pas meilleur gré. Il avait une façon si méprisante pour les autres d'avoir raison qu'elle faisait toujours souhaiter qu'il eût tort. On l'abreuva de dégoûts : Catherine de Médicis, qui avait trop pratiqué les hommes pour ne pas apprécier celui-là à sa juste valeur, le trouvait trop bavard et trop vantard. Ce sont les deux péchés mignons de la race ; et Monluc, il l'avoue lui-même, n'avait pas su s'en défendre. Plus que jamais, la famille qui était aussi la faction des Montmorency le poursuivait de sa haine, et le connétable, qui fut tué à quelque temps de là, eut le crédit de lui faire enlever la moitié du gouvernement de Guyenne (Bordeaux et Bordelais) au profit de Henri de Foix, seigneur de Candale. Monluc, qui avait joué au temps jadis le même tour à Burie, ne put digérer la pilule et éclata en récriminations :

— Je fus fort ébahi de cela et connus bien qu'on m'avait donné une traverse à la cour et que le roi et la reine ne m'eussent jamais fait ce tour-là sans quelques prêteurs de charité : car, grâce à Dieu, auprès des rois de France en y a toujours de telles gens à revendre et qui ne s'attaquent qu'aux meilleurs et plus affectionnés serviteurs que les rois ont (1).

V.

OU L'ON VOIT QUE NOTRE HÉROS COMMENCE A VIEILLIR.

Il fallut se résigner. La mesure prise envers Monluc pouvait d'ailleurs se justifier par le mauvais état de sa santé. La machine, surmenée par quarante-cinq ans de dures fatigues, demandait enfin grâce. Criblé de blessures, sillonné de balafres, craquant des jointures, en proie aux infirmités qui envahissent le corps d'un vieillard, comme les eaux un navire qui coule, Monluc n'était plus que l'ombre du Monluc d'autrefois. L'ancien rodomont levait encore la tête comme un vieux cheval de régiment au son de la trompette, mais ce n'était plus que le dernier effort d'un cœur généreux qui ne veut pas se rendre. Après la paix de Longjumeau, il resta trois mois au lit pour une jambe blessée ; il pensait être guéri quand un catarrhe survint et faillit l'emporter. Du catarrhe il retomba dans une maladie plus dangereuse que les précédentes. Amis, ennemis et médecins, les médecins surtout, pro-

(1) *Comm. et lettres* de B. de Monluc, t. III, livre VI, p. 125.

nostiquaient que c'était fini. Il leur donna tort en se relevant encore une fois et en reprenant la campagne. Mais il fut obligé de se rendre à Cahors en litière. Monluc en litière, ce n'était plus Monluc, c'était son ombre ou son fantôme. Ceux de ses vieux amis, les aventuriers du Piémont qui vivaient encore, durent en faire des gorges chaudes. Où était le temps où il galopait, plein de force et d'ardeur, sur son fameux cheval turc? La fortune, qui n'aime pas les vieillards, l'abandonna dans cette troisième guerre civile. Il n'osa pas arrêter au passage la reine de Navarre qui se rendait à la Rochelle, et il s'en excusa en disant qu'il n'avait pas d'ordres.

— Si le roi ou la reine avaient envie que je fisse, pourquoi est-ce qu'on ne me le demandait? je n'eusse rien craint alors : on veut que je sois prophète (1).

Il prenait peur des responsabilités; il faisait comme M. de Burie dont il s'était tant moqué, décidément il baissait. Il ne sut pas davantage arrêter l'armée protestante venant de Provence et allant en Saintonge, que conduisait M. d'Acier : et Dieu sait si l'on clabauda ensuite contre lui à la cour.

— A ouïr parler ceux qui m'accusent, vous diriez qu'avec les ongles je devais tuer tout et avec les dents prendre la Rochelle et Montauban. Je ne suis si fol de cracher contre le ciel et en pays désavantageux avec

(1) *Comm. et lettres* de B. de Monluc, t. III, livre VII, p. 173.

trois mille hommes en combattre vingt mille et par ma perte tirer la ruine du pays après moi. Je laisserai ce propos, ne voulant point entrer en excuses, car je n'ai en rien failli et ne veux apprendre mon métier de ces contrôleurs qui en parlent sous la cheminée loin des coups (1)...

VI

DÉMÊLÉS HOMÉRIQUES DE MONLUC ET DE DAMVILLE.

Ses querelles interminables avec le gouverneur du Languedoc, Henri de Montmorency, comte de Damville, firent encore plus de tort à Monluc que son inaction ou sa négligence. Dès la rentrée de Damville dans son gouvernement (juin 1569), il y eut des paroles aigres entre ces deux hommes qui ne pouvaient pas se souffrir. Sans parler de la vieille haine des Montmorency pour le Gascon, il y avait de Monluc à Damville un procès autrement plus grave qui se plaidait : Damville, véritable représentant de la noblesse de cour qui a fait tant de mal à la France, méprisait profondément le petit hobereau qui osait lui tenir tête ; et Monluc, organe cette fois de revendications qui ne lui étaient pas absolument personnelles, s'écriait fièrement en parlant de son rival :

— Je porterai honneur à l'état qu'il tient comme maréchal de France, mais non comme sieur de Damville. Il n'est fils que d'un gentilhomme, non plus que moi, sauf qu'il soit d'un baron de l'Ile-de-France et moi d'un pauvre gentilhomme d'aussi bonne race qu'il en ait, et

(1) *Comm et lettres*, de B. de Monluc, t. III, livre VI, p. 200.

suivants et appartenant de plus grands seigneurs qui soient en ce pays (1).

Damville, aussi haineux, plus puissant et plus adroit, ripostait en accusant Monluc d'infidélités, de malversations et de pillages. Ce dernier point, qui n'était peut-être pas tout à fait dénué de fondement, mettait notre homme hors de lui-même. Il rageait, il trépignait, il écumait. Oubliant qu'il n'était plus qu'un vieux stropiat et que les beaux temps d'Italie étaient loin, il s'écriait :

— De la puissance que Dieu m'a laissée qui n'est que le bras droit, je lui ferai connaître que je crains aussi peu la mort que lui ni autres Français (2).

Quand les chats se disputent, les souris dansent. Pendant que Monluc et Damville, tout entiers à leurs invectives, refusaient de concerter leurs opérations, le comte de Montgomery, avec vingt-deux enseignes de gens de pied protestants, entrait dans le Béarn, forçait le capitaine Terride de lever le siège de Navarreins, le poussait dans Orthez (7 août 1569) et le réduisait en six jours à capituler. Monluc dit lui-même dans ses Commentaires :

— Toute la France crie que si monsieur le maréchal Damville et Monluc eussent fait leur devoir, Montgomery eût été défait... (3).

(1) *Comm. et lettres* de B. de Monluc, t. V, p. 269, n° 258.
(2) *Comm. et lettres* de B. de Monluc, t. V, p. 269, n° 258.
(3) *Comm. et lettres* de B. de Monluc, t. III, livre VII, p. 28.

Et la France, n'en déplaise aux deux adversaires, avait raison. Ce qui suivit la prise d'Orthez augmenta encore l'émotion générale. Sainte-Colombe et quelques capitaines catholiques, exclus de la capitulation comme rebelles à la reine de Navarre, furent conduits à Pau et massacrés peu de jours après, dans leur prison. Tous les martyrs dans ces luttes fratricides n'ont pas été du côté des protestants. Le sang appelle le sang : Monluc fit massacrer la garnison de Mont-de-Marsan qu'il venait d'emporter d'assaut. A Moncontour, les catholiques firent une affreuse boucherie des huguenots en criant: « Sainte-Colombe! Sainte-Colombe ! »

VII.

COMMENCEMENT DES MAUVAIS JOURS.

Les mauvais jours étaient venus pour Monluc. On ne lui sut pas gré d'avoir tenu en respect l'armée des princes, à son passage à travers la Guyenne. Les accusations furieuses de Damville, répercutées par tous les échos de sa faction, trouvèrent du crédit à la cour, et l'on n'attendit plus qu'une occasion de se débarrasser de Monluc.

— Et lors je connus bien qu'on me voulait jeter toutes les fautes qui avaient été faites par deçà sur mes épaules, n'ayant personne à la cour pour me défendre. Et ai bien connu à cette heure que la plus grande faute que j'ai faite en ma vie, ç'a été de n'avoir voulu dépendre que des rois propres et depuis que les vieux sont morts et du roi et de la reine et de monsieur et que un homme qui a charge est plus assuré de dépendre d'un monsieur ou d'une madame, ou d'un cardinal ou d'un maréchal que non du roi, de la reine ni de monsieur : car ils déguiseront toujours à Sa Majesté les affaires comme bon leur semblera, et en seront crus de tous trois, car ils n'y voient que par les yeux d'autrui et n'yoient que par les oreilles des autres. Cela est mauvais, mais il est impossible d'y mettre ordre, et celui qui aura bien fait demeurera en arrière. Par ainsi, si je pouvais retourner à mon commencement d'âge, je ne me soucierais jamais de dépendre du roi ni de la reine, sinon de ceux qui ont crédit près de Leurs Majestés (1).

VIII

LA DERNIÈRE CAMPAGNE D'UN VIEUX SOLDAT.

L'armée des princes n'était plus menaçante, ayant passé en Languedoc et se dirigeant vers la Provence. Le roi écrivit à Monluc de marcher sur le Béarn. C'était un piège qu'on lui tendait : que voulait-on qu'il fît sans argent, sans artillerie, sans munitions ?

— Les lettres que Sa Majesté m'avait écrites pour l'entreprise étaient si maigres qu'il semblait que celui qui les avait devisées n'avait point grande envie que j'y allasse, ou bien que je n'y fisse rien qui valût, si ce n'est qu'il fût du tout ignorant (2).

Comme il tardait et pour cause, d'autres lettres

(1) *Comm. et lettres* de B. de Monluc, t. III, livre VII, p. 398.
(2 *Comm. et lettres* de B. de Monluc, t. III, livre VII, p. 396.

arrivèrent. Le roi trouvait étranges ses hésitations et lui reprochait amèrement de n'avoir rien fait qui vaille depuis trois ans. Le reproche n'était pas tout à fait injuste : Monluc avait vieilli, ses ressources étaient médiocres et ce qui était suffisant pour la guerre de partisans telle qu'elle se faisait en 1562, ne l'était plus pour tenir la campagne contre les armées régulières des réformés. Monluc était d'ailleurs plus encore victime de sa situation que de son âge et de ses infirmités. Exaspéré par les reproches de son souverain, il eut un instant l'envie de donner sa démission : l'idée qu'il ferait plaisir à Damville le retint. Il rassembla à la hâte quelques troupes, tira un peu d'artillerie de Toulouse et marcha sur Rabastens. Il trouva à qui parler : les gens de Rabastens, trop faibles pour défendre leur ville, y mirent le feu et se jetèrent dans le château. Monluc, qui était hors de lui-même depuis la dernière lettre du roi, ne sentait plus son âge : soutenu par la colère, il ne prenait même plus le temps de dormir, et bien qu'il eût sous ses ordres d'excellents capitaines, il payait encore de sa personne, comme aux temps de sa prime jeunesse, quand il servait sous M. de Lautrec. Après avoir battu les tours du château pendant cinq jours, il résolut de donner l'assaut. Il était dans un état d'excitation incroyable, et un pressentiment lui disait qu'il devait être tué ou blessé cette fois-là. Avant l'action, il fit venir ses gentilshommes, et leur versa quelques rasades de vin :

— Buvons, dit-il, mes compagnons, car bientôt se verra qui a tété de bon lait : Dieu veuille que nous puissions quelque jour boire ensemble : si nos derniers jours sont venus, il n'est en notre pouvoir de rompre les destinées (1).

IX

ASSAUT DU CHATEAU DE RABASTENS.

Les trompettes sonnèrent l'assaut ; mais la tâche était rude et les gens de pied reculèrent. Monluc ne put supporter la vue de leurs rangs qui flottaient : il oublia tout à coup, dans la chaleur de la bataille, qu'il devait être tué ou blessé, et, entouré de ses gentilshommes, il marcha lui-même à l'escalade. Les protestants, du haut des tours à demi écroulées, faisaient un feu d'enfer sur cette petite troupe qui marchait coude à coude derrière le maître. Les meilleurs des chefs catholiques tombèrent avant d'avoir atteint le fossé; les autres, suivis des soldats, s'élancèrent sur la brèche. Monluc était toujours au premier rang, excitant les siens de la voix et du geste : une minute de plus, et il fût sorti sain et sauf de la bagarre ; mais ses pressentiments ne l'avaient pas trompé :

— J'avais fait porter trois ou quatre échelles au bord du fossé, et comme je me retournais en arrière pour commander que l'on apportât deux échelles, l'arquebusade me fut donnée par le visage au coin d'une barri-

(1) *Comm. et lettres* de B. de Monluc, t. III, livre VII, p. 420.

cade qui touchait à la tour; et crois qu'il n'y avait pas là quatre arquebusiers, car tout le reste de la barricade avait été mis par terre de deux canons qui tiraient en flanc. Tout à coup je fus tout en sang : car je le jetais par la bouche, par le nez et par les yeux. Monsieur de Goas me voulut prendre, cuidant que je tombasse. Je lui dis : « Laissez-moi, je ne tomberai point : suivez votre pointe ». Alors presque tous les soldats et presque aussi tous les gentilshommes commencèrent à s'étonner et se voulurent reculer : mais je leur criai encore que je ne pouvais guère bien parler, à cause du grand sang que je jetais par la bouche et par le nez : « Où voulez-vous aller? où voulez-vous aller? Vous voulez vous épouvanter pour moi. Ne vous bougez ni n'abandonnez point le combat, car je n'ai point de mal, et que chacun retourne en son lieu » Couvrant cependant le sang le mieux que je pouvais et dis à monsieur Goas : « O monsieur de Goas, gardez, je vous prie, que personne ne s'épouvante et suivez le combat ». Je ne pouvais plus demeurer là : car je commençais à perdre la force et dis aux gentilshommes : « Je m'en vais me faire panser et que personne ne me suive, et vengez-moi si vous m'aimez ». Et pris un gentilhomme par la main, lequel je ne saurais nommer, car je n'y voyais presque comme rien, et m'en retournai par le même chemin que j'y étais allé et trouvai un petit cheval d'un soldat sur lequel je montai, comme je peux, aidé de ce gentilhomme et ainsi fus conduit à mon logis, là où je trouvai un chirurgien du régiment de M. de Goas, nommé maitre Simon, qui me pansa et m'arrachait les os des deux pommettes du visage avec les doigts, si grands étaient les trous, et me coupa force chair du visage.

X.

Lou Nase DE RABASTENS ET LE TOURET DE NEZ DE CE BON M. DE MONLUC.

La blessure guérit, mais Monluc resta défiguré. Soit par coquetterie, soit pour mettre le haut du visage à l'abri de l'air, il prit l'habitude de porter, comme les élégantes du temps, un loup ou, ainsi qu'on disait alors, un touret de nez. Les huguenots gascons, pour qui Monluc était une sorte de croquemitaine, firent plus d'une gorge chaude sur « *lou nase de Rabastens* ». Il supporta ces plaisanteries avec sa bonne grâce accoutumée : ce qui n'est pas beaucoup dire.

L'affaire de Rabastens était l'occasion qu'on attendait à la cour pour se débarrasser de Monluc. On lui donna un successeur sans même demander son avis, et ce remplacement eut tout l'air d'une destitution. Il laissa éclater son dépit dans une longue lettre qu'il écrivit au roi, mais qui fut en même temps imprimée et répandue partout. On voit que, sur ce point, notre siècle n'a rien innové.

XI

TOUT VIENT A POINT A QUI SAIT ATTENDRE. MONLUC EST CRÉÉ MARÉCHAL DE FRANCE.

L'heure de la retraite avait sonné pour lui. Il se retira en grognant dans ses terres et y passa son temps à dicter ses souvenirs. Il avait soixante-huit ans; il était en piteux état, plus souvent dans son lit que sur son cheval, et quand il ne racontait pas ses exploits homériques des temps jadis, il sommeillait doucement au coin de son feu. Mais la vieillesse, avec ses stations prolongées dans le même endroit ou ses promenades à petits pas le long d'une allée de jardin, est pesante à ceux qui ont connu les enivrements du grand air, de la course et de l'action. « *Lou nase de Rabastens* », avec son masque à travers les trous duquel brillaient encore deux yeux ardents, n'avait pas terminé sa carrière. Une dernière jouissance et un dernier honneur étaient réservés à cette vieille relique des guerres étrangères et civiles. Au commencement de l'année 1573, il se rendit au camp des catholiques devant la Rochelle.

— Je fus appelé au festin comme les autres, et comme je veux que Dieu m'aide, quand je pris ma résolution de m'y en aller, je fis état d'y mourir et que ce serait là mon tombeau (1).

Il y parut grognon, insupportable, fâcheux, prêcheur, rabâcheur et vieux jeu. Les jeunes gens qui papillonnaient autour du duc d'Anjou ne lui épargnèrent pas les quolibets ; mais l'issue du siège montra qu'il avait raison, et il fallut s'en retourner sans avoir pris la ville. Le duc reçut, sur ces entrefaites, la nouvelle que le frère de Monluc, Jean, évêque de Valence, avait réussi à le faire nommer roi de Pologne. Il n'oublia pas ce service, et à son retour de Pologne en France en 1574, il donna le bâton de maréchal de France à Monluc. C'était un honneur inespéré pour un gentillâtre gascon ; mais c'était aussi un acte

(1) *Comm. et lettres* de B. de Monluc, t. III, livre VII, p. 525.

de justice et de sage politique à l'égard d'une classe d'hommes loyaux, méritants et soumis, que la royauté a sans cesse sacrifiés à l'arrogante et importune noblesse de cour.

XII

LA FIN D'UN VIEUX RODOMONT.

Monluc regretta, en recevant le bâton, de n'avoir pas dix bonnes années dans le ventre pour justifier la faveur dont il était l'objet. L'enragé qui pouvait à peine se tenir en selle parut avec son touret au siège de Gensac, et il goûta encore une fois l'ineffable béatitude de servir de cible aux arquebusades. Et puis ce fut fini : il fallut dire adieu pour toujours à ces francs plaisirs d'autrefois. Mais si le corps accablé criait merci, la tête toujours brûlante se plaignait de ne pouvoir agir. Aux trois quarts impotent, estropié, mutilé, les bras et les jambes aussi faibles que ceux d'un enfant, Monluc faisait encore des projets. Quand le diable devient vieux, il se fait ermite. Il voulait finir ses jours au prieuré de Sarracolin, et il termine ses mémoires en disant :

— Si Dieu me prête vie encore, je ne sais que je ferai (1).

(1) *Comm. et lettres* de B. de Monluc, t. III, livre VII, p. 538.

XIII

QUELQUES MOTS SUR LA VIE DOMESTIQUE DE MONLUC.

Monluc vécut encore quelque temps au milieu des siens. Sa vie domestique, faite d'échappées entre chacune des guerres où il avait pris part, avait été peu mouvementée. Il avait épousé en premières noces Antoinette Ysalguier, fille de Jacques Ysalguier, baron de Clermont, le 20 octobre 1526 ; il la perdit au mois d'août 1562 et mentionne sa mort en passant dans ses Commentaires :

— Je me retirai à Estillac pour donner quelque ordre à ma maison, ayant su la mort de ma femme (1).

C'est tout et ce n'est pas grand'chose, comme on voit. Moins de deux ans après, à l'âge de 62 ans, il épousa, le 31 mai 1564, Isabeau-Paule de Beauville, fille du baron de Beauville, et il en eut une fille, Charlotte-Catherine de Monluc, qui fut tenue sur les fonts baptismaux, le 25 mars 1565, par le roi d'une part, la reine-mère et Mlle de Guise d'autre part. Le bonhomme, redevenu père dans un âge aussi avancé et honoré de l'amitié de tous ces illustres personnages, en cuida crever d'orgueil.

La première femme de Monluc lui avait donné quatre fils ; trois suivirent la profession des armes et moururent avant leur père. Marc-An-

---

(1) *Comm. et lettres* de B. de Monluc, t. II, livre v, p. 452.

toine, l'aîné, fut tué d'une arquebusade près d'Ostie.

— Le pape, les cardinaux et tout le peuple romain témoignèrent les regrets qu'ils avaient de sa mort. Si Dieu me l'eût sauvé, j'en eusse fait un grand homme de guerre, car outre qu'il était fort vaillant et courageux, je connus toujours en lui de la sagesse qui excédait la portée de son âge (1).

L'autre, le second, le préféré du père, Pierre-Bertrand de Monluc, vulgairement appelé le capitaine Peyrot, incapable ainsi que son père de vivre en repos, après la première guerre civile s'embarqua le 23 août 1566 à Bordeaux, pour une expédition lointaine dont le but était Madagascar. Il périt dans une attaque sur Madère où il avait essayé de se ravitailler. Son père, qui l'aimait profondément malgré le visage sévère et triste qu'il lui avait toujours montré, ne se consola jamais de sa perte.

— Que s'il eût plu à Dieu me le conserver, on ne m'eût prêté les charités qu'on a fait. Bref je l'ai perdu en la fleur de son âge et lorsque je pensais qu'il serait mon bâton de vieillesse et le soutien de son pays qui en a eu bon besoin. J'avais perdu le courageux Marc-Antoine, mon fils aîné, au port d'Ostie ; mais celui qui mourut à Madère pesait tant qu'il n'y avait gentilhomme en Guyenne qui ne jugeât qu'il surpasserait son père. Je laisse à discourir à ceux qui l'ont connu quelle était sa valeur et sa prudence. Il ne pouvait faillir d'être bon capitaine, si Dieu l'eût préservé ; mais il dispose de nous comme il lui plaît. Je crois que ce petit Monluc qu'il m'a

---

(1) *Comm. et lettres* de B. de Monluc, t. II, livre IV, p. 192.

laissé tâchera à l'imiter soit en valeur ou en loyauté envers son prince, comme toujours les Monluc ont fait. S'il n'est tel, je le désavoue (1).

Le troisième, Fabian de Monluc, seigneur de Montesquiou, fut tué après la Saint-Barthélemy, dans la quatrième guerre civile, en voulant forcer une barricade à Nogaro. Le dernier, Jean de Monluc, était d'Eglise. D'abord chevalier de Malte, il devint évêque de Condom en 1571, et mourut en 1585.

La maison du vieux Monluc, après tant de deuils, eût été bien solitaire, s'il n'y eût eu pour l'animer sa dernière fille, toute jeune encore, et surtout ses trois petits-fils. C'est pour ces derniers que le farouche aventurier, devenu un bon et presque tendre grand-père, adresse au roi, à la fin de ses Commentaires, cette requête touchante :

— Dieu les veuille conserver pour faire service à leurs rois et à leur patrie, sans faire honte au nom qu'ils portent, et qu'ils étudient bien mon livre et se mirent dedans ma vie, tâchant à surmonter leur aïeul s'ils peuvent. Sire, souvenez-vous d'eux, s'il vous plaît. Je laisse parmi leurs papiers la lettre que vous m'écrivîtes de Villers-Cotterets, le troisième de décembre 1570, où il y a ces mots : « Tenez-vous pour assuré que j'aurai souvenance à jamais de vos longs et grands services desquels si vous ne pouvez recevoir la récompense condigne, vos enfants achèveront d'en cueillir le fruit, joint qu'ils sont tels et m'ont déjà si bien servi que d'eux-mêmes ils ont mérité que l'on fasse pour eux ce que je serai bien aise de faire quand l'occasion se présentera. » Sire, voilà votre pro-

(1) *Comm. et lettres* de B. de Monluc, t. III, livre v, p. 75.

messe, un roi ne doit jamais rien dire ni promettre qu'il ne le veuille tenir (1).

B. de Monluc mourut sans doute en 1577, à son château d'Estillac, où il fut enterré et où l'on voit encore sa tombe.

(1) *Comm. et lettres* de B. de Monluc, t. III, livre VII, p. 502.

LIVRE SECOND

LES COMMENTAIRES DE BLAISE DE MONLUC, MARÉCHAL DE FRANCE.

> « M'étant retiré chez moi en l'âge de soixante et quinze ans, pour trouver quelque repos, après tant et tant de peines par moi souffertes pendant le temps de cinquante-cinq ans que j'ai porté les armes pour le service des rois mes maîtres....... me voyant stropiat de presque tous mes membres d'arquebusades, coups de pique et d'épée et à demi inutile....... j'ai voulu employer le temps qui me reste à décrire les combats auxquels je me suis trouvé pendant cinquante et deux ans que j'ai commandé, m'assurant que les capitaines qui liront ma vie y verront des choses desquelles ils se pourront aider en semblables occasions et desquelles ils pourront aussi faire profit et acquérir honneur et réputation. »
>
> (B. de Monluc, début des *Commentaires*.)

CHAPITRE PREMIER

LE MANUEL DU PARFAIT CAPITAINE.

I. Les loisirs d'un vieil officier de fortune.
II. Les Commentaires de B. de Monluc ou le « Manuel du parfait capitaine. »
III. Des multiples qualités nécessaires en ce temps-là pour être un bon officier.
IV. Où il est question d'une discipline militaire qui ne ressemblait pas à la nôtre.

V. Conseils donnés par Monluc aux capitaines ses compagnons d'armes. Un bon capitaine ne doit pas jouer.
VI. Un bon capitaine ne doit pas boire.
VII. Un bon capitaine ne doit pas voler.
VIII. Comment Monluc prêcha d'exemple en résistant aux tentatives de corruption des huguenots.
IX. Honnêteté et délicatesse au xvie siècle. Les remerciements de Mme de Cossé et ce qu'en pensa son mari.
X. La bohème militaire en campagne.
XI. Les générosités de M. de Monluc.
XII. Où l'on voit que la nécessité d'une caisse des retraites pour les officiers se faisait déjà sentir il y a trois cents ans.
XIII. Mme la Picorée. ce qu'elle était, et pourquoi on la tenait en grand honneur.

I

LES LOISIRS D'UN VIEIL OFFICIER DE FORTUNE.

Que peut faire en son gîte un vieil invalide dont la tête est encore entière, mais qui n'a plus la force de lever un pied devant l'autre ? Il raconte ses campagnes du temps passé à qui veut l'entendre ; et, pour peu que sa vie se prolonge quelques années, ceux qui l'entourent finissent par les connaître mieux que lui et par le reprendre aux endroits où la mémoire lui manque. Quand il a fait, comme Monluc, un peu de bruit dans le monde, un auditoire aussi restreint ne lui suffit pas : il veut intéresser à sa vanité le monde entier ; il écrit ou il dicte ses mémoires pour sa plus grande satisfaction et aussi pour l'enseignement des races futures. C'est en effet dans ces deux caractères réunis que se trouve la véritable originalité de l'œuvre de Monluc. Ce sont à la fois des *Mémoires* et des *Commentaires* : des mémoires parce qu'il y raconte, en traits saisissants, la vie d'un officier de fortune au xvie siècle ; des commentaires, parce qu'en dehors de sa vanité souvent bouffonne, qu'il faut lui passer, chacun de ses récits, si vivants et si animés, est une leçon qu'il propose à ses lecteurs, et que l'ensemble en forme un traité d'histoire et d'art militaire qui n'a pas vieilli outre mesure depuis trois siècles.

II

LES COMMENTAIRES DE B. DE MONLUC OU LE MANUEL DU PARFAIT CAPITAINE.

Henri IV, cet autre Gascon, du même métal que Monluc, mais passablement plus affiné, disait des Commentaires de son compatriote : « *C'est la Bible du soldat.* » C'était bien juger cette œuvre touffue, exubérante, bizarre, pleine de pétarades et de gasconnades, sorte de roman comique d'un aventurier de bonne maison, mais où éclate, par tous les pores, avec une naïveté intempérante et fougueuse, la seule passion que Monluc ait nourrie après lui-même, la passion pour le noble métier des armes. Bible du soldat, d'accord, mais je préférerais l'appeler *le Manuel du parfait capi-*

taine. Monluc s'y raconte moins encore pour se léguer à la postérité que pour servir de miroir aux hommes de guerre qui le suivront. C'est un livre d'enseignement, où le maître ne trouve guère à citer d'autre exemple que le sien. César a bien écrit ses Commentaires ; pourquoi n'en ferait-il pas autant, comme il le dit lui-même avec ce naturel dans la vanité qui désarme toute critique? Le pis, c'est que ce diable d'homme a raison : son œuvre serait parfaite si à chaque détour d'allée on ne rencontrait pas sa statue, et, même avec cette vision obsédante, elle reste pour les officiers une excellente école de volonté, de courage et de discipline. Il le savait bien, le vieux rodomont d'Italie, quand il s'écriait au début de son livre, d'un ton plein d'assurance — en a-t-il jamais eu un autre ?

— C'est à vous, capitaines mes compagnons, à qui principalement il s'adresse : vous en pourrez peut-être tirer du profit. Vous devez être certains que puisqu'il y a si longtemps que j'ai été en votre degré et si longuement exercé la charge de capitaine de gens de pied, de mestre de camp par trois fois, comme j'ai déjà écrit, de colonel : il faut donc que vous croyiez que j'ai retenu quelque chose de cet état-là et que par longue expérience j'ai vu advenir aux capitaines beaucoup de bien et à d'autres beaucoup de maux. Et de mon temps il en a été dégradé de noblesse et des armes, d'autres perdu la vie sur un échafaud, autres déshonorés et retirés en leurs maisons sans que jamais les rois ni autres en aient voulu plus faire compte. Et au contraire d'autres en ai vu parvenir qui ont porté la pique à six francs de paie, de faire des actes si belliqueux et se sont trouvés si capables qu'il y en a eu prou qu'étaient fils de pauvres laboureurs et se sont mis par devant beaucoup de nobles pour leur hardiesse et vertu (1).

III

DES MULTIPLES QUALITÉS NÉCESSAIRES EN CE TEMPS-LA
POUR ÊTRE UN BON OFFICIER.

Sans doute, dans les remontrances de Monluc aux capitaines des gens de pied, tout n'est plus également bon à recueillir. Le XVIe siècle a disparu, et avec lui les mœurs spéciales des armées faites de mercenaires de toutes nations. Ce n'était pas une sinécure de bureau que la profession d'officier en ce temps-là. Il fallait se plaire partout et plaire à tous, se plier aux préjugés ou aux habitudes de ses hommes, leur parler leur langue, les comprendre et en être compris. Un bon capitaine était obligé de connaître autant d'idiomes qu'un fonctionnaire actuel de l'Autriche-Hongrie. Monluc, qui recommande à ses compagnons d'armes l'étude des langues étrangères, prêchait d'exemple; il parlait l'italien, l'espagnol, et même l'anglais. L'allemand lui était inconnu, et ce lui fut un embarras au siège de Sienne où il ne put avoir sur les gens du Rincroc la même autorité que sur les Italiens et les Français : aussi le quittèrent-ils sans scrupules avant la fin. Savoir plusieurs langues n'était rien, si l'on dédaignait l'étude des caractères. Auprès des soldats de ce

(1) *Comm. et lettres* de B. de Monluc, t. I, livre I, p. 29.

temps-là, les nôtres ont l'air de petites filles. Tous ces mercenaires venus Dieu sait d'où et allant le diable sait où, étaient étrangement outrageux : ils mettaient le marché à la main de leurs maîtres avec une superbe insolente à laquelle on ne trouvait rien à répondre, surtout quand la caisse du régiment était vide : on ne pouvait leur clore la bouche qu'en l'emplissant de bons morceaux, ou en leur abandonnant à discrétion les villes prises. Quand M. de Guise prit Thionville (juin 1558), il eut assez d'autorité pour sauver la ville du pillage ; mais il était M. de Guise, et encore fut-il obligé de tirer son camp hors de là, car autrement il n'eût pu être maître des soldats :

— Et à la vérité dire ils méritaient qu'on leur donnât le sac : car c'est leur ôter le cœur si on ne leur donne quelque curée. Et peu de chose qu'ils gagnent de l'ennemi les contente plus que quatre paies (1).

Les petits capitaines étaient bien obligés d'en passer par le caprice des soldats. Ils se réglaient sur les hommes, et non les hommes sur eux, comme de nos jours. Ils faisaient bonne mine à de vilaines mœurs, ils ripaillaient comme de vulgaires estafiers avec les Allemands et les Suisses dont tout le plaisir consistait à s'emplir de mangeaille et à se rougir la trogne ; ils faisaient les dévotieux avec les Espagnols, sombres et maigres hanteurs d'églises, hidalgos pleins de morgue et

(1) *Comm. et lettres* de B. de Monluc, t. II, livre IV, p. 293.

râpés jusqu'aux os, faisant flotter sur un feutre à jour de vieux panaches roussis ; enfin — et ce n'était pas pour des Français la partie la plus agréable de leur tâche, ils étaient discrets avec les Italiens et n'essayaient pas de glisser un œil curieux dans les ménages de ces féroces gardiens de l'honneur conjugal. Monluc à Sienne prétend qu'il se comporta si bien parmi cette nation soupçonneuse et défiante qu'il n'y eut nul citadin qui se pût plaindre de lui. Il faut l'en croire sur parole ; mais tous les capitaines n'avaient pas la sage retenue des Scipion et des Monluc :

> — A ces hommes-là il leur faut une quenouille et non une épée. Et outre la débauche et perte de temps, ce métier amène une infinité de querelles et quelquefois avec vos amis. J'en ai vu plus combattre pour cette occasion que pour le désir de l'honneur. O la grande vilenie que l'amour d'une femme vous dérobe votre honneur et bien souvent vous fasse perdre la vie et diffamer (1) !

IV

OU IL EST QUESTION D'UNE DISCIPLINE MILITAIRE QUI NE RESSEMBLAIT PAS A LA NÔTRE.

Avec des troupes aussi bariolées, les mutineries étaient fréquentes. Le désordre et la désobéissance étaient la règle, traversée de temps à autre par une sorte de discipline brutale dont les à-coup étaient plus violents qu'efficaces. A

---

(1) *Comm. et lettres* de B. de Monluc, t. I, livre I, p. 39, 40.

peu près impuissant en temps ordinaire, le chef, à l'heure de la bataille, recouvrait son autorité. A Cerisoles, le capitaine Laburthe, qui remplissait les fonctions de sergent-major ou, comme on disait encore, de sergent de bataille, tua d'un coup de pique un jeune seigneur venu, avec tant d'autres, de Paris pour se battre et qui n'avait pas voulu quitter le rang où il s'était placé lui-même, de sa propre volonté. Le roi, auquel on en porta plainte n'osa pas sévir. Tel est l'inconvénient de ces rigueurs intermittentes que pour frapper plus fort elles dépassent souvent le but. M. de Guise à Calais montra plus de tact et de jugement que le capitaine Laburthe. La ville prise, il avait commis Saint-Estèphe, un de ses capitaines, à un poste d'une réelle importance. Saint-Estèphe, pendant que ses camarades pillaient les maisons, enrageait d'être ainsi privé de sa part de butin. A force de ronger son frein et de gratter la terre du pied, il ne put y tenir. Il quitta son poste et courut faire comme les autres. Le retour fut amer. Quand on le traîna devant M. de Guise, la vue du grand chef, qui le fixait d'un œil sombre, le dégrisa sur-le-champ et il baissa la tête, comprenant toute l'étendue de sa faute. Jamais homme ne fut plus près de la potence. Mais Guise pesa la tentation à laquelle il avait soumis le malheureux, et sut l'excuser de n'y avoir pas résisté.

— *Baisez la terre*, lui dit-il.

C'était la cérémonie, singulièrement saisissante,

par laquelle les soldats, au xvie siècle, préludaient à la bataille. Les Allemands et les Suisses surtout ne marchaient jamais à l'ennemi sans avoir baisé la terre. C'était une sorte d'invocation symbolique à la mère commune de tous les mortels qui allait peut-être bientôt les renfermer dans son sein. Saint-Estèphe ne se le fit pas dire deux fois, et baisa la terre. Il put ensuite aller en paix.

V

CONSEILS DONNÉS PAR MONLUC AUX CAPITAINES,
SES COMPAGNONS D'ARMES.
UN BON CAPITAINE NE DOIT PAS JOUER.

Quelques-uns des conseils que donne Monluc portent encore l'empreinte du temps où il vivait. Intéressants pour l'étude des mœurs militaires au xvie siècle, ils n'ont plus aujourd'hui qu'une importance secondaire. En dehors du champ de bataille, les cartes et les dés étaient alors toute la vie du soldat. Après le sac d'une ville, il se perdait et il se gagnait des fortunes sur un tambour. Etoffes de soie brochées d'or, bijoux sertis et ouvragés, pièces de velours ou de damas, armes richement ciselées, morions et corselets dorés passaient de main en main avec une effrayante rapidité, pour aller en dernier lieu enrichir les mercantis qui suivaient l'armée. La passion maladive des Chinois pour le jeu peut seule aujourd'hui donner une idée de la fureur qu'y apportaient en ce temps-là les aventuriers de toutes nations. Les plus enragés étaient peut-être encore les dévotieux Espagnols : l'or qu'ils ramassaient à la pelle en Italie ou dans le Nouveau-Monde ne restait pas longtemps dans leurs bougettes ; et plus d'un, après avoir brassé des millions, n'eut pas même la consolation de ce Gascon qui, en s'épuçant, trouva dans son haut-de-chausses trois écus dont il ne soupçonnait pas l'existence. Monluc ne veut pas que les capitaines se laissent aller au jeu, et de fait ils n'étaient pas tous aussi raisonnables que Strozzi et Bonnivet, qui passaient toute une après-midi devant un échiquier sans seulement desserrer les dents.

— Comment voulez-vous donc avoir le cœur à tout ce qui est besoin que vous fassiez en la charge que vous tenez, si votre esprit est toujours occupé au jeu en perte ou en gain, qui vous baille cent et cent escarmouches le our et vous met hors de vous-mêmes? Fuyez cela, mes compagnons, fuyez, je vous prie, ce méchant vice, lequel j'ai vu causer la ruine de plusieurs, non seulement en leur bien, mais en leur honneur et réputation (1).

VI

UN BON CAPITAINE NE DOIT PAS BOIRE.

Qui joue boit et qui boit mange, pour être en état de boire encore davantage. Faire carroux, c'est-à-dire se gorger de viandes et de boissons jusqu'à en tomber sous la table, était pour les Suisses et

---

(1) *Comm. et lettres* de B. de Monluc, t. I, livre I, p. 31.

les Allemands le paradis sur terre. Un Gascon comme Monluc, élevé, comme le sont encore ses compatriotes à déjeuner d'une grappe de raisin et d'un croûton frotté d'ail, n'était pas capable de saisir le beau d'une pareille félicité. Il stigmatise comme il convient ces grossières natures qui ronflent, appesanties par la victuaille, pendant que l'ennemi veille et rôde.

— Une autre chose vous prépare en ceci que jamais le lieutenant de roi, votre colonel ni maistre de camp ne vous bailleront entreprise honorable à exécuter, qui pourrait être cause de tout votre avancement, et diront: « Voulez-vous bailler une telle exécution entre les mains d'un ivrogne qui sera ivre à l'heure qu'il faudrait qu'il fût en bon sens pour connaître ce qui faut qu'il fasse pour l'exécution, qui ne fera rien que perdre les hommes et la réputation, et avec sa faute causera votre perte. Ô mauvaise renommée que ce vin vous donnera, puisqu'il faut qu'on n'espère de vous aucune chose que vaille. Fuyez donc, mes compagnons, fuyez ce vice aussi méchant et plus vilain et sale que le premier (1).

VII

UN BON CAPITAINE NE DOIT PAS VOLER.

Ni joueur ni buveur, Monluc avait qualité de ce chef pour sermonner ses compagnons. A-t-il la même autorité quand il leur prêche la générosité, le désintéressement et l'abstention de tout gain illicite ? C'est une question douteuse et qu'on décidait déjà contre lui de son temps. On lui repro-

---

(1) *Comm. et lettres* de B. de Monluc, t. I, livre I, p. 33.

chait à la fois d'être ménager de ses écus et de confondre trop souvent le bien des ennemis avec le sien. Il s'en défend avec plus d'énergie que de succès. L'insistance avec laquelle il revient sans cesse sur ce point douloureux serait un bon témoignage pour sa vertu, si, çà et là, quelques demi-aveux n'en affaiblissaient singulièrement la portée. Dans le préambule de ses Commentaires, adressé à Henri d'Anjou qui fut Henri III, il établit une distinction spécieuse entre l'argent du roi et celui des simples particuliers. Le premier, il n'y a jamais touché : qu'on demande au président Tambonneau, de la cour des comptes, qui fut envoyé en 1570 en Guyenne pour examiner la gestion des receveurs des finances. Tambonneau n'a rien dit parce qu'il n'avait rien à dire. Quant au second, dame! le second ce n'était pas tout à fait la même chose. La prise était de bonne guerre.

— Et s'il se trouve encore de cela qu'il en soit venu six mille francs en ma bourse, j'en donnerai dix mille et si le plus grand gain que j'ai fait en toute cette guerre n'est la rançon que j'ai eue de Monsieur de la Roche-Chalais (1).

Les mauvaises langues du temps accusaient madame de Monluc d'avoir pris part à ces insignifiantes pilleries. Quelle noire calomnie !

— Je confesse que on lui a fait quelque présent pour faire quelque chaine ; mais s'il se trouve que jamais il

(1) *Comm. et lettres* de B. de Monluc, t. 1, dédicace, p. 7.

lui ait été donné cinq cents écus, j'en paierai deux mille..... Que plût à Dieu qu'il m'eût coûté un bras et tout le monde fût aussi net à l'endroit du service du roi comme je suis, car ses affaires en fussent allés mieux qu'ils ne sont (1).

VIII

COMMENT MONLUC PRÊCHA D'EXEMPLE EN RÉSISTANT AUX TENTATIVES DE CORRUPTION DES HUGUENOTS.

Dans le cours de son récit, il revient encore aux accusations de vol et de concussion que ses ennemis lui jetaient à la face. Il est clair qu'elles lui tiennent au cœur. Il raconte notamment qu'au début des guerres civiles les huguenots essayèrent de le corrompre. Ils lui firent offrir d'abord trente, puis quarante mille écus en échange de sa neutralité. Le capitaine Sendat, chargé de la dernière négociation, reçut un furieux coup de boutoir.

— Que deviendrai-je, lui dit Monluc, après que j'aurai perdu mon honneur, moi qui jamais n'ai combattu que pour en acquérir ! Je ne veux pas dire seulement que les gentilshommes ne me voudront pas voir auprès d'eux, mais les vilains propres ne me voudraient voir en leur compagnie. Et voilà, capitaine Sendat, ce que je deviendrais si je vous croyais. Je vous prie, ne les hantez plus : vous vous êtes toujours nourri et porté les armes avec nous autres de Monluc. Je vous prie, résolvez-vous de les prendre à cette heure pour le service du roi et ne vous mettez point en cette religion-là. Nos pères étaient plus gens de bien qu'eux et ne puis croire que le Saint-

(1) *Comm. et lettres* de B. de Monluc, t. 1, dédicace, p. 7.

Esprit se soit mis parmi ces gens qui s'élèvent contre leur roi. Voilà un beau commencement (1).

De si beaux sentiments méritaient une récompense. Il faut croire qu'elle ne manqua pas à Monluc, puisque, parti à dix-sept ans sans un maravédis du colombier paternel, il réussit à redorer son blason et à mourir dans la peau d'un gentilhomme fort à l'aise. Fait d'autant plus merveilleux qu'au cours de ses campagnes, au lieu de rapporter de l'argent, il était toujours obligé d'en emprunter pour revenir à la maison. Le trésorier Beauclerc, le contrôleur la Molière et bien d'autres en feraient foi s'ils avaient laissé des mémoires. Il est vrai qu'il ajoute aussitôt, en soldat qui sait mal farder la vérité :

— Si quelque ville m'a fait quelque présent pendant ces troubles, ç'a été pour soutenir la grande dépense qu'il me convenait faire, pour entretenir les gens et les seigneurs de ce pays : c'était ouvertement et non en cachette. Mais je loue Dieu du tout (2).

IX

HONNÊTETÉ ET DÉLICATESSE AU XVIe SIÈCLE. LES REMERCIEMENTS DE MADAME DE COSSÉ ET CE QU'EN PENSA SON MARI.

Je le trouve d'ailleurs bien bon d'essayer une justification qui n'était pas nécessaire. Le vol des

---

(1) *Comm. et lettres* de B. de Monluc, t. II, livre v, p. 355-356.
(2) *Comm. et lettres* de B. de Monluc, t. II, livre v, p. 380.

deniers du roi ou autres, en ces temps troublés, était à peine un péché véniel, qui avait tout juste autant de gravité que la tricherie au jeu. La grande malice était de ne pas se laisser prendre la main dans le sac, et même dans ce cas on passait plutôt pour maladroit que pour malhonnête. Le capitaine italien Absal, au service de la France, fut, pendant les guerres de Piémont vers 1537, convaincu d'avoir enflé le nombre de ses hommes d'armes sur les états de sa compagnie pour toucher une plus forte paie. C'était déjà ce fameux abus des passe-volants qui a duré jusqu'à Louis XIV. Absal fut dégradé et condamné à mort ; mais le roi lui fit grâce de la vie, et plus tard il obtint une pension. On voit qu'on s'en tirait à bon compte. Tout le monde, il est vrai, n'avait pas la naïveté de madame de Cossé, belle-sœur du maréchal de Brissac. Quand elle vint faire sa révérence à la reine, elle remercia d'abord Sa Majesté de l'intendance des finances qu'elle avait donnée à son mari : — Ma foi, dit-elle, nous étions ruinés sans cela, Madame : car nous devions cent mille écus. Dieu merci, depuis un an nous en sommes acquittés et si avons gagné plus de cent mille écus pour acheter quelque belle terre.

La reine Catherine et tous ceux qui étaient dans la chambre pensèrent en étouffer de rire. Le mari seul trouva la plaisanterie mauvaise : — Ah ! par Dieu, Madame la folle, grommela-t-il entre ses dents, vous viderez d'ici, vous n'y viendrez jamais; qu'au diable soit-elle, me voilà bien accoutré !

Il ne parla pas si bas qu'on ne l'entendît, et la reine rit encore plus fort. Madame de Cossé, emmenée dès le lendemain en province, ne comprit jamais pourquoi il était si mal de dire tout haut ce que tout le monde faisait sans se gêner.

X

LA BOHÈME MILITAIRE EN CAMPAGNE.

Quoi qu'on puisse penser du désintéressement réel de Monluc, ses théories à cet égard sont au moins à l'abri de toute critique. Mais elles n'offrent plus guère pour nous qu'un intérêt rétrospectif. L'avarice dont il essaie de détourner ses compagnons d'armes était, en son temps, chez un capitaine un défaut capital. La solde, allouée sur le papier par le roi, n'arrivait pas toujours à heure fixe : elle s'égarait quelquefois en chemin ; quand les soldats commençaient à tirer la langue, il fallait que le capitaine y allât de sa poche. On lui remboursait en dévouement ce qu'il avait dépensé en nourriture ou en vêtements. Les soldats n'étaient pas les seuls à tendre la main. Il y avait dans les camps une foule de gentilshommes faméliques qui erraient le nez au vent à l'heure des repas et quêtant l'odeur d'une table bien servie. On groupait ainsi autour de soi des amitiés qu'on retrouvait sur les champs de bataille. C'était l'ancien compagnonnage militaire, fondé sur la reconnaissance du ventre. Un capitaine habile se faisait ainsi une popularité de bon aloi qui le portait ou le maintenait au premier rang. Bonivet, le fils de l'amiral, eut en ce genre une grande réputation. Il tenait ordinairement bonne et longue table servie à tous venants ; après le repas, cartes et dés égayaient l'assistance, toujours fort nombreuse. Aussi les capitaines ne manquaient pas à Bonivet : tous bien entretenus, piaffeurs, gorgias et vêtus de corselets dorés et gravés.

XI

LES GÉNÉROSITÉS DE M. DE MONLUC.

On pense bien que Monluc n'avait pas été assez sot pour négliger ce mode d'influence. Ce qu'il nous en dit nous en apprend long sur les misères du métier militaire, tel qu'il se pratiquait alors :

— Il y a une chose laquelle m'a toujours entretenu l'amitié non seulement des gentilshommes, mais de tous ceux qui portaient les armes sous moi, c'est que je n'ai eu jamais rien de cher pour les soldats et capitaines. Maintes fois ai-je donné, étant capitaine, et mes armes et mes habits, voyant quelqu'un qui en avait besoin. Pour une pique, pour une hallebarde, un chapeau gris avec le panache, je gagnais le cœur de tel qui se fût mis au feu pour moi. Ma bourse n'était non plus serrée à la nécessité des compagnons, et toutefois on dit que je suis avare. Celui qui me juge tel me connaît mal : c'est le vice duquel j'ai toujours été le moins entaché (1).

Le Gascon est de sa nature débrouillard : il ne

---

(1) *Comm. et lettres* de B. de Monluc, t. III, livre VII, p. 430.

manquait pas autour du nôtre de compatriotes fricoteurs et chapardeurs pour entretenir sa cuisine ; de plus grands que lui s'assirent quelquefois à sa table, sans avoir à s'en repentir. Il nous a laissé le récit de l'une de ces petites fêtes imprévues des camps où il traita M. de Guise, le duc de Saxe et ensemble tous ses capitaines. Le morceau est un peu long, mais il vaut la peine d'être transcrit en entier : figurons-nous que nous écoutons le bonhomme, vaniteux jusqu'à la fin et racontant aux siens l'honneur qui lui fut fait ce jour-là par de si gros et de si braves personnages.

— Il faisait un grand chaud. Monsieur de Guise se rendit à l'aube du jour et aidait à mettre en bataille le camp. Je fus mis avec les Français entre les Suisses et un bataillon d'Allemands. Et passant M. de Guise par devant notre bataillon, il dit : « Plût à Dieu qu'il y eût ici quelque bon compagnon qui eût un flacon de vin et du pain pour boire un coup, car je n'aurai pas le temps d'aller à Pierrepont dîner avant que le roi soit arrivé. » Je lui dis : « Monsieur, voulez-vous venir dîner à mes tentes ? » que il n'y avait pas plus d'une arquebusade. « Je vous donnerai de fort bon vin, français et gascon et force perdriaulx. » Alors il me dit : « Oui, monseigne, mais les perdriaulx seront de votre pays, des aulx et des oignons. » Je lui répondis que ce ne serait l'un ni l'autre, mais que je lui donnerais aussi bien à dîner que s'il était dans son logis, et le vin aussi froid qu'il en pourrait boire, et vin de Gascogne et de la bonne eau. Alors il me dit : « Ne vous moquez-vous point, monseigne ? » Et je lui dis : « Non, sur ma foi. » — « Oui, dit-il, mais je ne puis laisser le duc de Saxe. » Je lui répondis : « Amenez le duc de Saxe et qui vous voudrez. » Il me répondit que le duc ne viendrait pas sans ses capitaines. Et je lui répondis : « Amenez capitaines et tout, car j'ai prou à manger pour tous. » J'avais promis le soir devant à messieurs de Bourdillon et de Tavannes de leur donner à dîner, après qu'ils auraient mis le camp en bataille ; mais ils n'y purent venir pour ce qu'une partie de la cavalerie qu'était logée loin n'était encore arrivée, et d'autre part j'avais un des bons vivandiers du camp. M. de Guise alla chercher le duc de Saxe, ensemble ses capitaines. J'envoyai en diligence à mon maître d hôtel afin que tout fût prêt. Mes gens avaient fait faire une cave dans terre, dans laquelle le vin et l'eau y demeuraient aussi frais que glace, et de bonne fortune je me trouvai avoir force de perdriaulx, cailles, poulets d'Inde, levrauts et tout ce que l'on eût pu souhaiter pour faire un bon festin avec pâtisserie et tartes : car je m'assurais bien que MM. de Bourdillon et Tavannes ne viendraient pas seuls, lesquels je voulais bien traiter pour ce que j'étais bien aimé d'eux. Ils furent si bien traités que M. de Guise demanda au duc de Saxe par son truchement qu'est-ce que lui semblait du colonel des Français, et s'il ne nous avait pas bien traités et donné de bon vin ? Le duc leur répondit que si le roi leur eût donné à dîner, il ne les eût pas mieux traités ni donné de meilleur vin et si frais. Les capitaines du duc de Saxe ne l'épargnaient pas, buvant toujours à nos capitaines français, lesquels j'avais aussi menés avec moi. Et encore que je n'eusse de provisions pour messieurs de Bourdillon et Tavannes si fussent venus ne m'eussent-ils pas surpris : car après la table de M. de Guise il n'y en avait une seule en tout le camp plus longue ni mieux fournie que la mienne (1).

XII

OU L'ON VOIT QUE LA NÉCESSITÉ D'UNE CAISSE DES RETRAITES POUR LES OFFICIERS SE FAISAIT DÉJA SENTIR IL Y A TROIS CENTS ANS.

Quelle munificence ! et comme Monluc s'étend

(1) *Comm. et lettres* de B. de Monluc, t. II, livre IV, p. 302-304.

complaisamment sur ce splendide témoignage de sa générosité ! Le chevalier de Grammont, son compatriote, qui tenait table ouverte au siège de Trin avec son ami Matta, n'était ni plus large ni plus désintéressé. Où Monluc prenait-il son argent, lui qui n'avait pas les ressources d'une partie de quinze, soutenue par une compagnie d'infanterie ? Tout le monde, peu ou prou, faisait la gratte dans les armées de ce temps-là, et les rares officiers qui cédaient à de vertueux scrupules risquaient fort d'avoir, au bout de leur carrière, un lit d'hôpital pour récompense.

— Je sais bien que vous me direz : et que ferons-nous si n'épargnons de l'argent et gaignons sur la paie des soldats ? Quand la guerre fauldra, nous irons à l'hôpital : car le roi ni personne ne fera compte de nous, et nous sommes pauvres de nous-mêmes (1).....

XIII

MADAME LA PICORÉE : CE QU'ELLE ÉTAIT ET POURQUOI ON LA TENAIT EN GRAND HONNEUR.

Les malheureux qui parlaient ainsi n'avaient que trop raison : et Monluc, en leur assurant que le roi ne les laissera pas aller à l'hôpital, leur donne un bon billet qu'il n'aurait pas osé garantir de sa signature. Sans parler du désordre qui régnait dans les services financiers, l'armée française souffrait alors d'un mal qui ne disparut

---

(1) *Comm. et lettres* de B. de Monluc, t. I, livre I, p. 34.

qu'au siècle suivant : *elle n'était pas permanente.*
Tant que la guerre durait, tout allait bien ; capitaines et soldats demandaient à *Madame la Picorée,* comme l'appelle Lanoue, les subsides que le trésor royal était impuissant à leur fournir. La fin des hostilités était une sorte de calamité publique : tous ces aventuriers, habitués à bien vivre sur l'étranger ou le compatriote sans faire œuvre de leurs dix doigts, étaient brusquement jetés sur le pavé. Cherche ta vie comme tu pourras ! Les compagnies cassées, comme on disait alors, les morceaux en étaient encore bons. Quand on a porté la pique ou l'arquebuse, on n'est pas fait pour piétiner de nouveau derrière ses bœufs dans les terres labourées. Mendiants, voleurs, brigands, voilà ce que devenaient les soldats licenciés de Sa Majesté Très Chrétienne. Leurs capitaines, rentrés dans leur manoir — une petite ferme entourée d'un fossé à grenouilles — y dépérissaient de rage et de faim. Au premier cliquetis d'armes, ils sautaient sur leur épée et prenaient le large. C'est une remarque très juste de Monluc que la paix du Cateau-Cambrésis fut une des causes des guerres de religion. Les réformés durent leurs succès foudroyants de la première heure aux anciens soldats qui étaient accourus dans leurs rangs. La misère ou la guerre civile, telle était l'alternative qui se posait devant eux en 1562 : ils n'hésitèrent pas un instant. On les vit même, tout surpris d'être enrégimentés pour une cause aussi sainte, faire d'abord les bons

apôtres. On ne pillait point dans la campagne ; on ne battait pas les paysans ; les chefs et ceux qui pouvaient payaient. On n'oyait ni cris ni plaintes. En somme, c'était un désordre très bien ordonné. Beaucoup s'en ébahissaient et attribuaient ce changement à l'influence toute-puissante des psaumes chantés dans les camps; mais les vieilles barbes ne s'y trompèrent pas une minute, et l'amiral Coligny, devant qui on louait d'aussi respectables dispositions, dit un jour à Lanoue :

— C'est voirement une belle chose moyennant qu'elle dure : mais je crains que ces gens ici ne jettent toute leur bonté à la fois et que d'ici à deux mois il ne leur sera demeuré que la malice. J'ai commandé à l'infanterie longtemps et la connais : elle accomplit souvent le proverbe qui dit de jeune ermite vieux diable. Si celle-ci y faut, nous ferons la croix à la cheminée.

L'amiral avait vu juste, et la croix ne fut pas faite. Lui-même, malgré sa raideur, ne vint jamais à bout de Madame la Picorée. En Normandie, des argoulets furent une fois pris sur le fait : il les fit pendre bottés, éperonnés, la casaque sur le dos, avec le drapeau pour enseigne, et il leur fit mettre aux pieds les dépouilles conquises, robes de femmes, linceuls, nappes, entremêlés de poules et de jambons. Le lendemain, leurs camarades recommençaient de plus belle. Les catholiques en faisaient autant de leur côté. Madame la Picorée, au bout de quelques années de guerre civile, eut tout ce qu'il faut pour devenir princesse. Un siècle après, elle était encore en bonne santé sous Louis XIV; le 9 août 1676, à l'annonce de l'arrivée des soldats du grand roi, les habitants de Montdidier quittèrent leurs demeures en masse pour s'enfuir dans les bois.

Touchante confiance et qui n'était encore que trop justifiée en ce temps-là. De meilleures finances, l'armée devenue permanente et un mode plus sage de recrutement purent seuls mettre fin à tant de misères.

CHAPITRE II

LES « COMMENTAIRES » ET L'ARMÉE FRANÇAISE
AU XVIᵉ SIÈCLE : CONDUITE ET DIRECTION DES SOLDATS.

I. Habileté supérieure de Monluc dans la conduite et le maniement des hommes.
II. De la manière dont Monluc traitait ses soldats et des sentiments qu'il avait pour eux.
III. Un épisode du siège de Boulogne. Ce que peuvent l'émulation et un sac de gros sous.
IV. Le cœur et le ventre du soldat.
V. Utilité d'un compliment dit à propos.
VI. Prétendu sens prophétique de Monluc.
VII. Où il est question de Tolstoï et du siège de Sébastopol à propos de Monluc.
VIII. Retour sur *lou nase* de Rabastens.
IX. Le diable à l'armée.
X. La psychologie de Monluc.
XI. Encore un souvenir de la fameuse journée de Cerisoles.
XII. Mauvaise tête et brave cœur.
XIII. Comme quoi il y a discipline et discipline.

I

HABILETÉ SUPÉRIEURE DE MONLUC DANS LA CONDUITE ET LE MANIEMENT DES HOMMES.

Il y a une partie du métier militaire dans laquelle Monluc est vraiment supérieur : c'est la conduite et le maniement des hommes. Les passages de son livre où il a déposé sur ce point spécial le fruit de cinquante années d'expérience sont incomparables, si on les débarrasse de l'infatuation personnelle qui gâte chez lui les plus belles choses. François de Guise lui reprocha un jour d'agir plutôt en capitaine qu'en lieutenant de roi. C'était le plus bel éloge qu'il pût faire de lui. Cet insupportable Gascon, dont l'humeur fâcheuse et brusque lassait ses amis les plus zélés, étudiait ses soldats avec une application infinie. Il savait que le succès dépend avant toutes choses de leur état d'esprit, de leur bonne volonté, de leur courage, de la confiance et de l'affection qu'ils ont pour leurs chefs. Le reste est secondaire, arquebuses, canons et cuirasses et même, quoi que nous puissions en penser aujourd'hui, fusils Lebel et obus à la dynamite. Il y a une maxime de Monluc, admirable dans sa précision et que je voudrais voir gravée en lettres d'or dans toutes les chambrées — si le budget de la guerre était capable de supporter cette dépense :

— C'est une belle forteresse qu'un bon cœur (1) !

II

DE LA MANIÈRE DONT MONLUC TRAITAIT SES SOLDATS ET DES SENTIMENTS QU'IL AVAIT POUR EUX.

Ce bon cœur ne s'obtient que par une étroite communion de sentiments entre les officiers et leurs hommes. C'est là une force dont on aura toujours besoin à la guerre, malgré les progrès

---

(1) *Comm. et lettres* de B. de Monluc, t. III, livre VII, p. 357

de la chimie ; et c'est pourquoi les conseils de Monluc ont gardé de la fraîcheur et de l'intérêt. On sait comment les soldats étaient recrutés à cette époque : ils méritaient déjà et à bien meilleur titre l'épithète de *brigands* dont Dubois-Crancé flétrit leurs successeurs, bien des années plus tard, à la tribune de l'Assemblée constituante (séance du 12 décembre 1789) ; mais, sous leur apparence hirsute et leurs mœurs d'animaux en liberté, il y avait plus d'un brave homme dans leurs rangs : Monluc les connaissait pour avoir vécu de leur vie, mangé à leur écuelle, couché au milieu d'eux pêle-mêle sur la terre nue ; d'ailleurs sa naissance ne le mettait pas si loin du peuple qu'il ne pût le comprendre. Ces gentilshommes paysans auxquels il appartenait étaient encore plus paysans que gentilshommes. Aussi il en parle, sinon avec émotion, — le vieux dur-à-cuire ne cédait pas facilement à l'attendrissement, — au moins avec justice :

— Ils sont hommes comme nous et non pas bêtes : si nous sommes gentilshommes, ils sont soldats : ils ont les armes en main, lesquelles mettent le cœur au ventre à celui qui les porte (1).

Il veut bien qu'on les pende quand ils ont mal fait, et il jouait de la corde, pour sa part, avec une merveilleuse promptitude ; mais il ne veut pas qu'on les frappe. Etant brutal et colère, il avait quelque mérite à penser aussi sagement :

(1) *Comm. et lettres* de B. de Monluc, t I, livre I, p. 32-33.

— Et ne pensez pas en être plus craint davantage, mais haï mortellement de tous vos soldats. Et quelle faction pouvez-vous espérer de faire avec soldats qui vous haïront? Je vous prie me croire, car j'en ai vu autant d'expérience qu'autre de mon âge : que je suis contraint d'écrire d'avoir vu mourir quatre capitaines en ma vie que leurs soldats propres les tuaient par derrière, pour la mauvaise versation qu'ils faisaient avec eux (1).

III

UN ÉPISODE DU SIÈGE DE BOULOGNE. — CE QUE PEUVENT L'ÉMULATION ET UN SAC DE GROS SOUS.

Il y a moins d'humanité que de prudence bien entendue dans ces recommandations de Monluc ; Le même sentiment le guide dans ses autres conseils. Ménager les épaules ou les reins des soldats, c'est bien ; avoir égard à leurs besoins, les garantir de la faim et de la soif, leur donner l'exemple des privations est encore mieux. En 1545, au siège de Boulogne, les pionniers manquaient pour mettre en défense un fort destiné à bloquer la ville. Les soldats, qui avaient leur point d'honneur, refusaient de travailler la terre, disant sans doute, comme les Espagnols, que Dieu ne les avait pas faits pour se baisser. Monluc, pour les décider à cet excès de dégradation, leur promit la même paie qu'aux pionniers (cinq sous), et comme une tentation aussi forte ne parvenait pas à les mettre en mouvement, il alla lui-même avec son frère,

---

(1) *Comm. et lettres* de B. de Monluc, t. I, livre I, p. 133.

son beau-frère, son cousin germain et quelques autres capitaines, mettre la main à la terre. A côté de la courtine où il travaillait, il fit mettre en évidence une barrique de vin, du pain, de la viande et un sac plein de gros sous. Le Gascon connaissait les hommes. Son exemple, son vin et ses gros sous produisirent un effet miraculeux. Il en vint d'abord quelques-uns timidement, puis d'autres, et encore d'autres. Le troisième jour, on refusait du monde ; le huitième, tout était fini.

— Cet exemple, dit Monluc après avoir raconté cette histoire, ai-je voulu écrire ici pour montrer aux capitaines qu'il ne tiendra aux soldats qu'ils ne fassent tout ce qu'on voudra ; mais aussi il faut trouver les moyens de les y faire de bonne volonté et non de force. Mettez la main à l'œuvre le premier : votre soldat de honte vous suivra, et fera plus que vous ne voudrez. Que si vous venez aux injures et bastonnades, ce sera lors que dépités ils ne voudront plus mettre la main à ce qu'ils ne sont tenus, à quoi quelquefois la nécessité nous force. O capitaines, mes compagnons, combien et combien de fois voyant les soldats las et recrus, ai-je mis pied à terre afin de cheminer avec eux pour leur faire faire quelque grande traite ! Combien de fois ai-je bu de l'eau avec eux afin de leur montrer exemple pour pâtir ! Croyez, mes compagnons, que tout dépend de vous, et que vos soldats se conformeront à votre humeur, comme vous voyez ordinairement..... (1).

(1) *Comm. et lettres* de B. de Monluc t. 1, livre II, p. 310.

IV

LE CŒUR ET LE VENTRE DU SOLDAT.

Le cœur du soldat est dans son ventre, et Monluc le savait bien. On est frappé, quand on le lit, du soin continuel qu'il prend pour assurer la nourriture de ses hommes ; même en notre temps d'intendances soigneuses et vigilantes, ses souvenirs contiennent plus d'une leçon que nos officiers pourraient méditer avec fruit :

— S'il fallait faire une grande corvée, je faisais toujours porter pain et vin pour les rafraîchir. Car si vous voulez faire faire grandes corvées aux soldats et n'apportez rien pour les substanter, les corps humains ne sont point de fer : il faudra qu'ils vous laissent par les chemins, ou bien quand vous viendrez au combat, ils seront si faibles que ne vous pourront servir que de bien peu. Mais, apportant avec vous pour les rafraîchir, accompagnés des remontrances, vous ne les ferez pas seulement cheminer, mais courir si vous voulez..... (1).

V

UTILITÉ D'UN COMPLIMENT DIT A PROPOS.

Après avoir nourri les soldats, la tâche ne serait qu'à moitié faite si on ne savait pas leur rendre la justice qui leur est due. Il n'est pas nécessaire d'être soldat pour aimer la douce musique des compliments ; mais dans l'armée la jouissance

---

(1) *Comm. et lettres* de B. de Monluc, t. II, livre IV, p. 235.

qu'on en reçoit s'y augmente de la publicité qu'on leur donne et de l'émulation générale qui les suit. C'est ce qu'a très bien vu Monluc, avec sa grande habitude des hommes et sa finesse de vieil aventurier :

— Capitaines, et vous, seigneurs, qui menez les hommes à la mort, car la guerre n'est autre chose, quand vous verrez quelque brave acte à un des vôtres, louez-le en public : contez-le aux autres qui ne s'y sont pas trouvés. S'il a le cœur en bon lieu, il estime plus cela que tout le bien du monde, et à la première rencontre il tâchera encore de mieux faire. J'ai toujours traité ainsi les capitaines qui ont été sous moi, voire les plus simples soldats : aussi je les eusse fait donner de tête contre une muraille et les eusse arrêtés au plus dangereux lieu qui se fût su présenter... (1).

VI.

PRÉTENDU SENS PROPHÉTIQUE DE MONLUC.

Si Monluc sait flatter le soldat « *avec paroles allègres et joyeuses* », il sait aussi qu'avec lui toute vérité n'est pas bonne à dire. La peur est aussi contagieuse que la vaillance ; et, si disciplinées que paraissent les troupes, elles sont soumises aux lois qui régissent les foules. Mais la crédulité avec laquelle les hommes réunis en masse accueillent les nouvelles les plus invraisemblables peut devenir une arme entre les mains des capitaines assez habiles pour s'en servir. Monluc, qui n'était pas grevé de scrupules, en usait largement sur ce

---

(1) *Comm. et lettres* de B. de Monluc, t. I, livre 1, p. 102.

point. Il avait remarqué la place que tiennent les pressentiments dans la vie des hommes de guerre, appelés chaque jour à risquer leur vie sur un coup de dés et naturellement aussi superstitieux que les joueurs, ayant le même Dieu qu'eux, le hasard. Aussi faisait-il croire aux siens que la nature l'avait doué d'une sorte de sens prophétique qui lui permettait de prédire à coup sûr la victoire. Il avait *un présage*, sur la nature duquel il ne s'explique pas et pour cause : mais ses soldats n'en demandaient pas si long; et ils tenaient l'oracle pour infaillible quand ils voyaient leur gentil capitaine, la bourguignotte en tête, la pique à la main, marcher avec assurance au-devant de l'ennemi, après les avoir réchauffés d'une harangue à la gasconne :

— Alors je levai la voix parlant aux soldats : « Eh bien, mes compagnons, ne serez-vous pas de l'opinion des capitaines ? Quant à moi, je vous ai déjà donné la mienne, qu'il fallait combattre. Et assurez-vous que nous vaincrons : car mon présage que j'ai toujours eu le m'assure, lequel ne m'a jamais menti en quelque chose que j'aie entrepris : croyez, mes amis, qu'ils sont déjà à nous. »

Or ai-je toujours fait entendre aux soldats que j'avais un présage que, quand cela m'advenait, j'étais sûr de vaincre : ce que je n'ai jamais fait, sinon pour y faire amuser les soldats, afin qu'ils tinssent déjà la victoire pour gagnée, et m'en suis toujours très bien trouvé, car mon assurance rendait assurés souvent les plus timides. Et lors d'une voix commencèrent tous à crier : « Combattons, capitaine, combattons » (1).

(1) *Comm. et lettres* de B. de Monluc, t. I, livre I, p. 179-180. Il s'agit d'une embuscade dressée par Monluc à un convoi ennemi en Piémont (1543.)

VII

OU IL EST QUESTION DE TOLSTOÏ ET DU SIÈGE DE SÉBASTOPOL A PROPOS DE MONLUC.

Monluc, à force de parler de son présage, finit lui-même par y croire. Tolstoï, dans les Scènes du siège de Sébastopol, a bien analysé cet état d'esprit du soldat qui éprouve le pressentiment qu'il sera blessé, chaque fois qu'il va au feu, mais qui ne s'en souvient que le jour où l'accident lui arrive. Son capitaine Mikhaïlof parle comme parlaient les soldats de Monluc et Monluc lui-même au xvie siècle :

— C'est la treizième fois que je vais au bastion. Oh! oh! treize! mauvais nombre : je serai tué, c'est sûr, je le sens. Pourtant il fallait bien que quelqu'un y allât! La compagnie ne peut pas y aller avec un enseigne ; et s'il arrivait quelque chose, l'honneur du régiment, l'honneur de l'armée serait atteint. Mon devoir est d'y aller, oui, un devoir sacré. C'est égal, j'ai le pressentiment.

VIII

RETOUR SUR LOU NASE DE RABASTENS.

L'âge aidant, Monluc, lui aussi, eut le pressentiment, sous les murs de Rabastens. Et ce pressentiment, qui l'avait peut-être trompé cent fois déjà, se réalisa cruellement pour lui ce jour-là. « Le *présage* », qu'il avait inventé pour donner du cœur à ses soldats, lui paraissait alors la chose la plus naturelle du monde.

— Je dirai ici de mon présage que jamais ne me pus ôter de la fantaisie que je dusse être tué par la tête ou blessé. Et m'étais mis en opinion pour cette occasion que je n'irais pas à l'assaut, songeant bien que ma mort troublerait fort le pays... (1).

Il était si frappé qu'il fit à monsieur de Las, avocat du roi à Agen, ses dernières recommandations : il lui remit le bordereau de l'argent qu'il possédait et lui parla en termes si pathétiques que le pauvre avocat faillit en pleurer. Quelques minutes après, il recevait à la volée dans la figure sa fameuse arquebusade.

— Et par là on peut juger si le malheur que j'ai eu ne me allait devant les yeux: je n'ai point d'esprit familier, mais il ne m'est guère arrivé malheur que mon esprit ne l'ait prédit : je tâchais toujours à me l'ôter de la fantaisie, remettant tout à Dieu qui dispose de nous comme il lui plaît (2).

IX

LE DIABLE A L'ARMÉE.

La croyance à un esprit familier qui assiste son maître et le conduit par la main à travers les dangers était d'ailleurs très répandue dans les armées au xvie siècle. Les grossiers soldats du

---

(1) *Comm. et lettres* de B. de Monluc, t. III, livre vii, p. 419.
(2) *Comm. et lettres* de B. de Monluc, t. III, livre vii, p. 420.

temps expliquaient ainsi la chance miraculeuse qui met sans se lasser certains hommes de guerre à l'abri des blessures ou de la mort. Brantôme parle d'un contemporain de Monluc, monsieur de Salvoison, qui réussissait si bien dans toutes ses entreprises que les hommes sous ses ordres, Français, Italiens, Espagnols, mais surtout ces derniers, expliquaient son bonheur constant par l'intervention d'un démon attaché à sa personne. Un jour vint, comme dans tous les pactes avec l'enfer, où le domestique emporta le patron. Les catholiques en dirent autant plus tard de l'amiral Coligny, et les protestants crurent aussi que Monluc avait conclu un traité avec les puissances infernales. Mais les Gascons sont trop fins pour se laisser piper par le diable, et, au lieu de s'exécuter à la fleur de l'âge comme M. de Salvoison qui mourut encore jeune, Monluc ne paya sa dette que le plus tard possible, à soixante-quatorze ans passés.

X

LA PSYCHOLOGIE MILITAIRE DE MONLUC.

Tout un traité de psychologie militaire est épars çà et là dans les feuillets des Commentaires. Avoir ses hommes parfaitement en main, les connaître par leurs noms, avoir étudié leurs complexions et humeurs diverses, voilà pour Monluc ce qui doit être la principale occupation d'un capitaine. La relation de vassal à suzerain avait singulièrement, depuis cent ans, perdu de ses exigences ; mais la valeur personnelle de l'homme avait gardé toute sa force d'attraction, et un chef qui avait un passé glorieux attirait toujours à sa lumière un essaim de hardis et ardents compagnons. Il y avait ainsi, dans chaque camp, un petit nombre d'écoles de guerre où le maître prêchait d'estoc et de taille devant ses disciples. C'était un mauvais signe pour un capitaine d'être délaissé et sa réputation en souffrait grandement.

..... Comme les soldats connaissent un capitaine qu'à son consentement est demeuré victorieux, tous les vaillants hommes recherchent d'être à lui, espérant que puisqu'il a eu si bon commencement, toutes choses lui doivent succéder heureusement et par ainsi ils seront employés. Car c'est le plus grand dépit qu'un homme de bon cœur puisse avoir, lorsque les autres prennent les charges d'exécuter les entreprises, et cependant il mange la poule du bon homme auprès du feu. Ainsi vous vous trouverez toujours accompagnés de braves hommes, avec lesquels vous continuerez à gagner honneur et réputation. Et au contraire si vous êtes malheureux au commencement, soit pour votre faute ou lâcheté, tous les bons hommes vous fuiront et ne vous demeurera que gens de peu de valeur, et avec ceux-là, quand vous seriez le plus brave homme du monde, vous ne pouvez gagner autre chose que mauvaise réputation (1).

XI

ENCORE UN SOUVENIR DE LA FAMEUSE JOURNÉE DE CERISOLES.

S'il n'était pas suranné de demander aujour-

---

(1) *Comm. et lettres* de B. de Monluc, t. I, livre I, p. 62-63.

d'hui des leçons au passé, je dirais que plus d'un précepte de Monluc et son propre exemple avant tout peuvent encore être utiles à nos contemporains. En dépit de ses sourcils hérissés et de ses gestes brusques, les soldats le recherchaient parce qu'ils avaient confiance en lui. Ils lui en donnèrent une preuve touchante, le jour de Cerisoles :

— Les Allemands marchaient grand pas droit à nous. Je m'en courus devant la bataille et mis pied à terre, car j'avais laissé un mien laquais toujours devant le bataillon avec ma pique. Et comme M. de Tès et les capitaines me virent descendre, tous crièrent à une fois: « Remontez, capitaine Monluc, remontez, et vous nous conduirez au combat. » Alors je leur répondis que si j'avais à mourir ce jour-là ne pouvais mourir en plus honorable lieu qu'avec eux la pique au poing. Je criai au capitaine la Burthe, sergent-major, qu'il courût toujours autour du bataillon quand nous nous enferrerions et qu'il criât lui, et les sergents derrière et par les côtés : « Poussez, soldats, poussez, afin de nous pousser les uns et les autres. » Et ainsi vînmes au combat (1).

XII

MAUVAISE TÊTE ET BRAVE CŒUR.

Il n'y a pas d'initiative individuelle sans un grain de désobéissance ; et le pire défaut de nos armées modernes est peut-être, en campagne, la stricte exécution des ordres reçus, sans commentaire et sans interprétation. On pense bien qu'au

---

(1) *Comm. et lettres* de B. de Monluc, t. I, livre II, p. 272.

xvɪᵉ siècle il n'en allait pas tout à fait ainsi. Dans cette même journée de Cerisoles, Monluc, obligé d'abandonner une maison devant les forces supérieures de l'ennemi, reçut l'ordre de la reprendre : il s'y refusa énergiquement.

— Monsieur d'Enghien m'envoya M. d'Aussun, et me commandait que je regagnasse la maison qui ne me faisait avantage ni désavantage. Je lui répondis : « Allez dire à M. d'Enghien qu'il m'envoie de la cavalerie pour combattre cette cavalerie qui est à côté de leur arquebuserie, laquelle il voyait comme moi : car je ne suis pas pour combattre cavalerie et infanterie ensemble en campagne rase. » Alors il me dit : « Il me suffit que je vous l'aie dit » (1).

D'Enghien, averti, lui renvoya M. de Monenx ; et l'entêté Monluc répondit qu'il lui en dirait autant qu'à M. d'Aussun, et qu'il ne voulait pas être cause de la perte de la bataille. On voit combien notre homme était difficile à manier, redressant la tête quand on voulait lui mettre le caveçon, ne se laissant pas facilement monter, haut à la main, comme disent tous les auteurs qui nous parlent de lui. Dans une autre circonstance, M. de Boutières, prédécesseur de M. d'Enghien, n'avait pu l'arracher d'un pont qu'il était en train de couper.

Tous les capitaines et soldats, M. de Salcède et moi, nous étions résolus de mourir plutôt que de bouger de là qu'il ne fût coupé. Alors M. de Boutières envoya

(1) *Comm. et lettres* de B. de Monluc, t. I, livre ɪɪ, p. 268.

protester contre moi de la perte qu'il se ferait de ma personne, qui pourrait advenir outre son commandement (1).

XIII

OU IL EST ENCORE QUESTION DE LA DISCIPLINE.

Monluc, qui cite volontiers les Romains, les avait oubliés ce jour-là. On ne rencontre pas fréquemment dans leur histoire de pareils exemples d'indiscipline ; et ceux qui ont pu s'y présenter ont eu toutes les chances d'être réprimés sans pitié. C'est pourtant ce même Monluc qui, à plusieurs reprises, prêche en fort bons termes l'obéissance aux soldats ; mais il avait beaucoup vu, beaucoup réfléchi, beaucoup vieilli, et la réflexion à cette heure parlait plus haut que le sang.

— Quant à vous, soldats, je vous recommande sur toutes choses l'obéissance que vous devez à vos capitaines, afin que vous appreniez de bien commander quelque jour : car il est impossible qu'un soldat sache bien commander qu'il n'ait su plutôt bien obéir. Et notez qu'en l'obéissance se connaît la vertu et la sagesse du soldat, et en la désobéissance se perd la vie et la réputation.

C'est bien dit, et la leçon est de tous les temps. Mais il est visible qu'on n'obéissait pas au XVIe siècle comme au nôtre. Il y a dans la subordination de nos soldats je ne sais quoi de méca-

(1) *Comm. et lettres* de B. de Monluc, t. I, livre I, p. 235.

nique qui éteint toute espèce d'inspiration personnelle : notre armée en campagne ressemble à un ministère où tout reçoit l'impulsion du grand chef ; si le grand levier casse, tout est perdu. L'ancienne organisation avait des complaisances infinies pour l'individu ; elle utilisait ses aptitudes et lui ouvrait un compte au prorata de sa valeur morale. Elle était aussi sévère pour ses tares quand elles touchaient au métier qu'indulgente pour ses caprices ou ses accès d'indépendance. Notre système a les mailles moins larges ; mais il a le défaut d'uniformiser tous les caractères et de tuer toutes les initiatives. Avec son humeur intraitable, sa manie de vouloir toujours être en avant quand ce n'était pas son tour, sa langue plus affairée que la roue d'un moulin et toujours disposée à dire du mal des puissants, Monluc eût sans doute, de notre temps, vieilli dans les honneurs obscurs du grade de capitaine. Comment d'ailleurs se serait-il accommodé d'un métier où l'on travaille toute sa vie, sans être assuré de se battre un jour, lui qui pensait que les Français ne sauraient longtemps se passer de la guerre ?

CHAPITRE III

LES NOUVELLES INVENTIONS MILITAIRES AU XVI° SIÈCLE. — ESPRIT RÉFORMATEUR DE MONLUC.

I. Une révolution militaire au xvie siècle.
II. Monluc se montre partisan des inventions nouvelles.
III. Arquebuses et artillerie.
IV. La cavalerie française ; en quoi elle était inférieure aux reîtres allemands.
V. L'infanterie reine des batailles.
VI. Projet de création d'ambulances pour les soldats blessés et d'hôpitaux pour les invalides.
VII. La remontrance de Monluc sur l'avancement des officiers au roi Charles IX.
VIII. L'avancement dans l'armée : réformes proposées par Monluc.
IX. Avancement à l'ancienneté ou au choix.
X. Le livre d'honneur : ce que Monluc entendait par là.
XI. La remontrance à Mgr le duc d'Anjou.

I

UNE RÉVOLUTION MILITAIRE AU XVIe SIÈCLE.

A l'heure où Monluc parut pour la première fois sur un champ de bataille, l'art militaire traversait la crise décisive d'où sont sorties les armées modernes. Les partisans du temps passé y défendaient avec rage leurs errements contre les amateurs d'inventions nouvelles. Les Français, qui ne renoncent pas aisément au passé, avaient encore des arcs et des arbalètes l'année de Pavie, pendant que les Espagnols, plus ingénieux, se servaient dès 1521 de l'hacquebute ou arquebuse perfectionnée. Monluc pour ses débuts porta le titre d'archer dans la compagnie de M. de Bayard, et ce titre lui-même survécut quelque temps à la chose. Les lourdes armures de fer qui grevaient le corps de nos soldats sous Charles VIII ne disparurent pas plus rapidement. Elles se maintinrent dans la gendarmerie pendant le règne de François Ier ; on les fit même plus compactes pour les mettre à l'épreuve de l'arquebuse, et les malheureux gendarmes n'évitèrent les balles qu'au prix de l'étouffement ou de l'apoplexie foudroyante. Quand le progrès des armes à feu eut démontré par des arguments *ad hominem* la profonde inutilité de ces monstrueuses carapaces, elles réveillaient tant d'antiques souvenirs qu'on n'eut pas le courage de les abandonner tout à fait, et on en fit des armes de parade dont quelques-unes, l'armure de Henri II par exemple, qui est au Louvre, étaient du goût le plus exquis. En toutes choses le passé se défend avec acharnement. Mais les vieux, les sages, les prudents, ceux qui marchent dans le progrès comme les pèlerins dans certaines processions — deux pas en avant et un pas en arrière — tenaient aux vieilles armes pour d'autres raisons que des raisons militaires · il leur paraissait odieux qu'un noble et un vilain fussent égaux devant une arquebuse. Un autre sentiment plus juste se mêlait à leurs regrets. Devant ces forces aveugles qui broient l'homme à distance, qu'allait devenir la valeur individuelle, celle qui se manifestait autrefois dans les prises corps à corps, par des coups d'audace, des merveilles de force ou d'agilité, des luttes semblables à celles des animaux où les deux adversaires, les yeux dans les yeux, n'ont de secours et de recours qu'en eux-mêmes ? Les jeunes, les ardents, les enthousiastes, les fanatiques de choses nouvelles, parce qu'elles sont de eur temps et de leur âge, haussaient les épaules, laissaient tomber leurs armures pièce à pièce, humiliaient leurs anciens avec leurs canons et leurs arquebuses d'un nouveau modèle, quittes à croire à leur tour, une fois arrivés à l'âge mûr, qu'ils avaient dit le dernier mot du progrès et que leurs successeurs étaient bien audacieux de penser autrement qu'eux-mêmes.

II

MONLUC SE MONTRE PARTISAN DES INVENTIONS NOUVELLES.

Au temps de sa prime jeunesse, Monluc fut, comme les autres, du parti des jeunes ; comme les autres et plus que les autres il fut, par son exemple, l'artisan convaincu de la révolution militaire qui s'accomplissait sous ses yeux : non qu'il n'ait eu sa part des préjugés de sa caste et de son temps : quand il dicte ses Commentaires et qu'il pense à « lou nase de Rabastens », il ne peut tenir sa colère et montre le poing aux nouvelles armes :

— Que plût à Dieu que ce malheureux instrument (l'arquebuse) n'eût jamais été inventé, je n'en porterais les marques, lesquelles encore aujourd'hui me rendent languissant, et tant de braves et vaillants hommes ne fussent morts de la main le plus souvent des plus poltrons et plus lâches, qui n'oseraient pas regarder au visage celui que de loin ils renversent de leurs malheureuses balles par terre. Mais ce sont des artifices du diable pour nous faire entre-tuer (1).

Il parle ainsi à soixante-dix ans et après une blessure à laquelle il ne pardonnait pas de lui avoir enlevé la moitié du visage. A ses débuts, il n'était ni assez chevaleresque pour se priver des armes à feu, ni assez peu avisé pour en méconnaître les avantages. A Cerisoles, il s'ingénia pour employer utilement les arquebusiers, et ce ne fut pas sa faute si les Espagnols avaient eu la même idée que lui.

— Si pensais-je être le plus fin capitaine de la troupe d'avoir inventé de mettre un rang d'arquebusiers entre le premier et le second rang, pour tuer les capitaines du premier ; et avais dit à M. de Tès trois ou quatre jours auparavant que plutôt que pas un des nôtres mourût, je ferais mourir tous leurs capitaines du premier rang ; et ne lui voulus dire le secret jusqu'à ce qu'il m'eût baillé à conduire l'arquebuserie. Et alors il appela la Burthe, sergent-major, et lui dit que incontinent fisse élection des arquebusiers et qu'il les y mît. Et à la vérité je ne l'avais jamais vu ni ouï dire et pensais être le premier qui l'eût inventé ; mais nous trouvâmes qu'ils avaient été

(1) *Comm. et lettres* de B. de Monluc, t. I. livre I, p. 52.

si escorts (avisés) que nous : car aussi ils y en avaient mis comme nous, lesquels jamais ne tirèrent, comme ne firent les nôtres que nous ne fussions de la longueur des piques. Là se fit une grande tuerie : il n'y avait coup qui ne portât (1).

III

ARQUEBUSES ET ARTILLERIE.

Quelques années après, quand le maréchal de Brissac commandait à son tour en Italie, Monluc lui donna le conseil de faire forger à Pignerol quatre cents arquebuses d'un calibre qui portait de trois à quatre cents pas, et ces armes perfectionnées, alors bien supérieures à la fabrication française, lui furent d'un grand secours au siège de Quiers en 1551. Quant à l'artillerie, elle était déjà d'un usage trop ancien peut-être pour qu'on puisse louer Monluc d'en avoir compris l'utilité. A tout le moins, il n'eut pas son pareil pour tirer son parti des maigres ressources qu'elle mettait alors à sa disposition, et lui-même remarque quelque part qu'au siège des places l'instruction ou le zèle des capitaines des gens d'armes laissaient grandement à désirer :

— Et ne faut pas trouver étrange si Monsieur de Terrides n'entendait guère à assiéger places, car je veux maintenir qu'il n'y a homme qui l'entende qu'un maître de l'artillerie qui longuement aura pratiqué et les commissaires de l'artillerie, un ingénieur, le mestre de camp et le colonel, si sont vieux soldats : car en ces charges

(1) *Comm. et lettres* de B. de Monluc, t. I, livre II, p. 277.

il faut qu'ils aient vu souvent telles choses ; tous les autres n'y entendent rien, ni le lieutenant du roi même sinon qu'il ait appris avec ceux-là, et allant reconnaître la place avec eux il prend connaissance et se fait sage pour assiéger les places, mais autrement non, car les capitaines des gens d'armes ne vont jamais voir reconnaître ni aux approches, mais se tiennent volontiers à la largue pour garder que secours ni autre chose ne puisse entrer dans la place. Et comment veut-on que les capitaines des gens d'armes le sachent, vu que jamais ils n'ont assisté à la reconnaissance ni entendu à la dispute qui se fait à la reconnaissance des uns et des autres : car là on se discourt à l'œil le fort ou le faible de la place. C'est la chose la plus difficile et la plus importante de la guerre : plusieurs sont bons et grands capitaines qui s'y trouvèrent empêchés : il faut avoir pratiqué cela, savoir que c'est des fortifications, remarquer et connaître le défaut d'un bastion, d'un éperon, d'un flanc, deviner ce que peut être fait dedans par ce que vous-même feriez si vous étiez dedans (1).

IV

LA CAVALERIE FRANÇAISE : EN QUOI ELLE ÉTAIT INFÉRIEURE AUX REITRES ALLEMANDS.

En art militaire Monluc est un moderne. S'il a quelquefois (bon sang ne peut mentir) les allures d'un capitan, il n'en a ni l'ignorance ni la folle présomption. Il ne connaît pas davantage l'avachissement du vieux soldat, type aujourd'hui disparu, qui ne savait que boire, changer de garnison et se battre. Il regarde, il observe, il compare, il apprend et il retient : il garde intacte jusqu'à la fin sa curiosité militaire, et les nou-

(1) *Comm. et lettres* de B. de Monluc, t. III, livre v, p. 60-61.

veautés qu'il rencontre l'intéressent assez jusque dans sa vieillesse pour qu'il les note au passage et en fasse son profit. La cavalerie française avait, en ce temps-là, des habitudes d'insouciance et de laisser-aller qu'elle n'a peut-être pas tout à fait perdues. Monluc, pendant les guerres de religion, vit de près les reîtres venus d'Allemagne au secours des huguenots, et put constater leur supériorité sur les nôtres.

— Nos gens de cheval sortaient bien souvent, mais ils trouvaient toujours ces reîtres si serrés dans les villages et enfermés avec des barrières, tellement qu'on ne pouvait rien gagner sur eux que des coups, et tous incontinent étaient à cheval. *A la vérité ces gens-là campent en vrais gens de guerre, il est malaisé de les surprendre : ils en sont plus soigneux que nous*, et encore plus de leurs armes et chevaux. Davantage ils sont plus épouvantables à la guerre, car on ne voit rien que feu et fer, et n'y a valet d'étables en leurs troupes qui ne se dresse pour le combat et ainsi avec le temps se font gens de guerre (1).

V

L'INFANTERIE REINE DES BATAILLES.

Le rôle, désormais prédominant, de l'infanterie dans les batailles, n'échappa pas non plus au coup d'œil, rapidement exercé, de Monluc. Dès sa seconde campagne, ce ne fut pas à la légère qu'il se jeta parmi les gens de pied ; il leur attribuait un avenir que les événements ont justifié, et son

(1) *Comm. et lettres* de B. de Monluc, t. III, livre VII, p. 368

intérêt personnel se trouva en cette affaire d'accord avec son expérience des choses militaires. Il eut assez de sang-froid pour résister en 1536 à l'attrait d'un commandement dans la cavalerie :

— Monsieur de Boutières me fit cet honneur de me présenter son guidon que je ne voulus accepter, ayant mis mon opinion sur les gens de pied plus que sur les gens de cheval, et me semblait que je parviendrais plutôt par le moyen d'infanterie (1).

A Cerisoles où il faut toujours revenir parce que c'est un des points lumineux de la carrière de Monluc, il voulut combattre à pied, la pique à la main, en tête de ses soldats, et ce fut son infanterie qui décida la victoire, qu'avaient compromise les charges furieuses et inconsidérées du duc d'Enghien. Comme il l'a remarqué lui-même, il eût été à souhaiter qu'à Saint-Quentin le connétable de Montmorency, petite cervelle et grand cœur, eût su utiliser ses gens de pied pour faire sans encombre sa retraite.

— Il ne fallait que hasarder trois ou quatre cents arquebusiers auprès de Monsieur le maréchal de Saint-André, lesquels eussent bien gardé au comte d'Egmont de connaître du désordre qui était parmi le bagage, lequel était encore mêlé parmi la cavalerie : car il n'eût jamais chargé ledit seigneur maréchal, s'il eût été armé de arquebuserie, de tant que ledit comte n'avait pas un homme de pied, et Monsieur le Connétable eût eu une grande demi-heure de temps à s'acheminer, comme il avait déjà commencé de faire, et cependant eût gagné le

(1) *Comm. et lettres* de B. de Monluc, t. I, livre 1, p. 126.

bois pour sauver son infanterie, et lui se fût retiré avec toute sa cavalerie à la Fère : et ainsi ne se pouvaient perdre que les arquebusiers, avec partie de la cavalerie de M. le Maréchal, et valait mieux que cela se perdît que le chef et tout comme il fit (1).

Malgré les leçons du passé, le préjugé en faveur de la cavalerie resta longtemps vivace en France ; et bien que la part de cette arme dans le gain d'une bataille devienne de plus en plus problématique, elle garde encore aux yeux de la foule une sorte de prestige qui ne disparaîtra pas facilement.

VI

PROJET DE CRÉATION D'AMBULANCES POUR LES SOLDATS BLESSÉS ET D'HOPITAUX POUR LES INVALIDES.

C'est presque toujours l'expérience qui suggère à Monluc les changements qu'il propose dans l'organisation militaire de son temps. Il avait trop vu de champs de bataille pour ne pas être ému du spectacle affreux que présentaient les blessés, gisant sur la terre nue, sans protection, sans abri, sans soin ; abandonnés à la rapacité des valets d'armée ou des paysans qui les achevaient pour se partager leurs maigres dépouilles. Il n'y a pas de dépense inutile de sensibilité au XVIe siècle, et la compassion des plus tendres a quelque chose de rêche et de rude qui ne s'accommode pas avec

(1) *Comm. et lettres* de B. de Monluc, t. I, livre III, p. 470-471.

notre délicatesse moderne. Mais Monluc lui-même avoue que le cœur lui a plus d'une fois failli devant les misères de la guerre : il s'étonne qu'on n'ait pas songé, dans l'intérêt bien entendu de l'Etat, à sauver les soldats atteints légèrement, et, avec une clairvoyance mêlée de compassion qui lui fait honneur, il propose, bien avant Louvois, la création d'ambulances, d'hôpitaux militaires et de maisons de retraite pour les invalides.

— Certes, Sire, et vous qui êtes appelés aux grandes charges, une des principales choses dont vous devriez avoir soin, c'est d'établir des lieux pour les pauvres soldats estropiés ou blessés, tant pour les panser que pour leur donner quelque pension. Pouvez-vous moins faire puisqu'ils vous font présent de leur vie ? Cette espérance leur fait prendre le hasard plus volontiers. Certes, vos âmes en répondront, car elles n'auront pas plus de privilège que les nôtres et si vous en porterez encore plus, car vous nous faites faire les maux que nous faisons pour plaire à vos passions : et si Dieu n'a compassion de vous et de nous, ce sera une grande pitié. Sire, à l'honneur de Dieu, pourvoyez aux braves soldats qui perdent bras et jambes pour votre service. Vous ne les leur avez pas donnés, c'est Dieu. Pouvez-vous moins faire que de les aider à nourrir ? Pensez-vous que Dieu n'ait pas les malédictions qu'ils nous donnent, puisque nous les rendons toute leur vie misérables (1) ?

VII

REMONTRANCE DE MONLUC SUR L'AVANCEMENT DES OFFICIERS
AU ROI CHARLES IX.

Le caractère encore indécis et transitoire de

(1) *Comm. et lettres* de B. de Monluc, t. II, livre IV, p. 296-297.

l'organisation militaire se faisait surtout sentir dans l'avancement des officiers. Cette question si difficile avait à peine été abordée à une époque où l'homme tirait encore son importance plus de son origine et de ses aïeux que de sa valeur personnelle. Monluc, dont l'âme s'ulcérait au moindre passe-droit, était un trop petit gentilhomme de province pour ne pas avoir ressenti plus d'une fois les inconvénients du système en vigueur : il a consigné ses plaintes et les mesures qu'il propose pour un nouveau règlement de la matière, dans quelques pages de ses Commentaires, sous la forme d'une remontrance adressée au roi Charles IX.

— Encore que je sache bien, Sire, que Votre Majesté ne me fera pas cet honneur de vouloir entendre aucune lecture de mon livre : vous avez d'autres occupations et le temps trop cher pour l'employer à lire la vie d'un soldat ; mais peut-être quelqu'un qui l'aura lue vous entretenant vous pourra faire quelque discours de ce qu'il aura trouvé. C'est cause que j'ai pris la hardiesse de vous faire cette remontrance, la lecture de laquelle vous supplie vouloir ouïr, d'autant qu'en icelui consistent les causes et malheurs que j'ai vu advenir en votre royaume depuis cinquante-deux ans que j'ai commencé à porter les armes, régnant votre grand-père le roi François, durant le règne duquel commença une coutume qui me semble n'être guère bonne pour votre service, l'expérience que j'en ai vu advenir me le fait écrire dans ce livre, dont peut-être qu'après l'avoir entendu, Votre Majesté pourrait changer ladite coutume qui vous serait un grand bien pour l'exercice des armes de votre royaume. Un jeune prince comme vous et bien né, le plus grand et premier de la chrétienté, doit toujours apprendre des vieux capitaines. Vous êtes naturellement martial et avec le cœur généreux : voilà pourquoi vous ne trouverez mauvais d'ouïr le discours d'un vieux gendarme, votre sujet et serviteur (1).

VIII

L'AVANCEMENT DANS L'ARMÉE : RÉFORMES PROPOSÉES PAR MONLUC.

La remontrance du vieux gendarme au roi Charles IX qui ne s'en soucia mie est une tentative curieuse pour assujettir l'avancement dans l'armée à des règles fixes et certaines. Rien n'était plus capricieux que cet avancement, depuis la constitution de la nouvelle armée qui avait en partie remplacé les anciennes milices féodales : la faveur y avait part autant que le mérite, et un appui sérieux à la cour avait plus de poids auprès du maître que les services les plus glorieux et les dévouements les plus obstinés. Bien que Monluc n'eût pas eu, pour sa part, à se plaindre outre mesure de la fortune, ces injustices échauffaient sa bile, naturellement âcre et violente. Il en veut aux courtisans habiles à remonter leurs montres, et incapables de poser un gabion ou de tirer une arquebusade ; il s'en prend même, en vieux gendarme peu galant, aux dames de la cour, au milieu desquelles il promenait rarement son visage renfrogné :

— Je vois que pour le premier qui vous demande un

(1) *Comm. et lettres* de B. de Monluc, t. III, livre VII, p. 457-458.

gouvernement de quelque place, une compagnie de gens d'armes, une compagnie de gens de pied, un état de mestre de camp, sans considérer quelle perte et quel dommage peut advenir à votre royaume et à votre personne propre, facilement vous lui accordez, voire même à la requête de la première dame qui vous en prie et qui vous aura peut-être entretenu le soir au bal : car quelques affaires qu'il y ait, il faut que ce bal trotte. Sire, elles n'ont que trop de crédit en votre cour (1).

IX

AVANCEMENT A L'ANCIENNETÉ OU AU CHOIX.

Monluc oublie le temps où, jeune et plus sémillant, il faisait le muguet auprès des dames ; mais ses plaintes ne sont point sans fondement, et on aime à le voir se courroucer contre l'escadron volant de la reine. Ses raisons seraient parfaites s'il ne les déduisait avec une insupportable prolixité. Il est évident qu'il faut des officiers capables à la tête des troupes, et Charles IX lui-même ne demandait pas mieux que d'en tomber d'accord avec son vieux rabat-joie. L'embarras commence à l'exécution, et il est plus facile de dénoncer le mal que d'en découvrir le remède. Pour parer aux inconvénients de la faveur, Monluc propose la création d'un conseil supérieur de guerre, présidé par le roi, ayant pour chancelier Monsieur, frère du roi, et composé des capitaines les plus vieux et les plus expérimentés du royaume.

(1) *Comm. et lettres* de B. de Monluc, t. III, livre VII, p. 469.

Le duc d'Anjou (Henri III).

— Donc, Sire, avant que de donner aucune charge de celles qui dépendent de la guerre et de là où dépend tant de malheurs que j'ai mis par écrit, qu'à l'appétit d'homme du monde vous ne la donniez jamais que premièrement vous n'ayez mis le personnage à l'examen par devant vos docteurs et chancelier de la guerre. Vos docteurs sont les vieux capitaines qui de longue main sont expérimentés aux armes. Vous en pourriez bien avoir de vieux qui ne seront guère bougés de leurs maisons : je ne prends pas ceux-là pour vieux capitaines, mais ceux-la que Monsieur le chancelier a renvoyés étudier : car on dit, Sire, qu'en vieille bête il n'y a pas de ressource. J'entends que vous appeliez pour assister à l'examen de ceux qui ont toujours suivi les guerres et qui ont force paragraphes, c'est-à-dire arquebusades ou coups d'épée sur leurs corps : c'est signe qu'ils n'ont pas toujours croupi sur les cendres (1).

Le conseil ou plutôt la commission de classement constituée, Monluc demande qu'elle fasse comparaître le candidat, qu'elle l'interroge et qu'elle en fasse ensuite son rapport. On fermera ainsi la bouche à Monsieur et à Madame, et les apprentis au fait des armes, ne pouvant entrer par la fenêtre, se feront connaître de ceux qui doivent leur ouvrir la porte.

X

LE LIVRE D'HONNEUR : CE QUE MONLUC ENTENDAIT PAR LA.

De pareilles vues sont remarquables : elles attestent chez Monluc de la réflexion, du jugement, une connaissance exacte de la matière et

---

(1) *Comm. et lettres* de B. de Monluc, t. III, livre VII, p. 478.

surtout un esprit dégagé des préjugés du temps. Dans le débat toujours pendant entre le choix et l'ancienneté, il se prononce pour le premier, pourvu qu'il soit entouré de garanties sérieuses ; la seconde ne lui inspire qu'une légitime défiance ; d'où son mot énergique et cruel : *En vieille bête il n'y a point de ressource.* Il demande aussi la création d'un rôle au tableau d'avancement qu'il appelle le *livre d'honneur.* On y inscrira par provinces les gens de valeur avec leurs qualités, afin de leur conférer les charges vacantes, quand il y aura lieu.

L'audace réformatrice de Monluc ne va point jusqu'à une révolution complète : quelque regret qu'il puisse en avoir *in petto*, il n'étend pas le bénéfice de ses observations aux généraux de la cavalerie ou aux colonels de l'infanterie :

> « Ce sont deux états qui se doivent donner aux princes et autres ou grands seigneurs, et encore qu'ils soient jeunes et peu expérimentés, cela n'importe, pourvu que le mestre de camp soit bien expérimenté. »

Il n'est pas sûr que Monluc exprime là toute sa pensée ; mais l'usage était plus fort que le bon sens, et il est trop avisé pour qu'on puisse lui demander d'aller plus vite que les violons. Pour le même motif, il est bien obligé d'admettre que le roi passe avant tous les autres.

— Vous serez par-dessus, Sire, car personne ne peut

---

(1) *Comm. et lettres* de B. de Monluc, t. III, livre VII, p. 479.

vous ôter ce rang : c'est vous qui le donnez aux autres. Puisque Dieu vous a fait naître prince pour commander à tant de milliers d'hommes, il vous a donné aussi quelque chose de plus particulier qu'aux autres (1).

XI.

LA REMONTRANCE A M_{GR} LE DUC D'ANJOU

Les vieillards sont bavards, et Monluc en particulier est intarissable. A sa remontrance au roi Charles IX, il a ajouté une remontrance à Mgr le duc d'Anjou qui lui rappelait son vénéré maître Henri II et pour lequel son vieux cœur d'aventurier avait consenti à s'amollir. Il l'adjure, en termes pathétiques, de sauver la France :

— Vous êtes celui qui faut que commande les armes. Vous êtes celui qui faut que les porte soi-même à tous hasards, périls et fortunes. Vous êtes notre trompette qui nous fait entendre ce que nous devons faire. Vous êtes notre recours. Vous êtes toute notre espérance pour nous faire avoir des récompenses de notre roi. Vous êtes celui par qui il faut que nous espérons d'être connus de Sa Majesté et qui faut que lui fasse le bon rapport de ce que nous avons fait pour son service. Vous êtes celui-là que faut qu'il fasse connaître au roi nos enfants quand nous serons morts à son service, si nous avons fait ce que gens de bien doivent faire. Bref, toute la France a les yeux tournés sur vous qui présidez aux armées et qui avez battu et rebattu si souvent les huguenots : toute la chrétienté sait que c'est vous, car le roi est contraint, puisque son conseil le veut, faire la guerre de son cabinet (1).

(1) *Comm. et lettres* de B. de Monluc, t. III, livre VII, p. 489-490.

On voit que, malgré son grand âge, Monluc manie encore l'encensoir d'une main vigoureuse. Il est malheureux que des hommages aussi sentis s'adressent à celui qui fut Henri III ; mais ce prince qui ne manqua d'ailleurs ni de courage ni de finesse, n'était encore, pour Monluc, que le vainqueur de Jarnac et de Moncontour. Il semble d'ailleurs avoir eu une véritable estime pour le vieillard qui le louait aussi pompeusement, et il faut lui savoir gré d'avoir pensé à lui, au début de son règne, pour la charge éclatante et enviée de maréchal de France. Cette récompense qui eût payé trop cher les services d'un simple aventurier déjà amplement pourvu, ne paraîtra que suffisante à ceux qui ont lu et médité les enseignements militaires contenus dans les Commentaires.

CHAPITRE IV

LES COMMENTAIRES AU POINT DE VUE DE LEUR COMPOSITION ET DE LEUR VÉRACITÉ.

I. Haine de Monluc pour les écritures. Comme quoi M. de Guise le fit quinaud au siège de Thionville.
II. Comment furent rédigés les Commentaires.
III. Caractère principal de l'œuvre : c'est avant tout une biographie.
IV. C'est aussi un plaidoyer *pro domo sua* qu'il adresse à la postérité.
V. Comment Monluc appréciait la littérature et la publicité.
VI. Son opinion sur l'instruction nécessaire aux officiers.
VII. Esprit naturel de Monluc.
VIII. Sa modération à l'égard de ses adversaires.
IX. De quelle manière Monluc a parlé des puissants du jour dans ses Commentaires.
X. Jugement porté par Monluc sur le connétable de Bourbon et ses pareils.
XI. Ce qu'était devenue au XVIe siècle la grande querelle entre Gascons et Français.
XII. Où l'on voit que Monluc, s'il a dit la vérité sur son propre compte, n'a pas dit toute la vérité.
XIII. Prudence gasconne.
XIV. Ce qu'il faut penser de la véracité de Monluc.

I

HAINE DE MONLUC POUR LES ÉCRITURES. — COMME QUOI M. DE GUISE LE FIT QUINAUD AU SIÈGE DE THIONVILLE.

Il ne faut pas demander à un vieux routier dont la main s'est usée à frapper sur les ennemis de son roi, d'être un écrivain disert et fleuri : Monluc n'avait jamais été un grand clerc, et le métier qu'il fit pendant près de soixante ans n'était pas fait pour développer en lui le goût de l'étude. Il détestait d'instinct les paperasses, l'écritoire, les robins, les chicanous de toute espèce qui passent leur vie à l'ombre, chaussés d'énormes lunettes, et on ne se le figure pas, même dans son ultime vieillesse, courbé sur une table pour arrondir des majuscules à l'adresse de la postérité. Toutes ses lettres, même celles de sa jeunesse, ont été écrites par ses secrétaires ; il se contentait d'y apposer sa signature. En cela il différait grandement du plus célèbre capitaine de son temps, de François de Guise, qui, par son application à entrer dans l'infini des détails et à rédiger tous les ordres de sa main, était vraiment déjà un général moderne. Monluc, qui l'estimait d'ailleurs à tant d'autres titres, ne pouvait pas souffrir chez lui ce prurit d'écritures. Son intempérance habituelle de langue faillit même sur ce point lui attirer une méchante affaire, au début du siège de Thionville. La chose en soi n'était pas de conséquence ; mais si M. de Guise n'eût été un homme d'esprit, elle eût pu nuire au Gascon, qui cette fois-là au moins fut quinaud. Voici comme il la raconte lui-même, avec assez de bonne grâce et d'humeur :

— Un jour, je venais des tranchées pour lui demander quatre enseignes d'Allemands pour entrer en garde avec nous et nous tenir escorte, car nous commencions fort à approcher de la ville. Et à cause que l'artillerie l'avait tiré hors de son premier logis, il s'était mis en une petite maisonnette basse, là où il n'y avait qu'une petite chambre qu'avait une fenêtre qui sortait sur la porte : et là je trouvai M. de Bourdillon qui depuis a été maréchal de France, auquel je demandai où était Monsieur : il me dit qu'il écrivait. Alors je dis : « Au diable ses écritures ! il semble qu'il veuille épargner ses secrétaires : c'est dommage qu'il n'est greffier du parlement de Paris, car il gagnerait plus que du Tillet et tous les autres ». M. de Bourdillon se mit fort à rire, parce qu'il connut que je ne pensais pas qu'il m'entendit : et parce qu'il voyait que M. de Guise m'entendait, il m'aiguillonnait toujours pour me faire parler sur ce greffier. Alors M. de Guise sortit tout en riant : « Et bien, Monseigne, serais-je bon greffier ? » Jamais je n'eus tant de honte et me courrouçai fort contre M. de Bourdillon de ce qu'il m'avait fait ainsi parler, et n'en faisaient que rire... (1)

II

COMMENT FURENT RÉDIGÉS LES COMMENTAIRES.

Monluc nous apprend lui-même qu'il dicta ses Commentaires. Entouré de ses parents et de ses amis, le touret sur le nez, le bonhomme prenait plaisir à faire écrire sous lui ce qu'il avait vu. En moins de deux ans l'œuvre fut achevée. Si la vue avait faibli, la mémoire, qui avait toujours été excellente, était restée intacte ; ceux qui entouraient Monluc, connaissant ses histoires pour les lui avoir entendu raconter, étaient sans doute en état de soulager ses défaillances. Pasquier et de Thou veulent qu'il ait eu des notes préparées à l'avance, année par année. C'est aussi contraire

---

(1) *Comm. et lettres* de B. de Monluc, t. II, livre IV, p. 259.

à l'affirmation de Monluc lui-même qu'à son caractère. Ce qui marque l'ouvrage d'un trait ineffaçable, c'est justement qu'on n'y sent point l'apprêt : il est rustique, il est sain, il est savoureux comme du pain bis ; les hommes de lettres, avec leurs petites balances à peser les mots, n'ont point passé par là. Naïf, Monluc ne l'est pas, et pour cause : il sait très bien pourquoi il écrit ses Commentaires, et le soin de sa mémoire est la première préoccupation de cette âme égoïste et ambitieuse ; mais il est autre chose que naïf, il est naturel, il se présente en pied à ses lecteurs tel qu'il est parce qu'il lui semble qu'on ne peut pas être mieux ; il n'a jamais douté de Monluc : pourquoi les autres en douteraient-ils ?

Paraissez, Navarrais, Maures et Castillans,

vous trouverez ici un Gascon gasconnant, capable de vous tenir tête à tous à la fois. Un Français est supérieur à toutes les nations ; le Gascon seul est supérieur aux Français, et Monluc est le premier des Gascons. Il le dit, il le répète, et on finit par le croire, parce que chez ce diable d'homme comme chez ses compatriotes l'acte vaut la parole et que ses gasconnades ne sont presque jamais des tartarinades.

III

CARACTÈRE PRINCIPAL DE L'ŒUVRE. C'EST AVANT TOUT UNE BIOGRAPHIE.

L'œuvre, jetée à la *va comme je te pousse*, a l'unité qui résulte de la vie du héros. Monluc se prend au début, sans remonter cependant jusqu'à ses dents de lait, et se conduit jusqu'à la fin. Comme c'est lui-même qu'il raconte, et non un autre, il s'étend avec complaisance sur les épisodes qui lui sont personnels ; avec cette fidélité méticuleuse des vieillards qui revivent leur jeunesse, il en note les moindres incidents, et ce n'est pas un des moindres charmes des Commentaires que d'échapper, en les lisant, aux insupportables faits et personnages généraux des grandes histoires.

— Je crois, dit-il lui-même quelque part, que les historiens qui n'écrivent que des princes et grands en parlent assez et passent sous silence ceux qui ne sont pas de si grande taille (1).

IV

C'EST AUSSI UN PLAIDOYER *pro domo sua* QU'IL ADRESSE A LA POSTÉRITÉ.

Sans accentuer outre mesure ce côté particulier de la nature de Monluc, il y a toujours eu chez lui du mécontent et du frondeur. Je ne veux

(1) *Comm. et lettres* de B. de Monluc, t. II, livre IV, p. 290.

pas en faire, plus qu'il ne convient et qu'il ne lui convenait, le champion de la petite noblesse : il savait à l'occasion tirer son chapeau devant les puissants du jour. Mais il ne fut jamais un résigné. C'est en grognant qu'il rongeait les os qu'on daignait lui jeter ; et on a vu avec quelle obstination butée il avait fait tête, vers la fin, aux Montmorency. Ses Commentaires sont un récit animé de ses aventures militaires ; ils sont aussi, à un plus haut degré, un plaidoyer personnel : c'est un dernier coup d'arquebuse qu'il tire contre ses ennemis, et la balle est arrivée à son adresse.

— Pour ce qu'il y en a aujourd'hui qui m'aiment et autres qui me haïssent, je veux approcher de la vérité selon la souvenance que Dieu m'en a donnée, afin que ceux qui me haïssent ne me puissent reprendre à la vérité et que les autres qui m'aiment prennent plaisir à lire ce que j'ai fait et se souvenir de moi : car je vois bien que les historiens en parlent maigrement (1).

V

COMMENT MONLUC APPRÉCIAIT LA LITTÉRATURE ET LA PUBLICITÉ.

Cette préoccupation de suppléer au silence de l'histoire officielle se retrouve à chaque page dans Monluc. Il n'est ni assez sot pour mépriser la littérature, ni assez naïf pour négliger la réclame qu'on en peut tirer. Il n'y a rien en lui des préjugés ou des ignorances qui font d'un soldat une

---

(1) *Comm. et lettres* de B. de Monluc, t. I, livre II, p. 344-345.

vieille baderne. Il avait peu lu, soit : il faut bien là-dessus l'en croire sur parole, puisqu'il affirme n'avoir pas touché un livre pendant trente ans. Mais l'étude des hommes lui avait été plus profitable que la connaissance des livres n'eût pu l'être ; s'il aimait aussi peu les gens de lettres que les robins — et cela pour les mêmes causes, — il appréciait très sainement les avantages de leur profession. Il sentait bien qu'ils font l'opinion dans le présent et l'histoire pour l'avenir. S'il eût vécu de notre temps, il eût su aussi bien qu'un autre avoir à l'occasion une bonne presse. Ce qu'il dit de la littérature est caractéristique et sent fort peu son vieux soldat :

— Plût à Dieu que nous qui portons les armes prissions cette coutume d'écrire ce que nous voyons et faisons ; car il me semble que cela serait mieux accommodé de notre main (j'entends du fait de la guerre) que non par des gens de lettres : car ils déguisent trop les choses et cela sent son clerc (1).

VI.

SON OPINION SUR L'INSTRUCTION NÉCESSAIRE AUX OFFICIERS.

Quand on vit intimement avec lui, on est même surpris de sa largeur d'esprit : ce qu'il pense de l'instruction à donner aux officiers n'est point si banal qu'on ne puisse encore le transcrire :

(1) *Comm. et lettres* de B. de Monluc, t. II, livre III, p. 118.

— Vous, Messieurs, qui avez le moyen et qui voulez pousser vos enfants, croyez que c'est une bonne chose de leur faire apprendre, s'il est possible, les langues étrangères : cela sert fort soit pour passer, soit pour se sauver, soit pour négocier et leur gagner le cœur (1).

Il parlait avec aisance, comme tous ses compatriotes, ayant eu, dit-il, ce don de Dieu, bien qu'il ne fût pas grand clerc, et quelques-unes de ses harangues, au moins celles qui ne sont pas travaillées à la romaine, sont fort belles. Il eût souhaité la même facilité d'élocution à tous les capitaines, et leur recommande en termes pressants l'étude des lettres. Il n'était pas de ceux qui en nient l'utilité parce qu'ils ont pu s'en passer.

— Et crois que c'est une très belle partie à un capitaine que de bien dire : je n'ai pas été nourri pour cet effet, mais encore ai-je eu ce bonheur de pouvoir exprimer en termes de soldat ce que j'avais à dire avec assez de véhémence qui sentait le pays d'où je suis sorti. Je vous conseille, seigneurs, qui avez le moyen et qui voulez avancer vos enfants par les armes, de leur donner plutôt les lettres : bien souvent, s'ils sont appelés aux charges, ils en ont besoin et leur servent beaucoup : et crois qu'un homme qui a lu et retenu est plus capable d'exécuter de belles entreprises qu'un autre : si j'en eusse eu, j'en eusse fait mon profit : encore avais-je assez de naturel pour persuader le soldat de venir au combat (2).

(1) *Comm. et lettres* de B. de Monluc, t. III, livre v, p. 42.
(2) *Comm. et lettres* de B. de Monluc, t. III, livre vi, p. 205.

VII

ESPRIT NATUREL DE MONLUC.

Le naturel aiguisé par un demi-siècle de dure expérience, voilà ce qui éclate à chaque ligne des Commentaires. Libre à Monluc de regretter l'imperfection de ses études premières. Nous qui l'avons suivi depuis le jour où il fut lâché, franc du collier, comme un jeune poulain à travers le monde, nous ne sommes pas obligés de partager son avis, et nous nous réjouissons que le pédantisme n'ait pas eu le temps de le gâter. Comme tous ses contemporains, il parle des anciens, mais, Dieu merci, il ne les connaît pas. Il n'est pas assez savant pour nous jeter Polyen ou Frontin à la tête, et le peu qu'il en dit se réduit à des allusions discrètes aux noms célèbres. Il a ainsi gardé intacte sa verve naturelle, fleur précieuse que l'indigeste érudition du temps n'aurait pas manqué de flétrir, et avec elle un robuste bon sens qui a fait, malgré tout, bon ménage avec sa vanité. Cette qualité qu'il tenait de son origine quasi-populaire l'empêcha d'avoir, complètement après son élévation, les allures d'un parvenu : il fut toujours plus glorieux que suffisant, et son humeur satirique s'exerça plus d'une fois sur ceux qui ne savent pas sacrifier leur rang et leur dignité aux nécessités du moment :

—... La vanité du monde est si grande qu'il semble

que c'est se rabaisser, si on ne marche toujours avec toutes les pièces qui appartiennent à la principauté, et cependant on fait force pas de clerc. Il vaut mieux marcher en simple gentilhomme et non pas faire le prince et faire bien que non pas se tenir sur le haut bout et être cause de quelque désordre et malheur (1).

VIII

SA MODÉRATION A L'ÉGARD DE SES ADVERSAIRES.

C'est encore une preuve de bon sens qu'il a donnée que d'avoir parlé avec quelque ménagement de ses adversaires. Ses mémoires offrent à cet égard le plus parfait contraste avec ses lettres. Non qu'il s'y contredise, mais il y dépouille ses jugements passés de leur âpreté primitive ; à l'humeur hargneuse de la bataille a succédé l'apaisement de la retraite ; le futur ermite de Sarrancolin n'est pas encore revenu des choses de ce monde, mais il les mesure avec plus d'équité : c'est une œuvre de glorification personnelle qu'il a entrepris, non de rancunes ou de mesquines vengeances, et il sait fort bien que ce n'est pas se grandir soi-même que de diminuer ses ennemis. Au temps de sa grande lutte contre les Montmorency, tout lui était bon pour frapper ou pour se défendre : démentis, protestations, insinuations calomnieuses, messages envoyés en cour, plaintes continuelles et obsédantes, défis même à main armée, qui ne risquaient pas d'aboutir. Il faut

---

(1) *Comm. et lettres* de B. de Monluc, t. I, livre I, p. 92.

voir alors sur quel ton il parlait de Damville :

— Je soutiendrai devant le roi à celui-ci qu'il est traître à Sa Majesté ou le plus couard homme qui fut jamais. Et lui-même sera contraint confesser l'un ou l'autre (1).

A ces moments-là il ne se connaissait plus, il fumait, le Gascon, il fumait, et sa rage faisait tort à son bon sens. Une fois l'oreille fendue et confiné en sa maison des champs, il devint plus rassis. Il ne pardonna jamais à Damville de l'avoir traité de la manière que l'on sait ; mais il ne laissa pas de lui rendre justice, et c'est un effort dont il faut lui savoir gré, après l'affront qu'il en avait reçu :

— Que je veuille dire aussi que M. le Maréchal s'en retournât par couardise, il n'y a homme qui puisse dire cela, car jusques ici on ne lui a pas baillé cette renommée de couardise : il est d'une trop brave race et a toujours fait preuve du contraire et le tiens pour un grand capitaine qui me peut faire et beaucoup de bien et beaucoup de mal quand il lui plaira. Et quoique quelques-uns l'aient calomnié parce qu'il était si proche de M. l'Amiral, si n'eus-je jamais cette opinion de lui. Je ne sais pas ce qu'il fera à l'avenir : je l'ai toujours connu fort serviteur du roi, mais il ne me devait pas traiter ainsi : j'avais vu trop de rôti et bouilli en ma vie..... (2).

Comme le dit Monluc lui-même, « *les ans dérobent la chaleur* » (3). Le tempérament, en s'apaisant,

(1) *Comm. et lettres* de B. de Monluc, t. V, p. 277, n° 259.
(2) *Comm. et lettres* de B. de Monluc, t. III, livre VII, p. 338.
(3) *Comm. et lettres* de B. de Monluc, t. III, livre VII, p. 334.

laisse la parole à la raison, et il est sage, si l'on a une juste défiance de soi-même, d'écrire ses mémoires le plus tard possible. La vieillesse nous écartant de la bataille, nous permet de juger plus sainement les passions en jeu, et c'est ainsi que Monluc, tordu comme un vieux cep par les infirmités et fortement arquebusé, tient des discours raisonnables qui le paraîtraient davantage encore, sans ses lettres passées qui disent tout le contraire. L'ambition ne va guère sans l'envie, et toutes deux, jusqu'à l'heure de la retraite, tinrent fidèle compagnie à Monluc; mais qu'importe, puisqu'il a eu assez de fermeté ou de prudence pour les laisser dehors, le jour où il commença à dicter ses souvenirs?

— Les hommes ne sont pas dieux, ils se rient et font d'une mouche un éléphant : laissons-les crever leur saoul (1).

IX

DE QUELLE MANIÈRE MONLUC A PARLÉ DES PUISSANTS DU JOUR DANS SES COMMENTAIRES.

Je ne voudrais pas le louer plus qu'il ne convient : les panégyristes des saints sont eux-mêmes suspects quand ils outrent les qualités de leur héros, et ce serait accorder à Monluc plus qu'il n'a jamais demandé que de le comparer à un saint. Mais il me semble qu'il y a tout à la fois, dans ces

(1) *Comm. et lettres* de B. de Monluc, t. II, livre IV, p. 292.

Commentaires, une prudence et une modération vraiment singulières. Ce hargneux batailleur qui eut tant de fois maille à partir avec ceux qui lui barraient le chemin a rentré ses griffes pour la circonstance. Il parle des puissants du jour avec une rare circonspection, et peut-être ne les ménage-t-il que pour avoir enfin pris place sur le même vaisseau qu'eux. Le Gascon Monluc, gouverneur et lieutenant de roi en Guyenne, est devenu un personnage solidaire des galants de cour, pour lesquels il n'avait pas autrefois assez d'anathèmes. Il leur donne, de temps à autre, en passant une atteinte légère; mais ce ne sont là que des égratignures à fleur de peau. La lettre même qu'il écrivit au roi après sa disgrâce est amère, mais suffisamment résignée, et elle lui fournit l'occasion de nous dire ce qu'il pensait des trahisons auxquelles la noblesse française se laissait encore aller si volontiers.

— Celui qui fait son devoir et se voit indignement traité sent cela jusqu'au cœur. J'ai ouï dire que le roi François ou Louis, je ne sais lequel c'est, demandant un jour à un gentilhomme qui était Gascon comme je suis quelle chose est-ce qui le pourrait distraire de son service: « Rien, Sire, répondit l'autre, si ce n'est un dépit ». Aussi dit-on que pour dépit on se ferait Turc..... Quand ce brave prince Charles de Bourbon fut contraint prendre le parti de l'empereur et se donner au diable, puisque Dieu ne le voulait (car certes il y fut forcé et contraint), nous entendions dire que les Espagnols mêmes le regardaient de travers ; et le pauvre prince, après nous avoir fait beaucoup de mal, y perdit la vie. Après qu'il fut tué à Rome, on disputait qui en était plus aise, ou le pape, ou le roi, ou l'empereur : le premier parce qu'il le tenait assiégé ; le roi, pour se voir délivré d'un grand ennemi, et l'empereur, pour être déchargé d'un prince banni et nécessiteux qu'il portait sur ses épaules, ne l'ayant enrichi que de promesses et non d'autre chose. Ces dépits vont trop avant : les miens ne me firent ni me feront jamais faire chose contre mon devoir et mon honneur. Si j'étais jeune et qu'on ne se voulût servir de moi, la terre est assez grande, je chercherais fortune ailleurs, mais non pas aux dépens de mon prince et de mon honneur (1).

X

JUGEMENT PORTÉ PAR MONLUC SUR LE CONNÉTABLE DE BOURBON ET SES PAREILS.

Ce sont là de belles paroles et il y en a beaucoup de semblables dans Monluc. Par sa situation à mi-côte entre l'aristocratie de cour et la bourgeoisie, il participe à la fois des préjugés de l'une et des saines vertus de l'autre. Il admet que Charles de Bourbon fut contraint au crime par les affronts reçus ; mais l'idée d'un crime pareil, il la repousse, pour sa part, bien loin de lui. Il excuse ou, plutôt, il explique le connétable ; il ne l'approuve pas. A ce point de vue comme à tant d'autres, ses Commentaires sont précieux : ils marquent nettement une des phases de l'évolution accomplie par la noblesse, depuis le jour où elle avait dépouillé la forme féodale jusqu'à l'é-

(1) *Comm. et lettres* de B. de Monluc, t. III, livre VII, p. 450-452.

poque où elle ne fut plus pour la royauté qu'une immense école de Saint-Cyr. La Fronde fut le dernier terme de cette transformation, et l'on y vit pour la dernière fois le vieux principe de l'obéissance au suzerain en lutte avec le principe nouveau de l'obéissance au prince et à la patrie. Pour bien des raisons Monluc n'éprouve pas le besoin d'être le champion du passé ; il représente la nouvelle doctrine qui n'équivoque plus sur les droits du roi, et c'est là la cause de son attitude, si nette et si ferme, pendant les guerres de religion. Le levain des vieilles rébellions féodales qui fermentait dans l'âme des révoltés pour le Christ l'aveugla sur la grandeur et la sainteté de leurs revendications ; il les traita en sujets infidèles, et non en chrétiens mourant pour leur foi.

XI

CE QU'ÉTAIT DEVENUE AU XVIe SIÈCLE LA GRANDE QUERELLE ENTRE GASCONS ET FRANÇAIS.

Puisque nous en sommes sur ce chapitre de l'état d'esprit de Monluc, il y a encore chez lui un autre caractère de transition que je voudrais au moins marquer d'un trait. J'ai répété — et à satiété — qu'il était un Gascon, un vrai, pur et authentique Gascon, c'est, je crois, dire juste ; mais ce n'est pas dire assez : la vérité est que là aussi il y a une évolution qui est en train de s'accomplir. Les nationalités provinciales sont encore vivaces, mais elles ne sont déjà plus exclusives d'une autre nationalité, appelée a les absorber toutes, la nationalité française. La différence reste notable : à chaque instant Monluc oppose les Gascons aux Français, sans que ce soit toujours pour donner la palme aux premiers ; mais il y a plutôt entre les deux races lutte courtoise que rivalité hargneuse et agressive. Les beaux temps des Armagnacs sont passés ; de part et d'autre on a oublié depuis longtemps ces vieilles histoires. Français et Gascons n'ont plus qu'un même chef, le roi, et c'est par le roi, comme aujourd'hui en Autriche par l'empereur, que se maintient l'unité du pays. Monluc est Gascon quand il est mécontent : il parle alors sur un ton aigre des Français.

— Si les historiens étaient de ce pays (la Gascogne), ils n'oublieraient pas d'écrire le grand honneur que la reine faisait en ce pays pour la grande fiance qu'elle y avait de la sauvation d'elle et de ses enfants. *Mais ceux qui écrivent sont Français* et se garderont bien de faire cet honneur et de porter cette louange à ce pauvre pays qui semble être abandonné de Dieu et du monde (1).

Quand le bon sens ou l'intérêt l'emportent, il rend justice aux Français et crosse plus que de raison ses compatriotes :

— Je porte grande envie à la nation de France que, encore qu'il y en ait de cette religion nouvelle, si est-ce que le naturel du Français a meilleur zèle, et sont plus sages en toutes choses que les barbares et rustiques de

(1) *Comm. et lettres* de B. de Monluc, t. V, n° 271, p. 308.

ce pays, que chacun veut que l'on fasse ce que son esprit léger porte (1).

XII

OU L'ON VOIT QUE MONLUC, S'IL A DIT LA VÉRITÉ SUR SON PROPRE COMPTE, N'A PAS DIT TOUTE LA VÉRITÉ.

D'une manière générale, il y aurait d'ailleurs injustice à réclamer de Monluc une impartialité vraiment scientifique. S'il écrit pour plaider sa cause, il est trop évident qu'il laissera dans l'ombre les parties de son existence qui pourraient lui faire tort auprès de ses juges. Tantôt il bavarde à perdre haleine sur des faits de guerre parfaitement insipides; tantôt il se tait au passage palpitant, juste au moment où l'on retient sa respiration pour mieux l'écouter. Il a notamment une preste façon d'escamoter le règne de François II qui donne à penser sur son compte. Il fut accusé en ce temps-là d'avoir favorisé secrètement les menées de la maison de Navarre, et il avoue lui-même avoir été « fort privé », c'est-à-dire le confident intime du roi de Navarre, et de Monsieur le prince de Condé. Il se garde bien d'éclaircir une affaire qu'il était payé pour connaître, mais dont il n'était pas plus fier que de raison. Il rompt les chiens à cet endroit avec une aisance qui laisse moins de doutes sur son habileté que sur sa franchise :

(1) *Comm. et lettres* de B. de Monluc, t. V, n° 103, p. 141.

— Je laisserai ce propos et ne me veux mêler d'écrire les inimitiés et rébellions qui ont été faites depuis, jusqu'à la mort du roi François Second, encore que j'en susse bien écrire quelque chose pour être de ce temps-là : car je ne suis point historien ni n'écris ce livre par manière d'histoire, sinon pour que chacun reconnaisse que je n'ai pas porté les armes si longtemps inutilement, et aussi pour que mes compagnons et amis prennent exemple en mes faits : il y en a prou dont ils se pourraient bien aider, quand ils se trouveraient en telles affaires, et aussi que mon écriture sera cause que ma mémoire ne mourra pas sitôt, qui est tout ce que les hommes qui ont vécu en ce monde, portant les armes en gens de bien et sans reproche, doivent désirer : car tout le reste n'est rien. Tant que le monde durera, je crois qu'on trouvera nouvelles de ces braves et vaillants capitaines, de Lautrec, Bayart, de Foix, de Brissac, de Strozzi, de Guise et de tant d'autres qui ont vécu depuis l'avènement du roi François Ier à la couronne, parmi lesquels peut-être le nom de Monluc pourra être en crédit. Et puisque Dieu m'a ôté mes enfants, qui sont tous morts en faisant le service aux rois mes maîtres, les jeunes Monluc qui en sont sortis tâcheront de devancer leur aïeul. Je ne veux donc rien écrire du règne du roi François Second et comme on joua au boute-hors à la cour : aussi ne fut-ce que rébellions et séditions. J'en sais bien des particularités pour avoir été fort privé du roi de Navarre et de Monsieur le prince de Condé ; mais, comme j'ai dit, je laisse ce sujet aux historiens pour parachever le reste de ma vie (1).

XIII

PRUDENCE GASCONNE.

Il n'est guère plus explicite sur un autre point douloureux de sa vie, je veux dire les négociations qu'il entama avec le roi d'Espagne par l'entremise

(1) *Comm. et lettres* de B. de Monluc, t. II, livre IV, p. 334-335.

de Burdachin pendant la première guerre de religion. Nous en savons plus là-dessus par ses papiers que par ses Commentaires, où il s'est bien gardé de s'expliquer à fond sur des marchés bizarres de la part d'un gouverneur de la Guyenne et, à coup sûr, en contradiction complète avec les sentiments qu'il professait pour l'Espagne et dont il y a plus d'un échantillon dans ses Mémoires. Ce n'est point que je croie à des velléités de trahison dont Monluc était incapable ; mais c'était déjà trop qu'aux yeux des bons Français il y en eût l'apparence : en voulant jouer ce jour-là au plus fin, Monluc perdit sa garde et s'offrit aux coups de ses adversaires, qui ne manquèrent pas une si belle occasion.

Si Monluc s'était borné à ne pas embroussailler ses Commentaires des faits généraux qui poussent dans toutes les histoires, il ne nous resterait qu'à le couvrir d'éloges et de fleurs. Mais il n'a pas toujours interprété aussi sainement le principe posé par lui-même, et c'est moins le désir de rester vrai qu'une prudence toute personnelle qui le guide dans le choix des événements à raconter. Toutes les fois qu'il aborde un endroit scabreux, il s'abstient ou passe rapidement. Comme il le dit lui-même, il n'a affaire de traiter cela, et ne veut pas s'embrouiller dans ces fusées. C'est ainsi qu'à regarder de près, ces souvenirs qui semblent jetés au hasard de la causerie, sont composés avec une précaution et une astuce qui ne sentent point le vieux soldat.

XIV

CE QU'IL FAUT PENSER DE LA VÉRACITÉ DE MONLUC.

Le système adopté par Monluc a au moins cela de bon, c'est qu'il lui permet d'écarter les explications difficiles et de se mouvoir à l'aise sur les terrains qui n'offrent aucun danger. C'est dans ce sens qu'on peut parler de la véracité de Monluc. Elle est réelle en cela que s'il ne dit pas tout, au moins tout ce qu'il dit est vrai. Il est rare qu'on puisse le surprendre en flagrant délit d'erreur voulue. J'écarte, bien entendu, l'optique particulière qui lui fait toujours croire, même là où il ne commande pas en chef, que c'est lui qui a gagné la bataille. C'est de l'illusion ou du grossissement ; ce n'est pas du mensonge. Monluc n'est pas la mouche du coche ; mais il est un des six chevaux qui le tirent, et en haut de la côte c'est lui qui chante victoire, comme si les autres n'avaient rien fait. Il n'invente pas, il exagère ; et puisqu'il est de bonne foi, il y aurait mauvaise grâce à lui en vouloir. En réalité, on peut le consulter avec confiance : si l'on veut faire abstraction du premier rôle qu'il s'attribue partout, on le trouvera rarement en défaut. Les faits qu'il cite sont exacts, et ses jugements sur les personnes, moins passionnés que les appréciations de ses lettres, contiennent une dose suffisante d'équité. C'est tout ce qu'on peut demander en conscience à un auteur de mémoires.

L'historien vit dans son nuage, à deux mille pieds au-dessus des mesquines passions des hommes ; celui qui prend la plume pour raconter ses souvenirs personnels n'a pas encore quitté le petit tas de boue où il a vécu parmi des insectes aussi désagréables et aussi haineux que lui : il est tout naturel que ses rancunes s'extravasent sur son papier. Heureux quand, à l'exemple de Monluc, il se borne à nous raconter, même par le menu, ses campagnes, au lieu de nous servir des potins d'antichambre ou le roman chez la portière.

CHAPITRE V

LE STYLE DES COMMENTAIRES.

 I. Comment et pourquoi Monluc a dicté ses Commentaires.
 II. Défauts et qualités littéraires de l'œuvre.
 III. Originalité de la forme.
 IV. Le style de Monluc, c'est l'homme.
 V. Le portrait de Henri II.
 VI. Un songe classique chez Monluc.
 VII. Prolixité du récit.
 VIII. Inégalités d'inspiration et d'expression.
 IX. Où l'on voit que l'on ne fréquente pas impunément les camps.
 X. Comment s'était meublée la mémoire de Monluc.
 XI. Impression générale. Haute portée des Commentaires. Dernière citation de Monluc.

I

COMMENT ET POURQUOI MONLUC A DICTÉ SES COMMENTAIRES.

Monluc détestait les écrivailleurs : il leur attribuait en partie les maux de la guerre civile, et il en eût fait volontiers brancher une demi-douzaine par passe-temps : aussi n'a-t-il pas cherché à les imiter. Son livre est un livre parlé et non écrit. Brantôme nous raconte qu'il eut quelquefois occasion de causer avec lui, et que c'était merveille de l'ouïr discourant sur les guerres du temps jadis.

Nous n'avons pas à envier Brantôme. Monluc a pris soin de nous réserver le même plaisir. Il y a des hommes que l'action dédouble, et qui sont aussi vibrants à l'heure des grandes résolutions qu'ils sont mornes et passifs dans la vie ordinaire. C'est un feu qui couve sous la cendre pour ne lancer que par échappées quelques jets de flamme rapides et brillants. Monluc n'appartient pas à cette race-là ; chez lui le foyer, toujours à découvert, est inextinguible. Il avait au plus haut degré ce qui caractérise les véritables organisations militaires, tête brûlante et cerveau froid. Par bonheur, il était aussi Gascon, bavard et vantard. Il a revécu sa vie pour nous et pour le soin de sa gloire, et, la revivant, il en a, à chaque étape, ressuscité les passions. Il est là, à chaque page, comme dans la réalité, actif, inquiet, haletant, l'esprit plein de ses devoirs et de sa responsabilité, rêvant la nuit de batailles imaginaires après s'être battu toute la journée, et incapable de reposer tranquille pour le moindre projet qu'il avait en tête. Du sang-froid, il en avait, et du meilleur, au moment décisif ; mais l'action était toujours précédée chez lui d'une sorte d'angoisse qui le rendait plus nerveux et plus remuant que jamais. Il ne comprenait pas bien qu'un général pût dormir la veille d'une bataille, et pour sa part il lui fut toujours impossible sur ce point d'être un autre Alexandre. On retrouve dans son récit cette sorte de trépidation nerveuse qui ne le quitta pas jusqu'à la fin de sa vie. A tant d'années de distance et quand les choses sont accomplies, il semble qu'il soit encore inquiet de l'issue qu'elles vont prendre : il dicte en levant le bras et en faisant le geste de frapper, comme il avait fait en présence de François Ier avant Cerisoles. Ses secrétaires avaient peut-être peine à suivre sa parole agile et pressée ; mais à coup sûr ils n'ont pas dû s'ennuyer ; et, si mutilé qu'il fût, ils ont dû plus d'une fois, au récit de certains faits d'armes, regarder avec stupeur ce vieux débris, presque indestructible, de l'ancienne génération.

II

DÉFAUTS ET QUALITÉS LITTÉRAIRES DE L'ŒUVRE.

A un pareil homme dont l'âme seule palpite et brûle encore dans un corps aux trois quarts perclus, il ne faut demander ni une composition savante ni un style élégant et châtié. La composition, c'est sa vie elle-même qui en est la mesure ; il passe aux endroits dont le souvenir lui échappe ou lui inspire quelques secrets remords ; il s'arrête avec complaisance sur des incidents dont l'histoire n'a souvent que faire, mais qui sont pour lui une échappée rétrospective sur sa bonne jeunesse d'autrefois. Ses vieilles amours à lui; ce sont les embuscades, les alertes, les camisades, les longues chevauchées à jeun sous le ciel bleu de l'Italie, les éloges des chefs, les félicitations ou le dépit des camarades, et il est bien excusable de s'y arrêter plus longtemps que de raison. Quelquefois aussi, si le récit traîne, c'est qu'il y glisse une justification personnelle, un plaidoyer *pro domo sua*, une attaque contre des adversaires qui auraient peut-être ménagé davantage Monluc, s'ils avaient pu soupçonner sous le soldat le futur auteur des Commentaires. Le tout est entremêlé, sans ordre, et au hasard de l'occasion, de conseils aux capitaines et aux soldats, de recettes militaires, de vieux proverbes et de vieux souvenirs. C'est ainsi que doivent se parler entre eux les vieux généraux retraités, quand, assis sur un banc, à l'ombre en été et au soleil en hiver, ils racontent à l'envi leurs campagnes ou tracent avec leur canne sur le sable le plan des batailles auxquelles ils ont assisté.

III

ORIGINALITÉ DE LA FORME.

Si les Commentaires de Monluc ressemblent assez, pour le fond, aux récits personnels de tous les vieux soldats, ils en diffèrent sensiblement par la forme. Si mutilé qu'il fût, « lou nase de Rabastens » avait encore sa langue, et il s'en sert de la belle façon. Il y a de tout dans ce parler bizarre et original, après lequel un écrivain de profession pourrait courir longtemps sans l'attraper. Avec l'intelligence naturelle on y sent la vivacité d'impressions et d'images particulière à la race et qui ne s'est pas éteinte, comme il arrive souvent, en passant du patois au français. La vie du soldat qui appelle, sans barguigner, les choses par leur nom y a laissé sa trace, et on y sent aussi l'influence des gens de cour que Monluc a fréquentés, sans les aimer. Si tout cela composait une mosaïque savante, je n'en parlerais même pas, et l'œuvre, étant artificielle, serait jugée d'avance; mais c'est le contraire qui est vrai, et rien ne semble plus naturel que l'association chez un seul individu de tous ces éléments d'origine diverse. Petit gentilhomme et simple aventurier de guerre, Monluc était trop intelligent, à mesure qu'il montait en dignités, pour ne pas se hausser en même temps de ton et d'éducation; mais à vivre sans cesse dans les camps, il est bien difficile de ne pas en prendre la patine; la Gascogne est aussi une marque de fabrique qui ne s'efface pas aisément, et c'est ainsi que les Commentaires, pétris de contradictions comme l'homme qui les a faits, ont abouti à un régal exquis pour tous ceux qui, en matière de style, préfèrent la nature forte, simple et même vulgaire, à la recherche artificielle de l'épithète ou de l'image.

IV

LE STYLE DE MONLUC, C'EST L'HOMME.

Les morceaux des Commentaires cités dans le cours de cette étude ont déjà pu fournir une idée de la manière de Monluc, si on peut donner ce nom de manière à ce qui en est précisément l'antipode, par son caractère original et spontané. Ce qui y domine, c'est la chaleur, le mouvement, la vie ; c'est surtout ce qu'on désigne par le mot si français et s'appliquant si bien à la race française, d'*entrain*. Monluc voit bien ce qu'il décrit et le fait bien voir ; mais il est peut-être superflu de dire qu'il n'y a chez lui ni descriptions ni portraits. Les paysages l'intéressent quand ils sont le cadre nécessaire d'une action ; quant aux têtes, il faut qu'elles l'aient frappé bien fortement pour qu'il essaie de les dessiner de souvenir. Et ce dessin n'est le plus souvent qu'une esquisse, comme celle-ci :

— Environ un mois après, un Siennois, nommé Phébus Turc, se vint adresser à moi, me voulant dire quelque chose en secret. Je le fis venir dans ma garde-robe et n'avais rien qu'une dague au côté, et comme il entra, je le vis armé de jac et de manches de mailles : onques en ma vie je n'ai vu visage d'homme plus farouche que le sien. Une fois j'avais envie d'appeler quelqu'un, mais il me disait toujours qu'il ne voulait que personne entendît son affaire que moi. A la fin je m'assurai, me sentant assez fort pour le colleter s'il avait entrepris de faire quelque mauvais coup... (1).

Et c'est tout. C'est peu, comme on voit. Pour les personnages de marque et ceux qu'il a particulièrement connus, Monluc n'est guère plus explicite, soit qu'il juge ce genre de détails au-

(1) *Comm. et lettres* de B. de Monluc, t. II, livre IV, p. 198.

dessous de lui, soit qu'il n'y ait réellement jamais fait attention. Le moral lui échappe moins que le physique, mais il l'expédie trop souvent en quelques lignes banales. C'est peu, par exemple, que de dire de son protecteur et ami Strozzi, tué au siège de Thionville :

> ... Le roi y perdit un bon serviteur, et mourut un vaillant homme, s'il y en avait à la France (1).

La crainte de se compromettre arrête quelquefois sur sa bouche les éloges les plus mérités ; avec quelle précaution il parle du duc de Guise :

> — Et veux dire une chose et à la vérité sans aucune flatterie que c'était un des plus diligents lieutenants de roi que j'eusse encore servi, des dix-huit sous qui j'ai fait service au roi... (2).

V

LE PORTRAIT DE HENRI II.

La louange est mince pour le défenseur de Metz et le libérateur de Calais ; mais Monluc, qui consomme tant d'encens pour son usage personnel, le distribue aux autres par petites pincées. Il n'a guère fait d'exception que pour son royal maître Henri II, sur le compte duquel la postérité n'est pas tout à fait d'accord avec lui. Voici le portrait

---

(1) *Comm. et lettres* de B. de Monluc, t. II, livre IV, p. 275.
(2) *Comm. et lettres* de B. de Monluc, t. II, livre IV, p. 258.

assez court qu'il en trace, et qu'il ne faut pas prendre au pied de la lettre ; les jugements de Monluc sur les personnes sont quelquefois sujets à caution :

Henri II.

— Depuis la mort de ce bon prince, mon maître, j'ai souhaité la mienne cent fois que je n'étais mort comme lui aux grandes traverses que l'on m'a données : qui n'eût été en la puissance des hommes de me les donner s'il eût été en vie : car il n'oubliait jamais les services que l'on lui faisait, tout petits fussent-ils, et n'était en la puissance des hommes de lui ôter la bonne opinion qu'il avait des personnes quand ils lui faisaient service. Et au contraire quand un homme avait fait quelque chose malfaite en son service, quelque bonne mine qu'il fît, pour complaire à ceux qui lui voulaient ôter la mauvaise opinion qu'il en avait prise, cela ne lui partait jamais de sur son cœur, comme monsieur le maréchal de Saint-André m'a plusieurs fois dit et déclaré sa complexion. Il était fort son privé et le connaissait très bien...(1).

VI

UN SONGE CLASSIQUE DANS MONLUC.

En y regardant de près, ce que Monluc dit là à bonne intention d'Henri II confirme ce qu'on pense généralement de lui. C'était un esprit étroit, entêté, incapable de revenir sur une première impression et facilement gouvernable à qui savait le prendre par son faible. Monluc, qui avait trouvé le chemin de ses bonnes grâces, ne cessa jamais de le regretter ; sa mort même lui a inspiré un des rares passages *littéraires* de ses Mémoires : c'est une sorte de songe classique qu'on ne s'attend guère à rencontrer dans un pareil endroit.

— La nuit propre que lendemain fut le tournoi en mon premier sommeil, je songeai que je voyais le roi assis sur une chaire, ayant le visage tout couvert de gouttes de sang. Et me semblait que ce fût tout ainsi que l'on peint Jésus-Christ, quand les Juifs lui mirent la couronne et qu'il tenait les mains jointes. Je lui regardais, ce me semblait, sa face et ne pouvais découvrir son mal ni voir

(1) *Comm et lettres* de B. de Monluc, t. II, livre III, p. 143.

autre chose que sang au visage. J'oyais, ce me semblait, les uns dire : Il est mort ; les autres, il ne l'est pas encore. Je voyais les médecins et chirurgiens entrer et sortir dedans la chambre. Et cuide que mon songe me dura longuement : car à mon éveil je me trouvai une chose que je n'avais jamais pensé : c'est qu'un homme puisse pleurer en songeant. Car je me trouvai la face toute en larmes, et mes yeux qui en rendaient toujours. Et fallut que je les laissasse faire, car je ne me pus garder de pleurer longtemps après. Ma feue femme me pensait réconforter ; mais jamais je ne pus prendre autre résolution sinon de sa mort. Plusieurs qui sont vivants savent que ce ne sont pas des contes : car je le dis dès que je fus éveillé (1).

VII

PROLIXITÉ DU RÉCIT.

Il y a là une acuité et une netteté de vision saisissantes. La mise en scène est sobre, le trait précis, la goutte d'émotion même n'y manque pas : c'est un morceau de main de maître. Les autres récits des Commentaires n'ont pas tous le même caractère. On y retrouve la rare faculté qu'avait Monluc de faire parler et marcher ses personnages ; mais le corps de la narration a des contours moins arrêtés. Il y a des longueurs, des bavures, des bavardages, des retours sur les idées et les phrases favorites qui ne sont pas loin quelquefois d'être des radotages. C'est touffu, c'est semé d'incidentes et de digressions ; il ne faut pas

(1) *Comm. et lettres* de B. de Monluc, t. II, livre IV, p. 325-326.

être pressé pour s'y plaire, l'auteur s'y promène plutôt qu'il n'y marche vers un but déterminé, et si ce laisser-aller a un charme inexprimable, il faut bien avouer qu'il enlève à la plus grande partie de l'œuvre la marque purement littéraire que nous reconnaissions tout à l'heure dans le morceau que nous avons cité. Et c'est fort heureux que Monluc ait écrit comme l'eau va à la rivière. Quand il quitte son ton naturel pour arrondir des phrases ou chercher des comparaisons distinguées, il est aussi ridicule qu'un paysan en habit noir.

— Doncques, quand vous vous trouverez là (*il s'adresse aux capitaines*), dépouillez-vous de tous vices et brûlez tout afin que vous demeuriez avec la robe blanche de loyauté et affection que nous devons tous à notre maître, car Dieu n'aime jamais les vicieux et les voluptueux, mais au contraire il assiste toujours auprès de celui qui est vêtu de la robe blanche pleine de loyauté (1).

VIII

INÉGALITÉS D'INSPIRATION ET D'EXPRESSION.

Je ne vois pas bien les truculents rodomonts d'Italie assis en robe blanche à la droite de l'Eternel, et ce n'est pas sans doute avec des images aussi innocentes que Monluc parlait à ses vieux compagnons d'armes, quand il voulait les allumer avant la bataille. A moins que la robe blanche et ce Dieu qui arrive là un peu inopinément pour

---

(1) *Comm. et lettres* de B. de Monluc, t. I, livre 11, p. 406.

confondre les vicieux et les voluptueux ne soient une simple satisfaction donnée au chapelain de Monluc, qui assistait sans doute de temps en temps à la dictée avec les secrétaires. De pareilles berquinades sont assez rares, comme on pense, dans les Commentaires; l'œuvre sortie des camps sent fortement son fruit. Le style est inégal comme le personnage : tantôt, sous la poussée d'un souvenir plus vif ou d'une émotion plus violente, il atteint une grande hauteur d'expressions ; une simple phrase quelquefois, mâle et simple, est tout un poème militaire, comme celle-ci, à propos de la défense de Cazelles :

— Tout était une même volonté, un même désir et un même courage : la peine nous était un même plaisir (1).

Quelquefois aussi l'image, empruntée à la vie ordinaire, prend un relief surprenant par son apropos et sa précision :

— Qui va à de telles noces (la bataille) en rapporte bien souvent des livrées rouges.

Tantôt au contraire on croirait entendre un sergent des bandes : des pensées généreuses sont exprimées en style de caserne. Le langage, devenu trivial, n'est plus en rapport avec les sentiments élevés qu'il doit rendre ; à l'endroit le plus pathétique, les vulgarités éclatent en dissonances.

(1) *Comm. et lettres* de B. de Monluc. t. I, livre II, p. 370.

— On dit qu'on se gratte toujours là où on se démange, et moi aussi là où je me deuil qui est à la perte de mon bon roi que je pleure et pleurerai tant que je vivrai.

Ailleurs, après une page où il a exhalé toutes les fureurs de son orgueil blessé, Monluc tombe à plat en ajoutant :

— Il ne devait pas me traiter ainsi : j'avais vu trop de rôti et de bouilli dans ma vie.

IX

OU L'ON VOIT QUE L'ON NE FRÉQUENTE PAS IMPUNÉMENT LES CAMPS.

Ces grossièretés populaires détonnent au milieu de morceaux de bravoure : à leur place, dans le cadre des camps, elles donnent aux récits de Monluc le fumet particulier que doivent avoir tous les souvenirs militaires. C'est un langage emprunté à l'écurie, à la cuisine, au bivouac à la bataille : à force de vivre avec le cheval, l'homme parle comme lui.

— Nous étions à la paille jusqu'au menton et aussi aises que nos ennemis marris (1).
— Il ne me fallait guère piquer pour me faire partir de la main (2).

Quand ce n'est pas le cheval, c'est le chien qui lui fournit des comparaisons.

(1) *Comm. et lettres* de B. de Monluc, t. I, livre II, p. 275.
(2) *Comm. et lettres* de B. de Monluc, t. I, livre I, p. 114.

— Nous étions pique à pique, arquebuse à arquebuse, de si près que j'ai dit comme deux mâtins qui s'entregardent pour se battre (1).

Ou bien ce sont des proverbes courants qui fournissent aux soldats et aux gens du peuple des idées à bon marché.

— Il faut manger beaucoup de sel pour connaître un homme (2).
— Plus touche la peau que la chemise (3).

On ferait un livre avec les dictons que Monluc a semés d'une main prodigue dans ses Commentaires. Il dit du gouverneur de Quiers qu'il était « logé entre Monsieur et Madame » : de Marignan qu'il était « logé chez Guillot le Songeur ». Quelques-uns de ces proverbes ont survécu ; d'autres ont disparu ; mais leur étude offre un véritable intérêt pour l'histoire de la langue française. Il y en a qui sont en vers, et c'est sans doute la seule poésie que Monluc ait jamais sue : ce sont des dictons où la sagesse populaire s'est déposée en style de mirliton.

> Si le fol bon conseil te donne,
> Ne le refuse pour sa personne (4).

---

(1) *Comm. et lettres* de B. de Monluc, t. I, livre I, p. 140.
(2) *Comm. et lettres* de B. de Monluc, t. I, livre III, p. 438.
(3) *Comm. et lettres* de B. de Monluc, t. II, livre III, p. 74.
(4) *Comm. et lettres* de B. de Monluc, t. III, livre VII, p. 477.

Ou encore :

> Qui n'a argent en bourse
> Qu'aye miel en bouche (1).

X

COMMENT S'ÉTAIT MEUBLÉE LA MÉMOIRE DE MONLUC.

On en trouverait facilement d'autres, aussi peu intéressants, dans les Commentaires. Chemin faisant, la mémoire de Monluc s'était meublée d'une foule de notions qui n'étaient pas toutes de première qualité. Il y avait du peuple en lui ; et une des raisons de l'ascendant qu'il exerçait sur ses troupes était sans doute qu'il leur parlait leur langage. Il a comme ses soldats toute une provision d'histoires ou d'anecdotes plus ou moins vraisemblables ; mais on n'y regarde pas de si près au bivouac, et tout est bon pour passer une heure amusante. On retrouve dans l'œuvre de Monluc çà et là un écho affaibli de ces récits de campement où sa verve méridionale se donnait carrière, au grand ébahissement des rudes et naïfs soldats qui l'écoutaient : ainsi l'histoire de ce gentilhomme provençal (je le croirais plus volontiers Gascon) qui n'engageait un domestique qu'après avoir croisé le fer avec lui pour le mettre à l'épreuve.

(1) *Comm. et lettres* de B. de Monluc, t. III, livre VII, p. 493.

— J'ai vu autrefois un gentilhomme, il me semble qu'il était provençal, lequel avait cette coutume que quand un valet se présentait à lui pour se mettre à son service, soudain il le mettait à l'épreuve et lui mettant une épée à la main, lui commandait de se défendre, sans qu'il fût pourtant loisible de se tirer des estocades, et s'il le trouvait homme résolu et ferme, il le retenait, sinon il lui disait qu'il n'était pas pour lui : ainsi il avait toujours de braves et résolus hommes auprès de lui, car on savait sa coutume et nul ne se présentait qui ne fût bien ferré, car il était un rude joueur (1).

XII

IMPRESSION GÉNÉRALE. HAUTE PORTÉE DES COMMENTAIRES.
DERNIÈRE CITATION DE MONLUC.

Il ne faut pas exagérer l'importance de cette veine populaire qui filtre par endroits dans l'œuvre de Monluc. Elle est plutôt dans l'expression que dans les sentiments. Il y a quelquefois de la vulgarité chez notre Gascon ; il n'y a jamais de bassesses. C'est un soldat et un ambitieux ; mais ce n'est pas un pleutre. Il se dégage au contraire de son livre une impression saine et fortifiante. On y voit un homme qui prend résolument la vie à la gorge et essaie de lui faire rendre — par tous les moyens honnêtes — tout ce qu'elle peut donner. Tant qu'il y aura des jeunes gens pauvres, décidés à ouvrir le monde comme une huître avec leur épée, les Commentaires resteront une excellente école de courage, d'abnégation et

(1) *Comm. et lettres* de B. de Monluc, t. III, livre VII, p. 482.

de sacrifice. Nul n'a compris et n'a rendu avec plus d'énergie que Monluc les sentiments étroits mais forts qui dominent toute la vie du soldat ; nul n'a parlé avec plus d'amour du métier militaire, le plus noble de tous, puisque l'on y fait profession d'exposer sa vie pour sauver celle des autres. Il est facile de le railler sur sa continuelle et insupportable vantardise ; il est moins facile de le convaincre de mensonge, et il faut reconnaître de bonne grâce qu'il a plus péché contre la modestie que contre la vérité. Que ceux qui n'ont jamais eu une bonne opinion d'eux-mêmes lui jettent la première pierre ; quant à nous, près de quitter le vieil aventurier, avec lequel nous vivons depuis quelques mois, nous préférons lui rendre un dernier hommage, en citant la page où il fait un retour ému et presque mélancolique sur sa destinée. On y trouvera une note de tendresse et de pitié qui n'était pas ordinaire à Monluc, et qu'il semble avoir cachée soigneusement toute sa vie, comme s'il en eût rougi lui-même, la trouvant indigne d'un soldat.

— Voilà, mes compagnons qui lirez ma vie, la fin des guerres où je me suis trouvé depuis cinquante-cinq ans que j'ai commandé pour le service de nos rois. J'en ai rapporté sur moi sept arquebusades pour m'en ressouvenir et plusieurs autres blessures, n'ayant membre en tout mon corps où je n'aie été blessé, si ce n'est le bras droit. Il m'en reste l'honneur et la réputation que j'ai acquise par toute la chrétienté, car mon nom est connu partout : j'estime plus cela que toutes les richesses ; et avec l'aide de Dieu qui m'a assisté, je m'enterrerai avec cette heureuse réputation. Ce m'est un merveilleux contentement quand j'y pense et lorsqu'il me souvient comme je suis parvenu de degré en degré, ayant échappé à tant de dangers pour jouir de si peu de repos qu'il me reste en ce monde en ma maison, afin d'avoir loisir de demander pardon à Dieu des offenses que j'ai commises. O que si sa miséricorde n'est grande, qu'il y a de danger pour ceux qui portent les armes et mêmement qui commandent, car la nécessité de la guerre nous force en dépit de nous-mêmes à faire mille maux et faire non plus d'état de la vie des hommes que d'un poulet ; et puis les plaintes du peuple qu'il faut manger en dépit qu'on en ait : les veuves et orphelins que nous faisons tous les jours nous donnent toutes les malédictions dont ils se peuvent aviser, et à force de prier Dieu et implorer l'aide des saints, quelqu'une nous en demeure sur la tête ; mais certes les rois en pâtiront encore plus que nous : car ils nous font faire comme je dis au roi, l'entretenant à Toulouse et n'y a mal duquel ils ne soient cause, car puisqu'ils veulent faire la guerre, il faut payer pour le moins ceux qui s'en vont mourir pour eux, afin qu'ils ne puissent faire tant de maux qu'ils font (1).

(1) *Comm. et lettres* de B. de Monluc, t. III, livre III, p. 499-500.

CONCLUSION

Il ne faut ni surfaire ni rabaisser Monluc. Ce ne fut pas un grand capitaine : il n'a jamais commandé en chef de véritables armées, et les victoires qu'il remporta sur les huguenots rebelles n'ont pas la valeur qu'il leur attribue. Ce fut un excellent sous-ordre, infatigable et inébranlable dans le péril, astucieux et fin, ayant autant de ténacité que de bravoure, autant de bon sens que de zèle, par-dessus tout connaissant son devoir et ne transigeant sous aucun prétexte avec lui. Sa défense de Sienne est une haute leçon de constance et de dévouement militaires : par elle le nom de Monluc mérite de ne pas périr dans l'armée française. Ce n'est pas un grand écrivain : l'importance de son œuvre ne répond pas à ses développements ; il nous rassasie de ses exploits jusqu'à la fatigue ; la mesure et le goût lui sont inconnus ; si quelques-unes de ses idées sont ingénieuses, elles ne sont ni assez nombreuses ni assez nouvelles pour masquer le côté un peu mesquin et étroitement personnel des Commentaires. Mais Monluc a deux qualités qui portent la vie avec elles : la passion et la foi. Il est fanatique de son métier, et il croit à l'armée comme à lui-même. Tel qu'il a vécu, il se retrouve et se peint dans son livre. Son style est aussi inégal que son caractère : tantôt prétentieux, tantôt vulgaire, jamais banal. En résumé, son œuvre est forte, instructive, d'un bon exemple pour les générations à venir, et par elle le nom de Monluc mérite de ne pas périr dans les lettres. Je souhaite à mon pays de compter longtemps encore des hommes d'épée qui sachent écrire et des écrivains qui sachent agir comme Monluc.

TABLE DES MATIÈRES

LIVRE PREMIER

LA VIE ET LES HAUTS FAITS DE BLAISE DE MONLUC, MARÉCHAL DE FRANCE

CHAPITRE PREMIER
LES ANNÉES DE JEUNESSE.

I. Où l'on voit que Monluc est avant tout un Gascon. .	10
II. Noblesse et pauvreté de la famille des Monluc. . .	11
III. Le petit Blaise de Monluc devient page de Mme de Lorraine, puis archer sous M. de Bayart.	12
IV. Comment un fils de famille au XVIe siècle quittait la maison paternelle.	13
V. Hommage rendu par le Gascon Henri IV aux Gascons.	13
VI. Longue, pénible et brillante carrière de Monluc. .	14
VII. De l'influence que les récits de guerre d'un vieillard peuvent avoir sur un jeune homme avide d'aventures.	15
VIII. L'Italie! L'Italie!	16
IX. Où il est prouvé que les soldats des guerres d'Italie ne ressemblaient en rien aux corrects fantassins de nos jours.	17
X. Du changement que les razzias d'Italie produisirent dans le costume et dans la bourse de nos soldats. .	19
XI. Humeur particulière et désagréable des aventuriers au delà les monts.	20
XII. Qualités et défauts personnels de Monluc.	21

CHAPITRE II
PREMIÈRES CAMPAGNES DE MONLUC EN ITALIE ET EN FRANCE.

I. Les débuts d'un aventurier en Italie vers 1521. . .	25
II. Une chanson militaire du vieux temps.	27
III. Le malheur de Pavie. Une autre chanson militaire qui n'est pas celle de la Palice.	28
IV. Monluc, abandonné par les siens, est grièvement blessé au bras.	31
V. Grave et amusante consultation de deux médecins et d'un chirurgien autour d'un bras à couper. . . .	32

VI. Retour du pigeon voyageur à la maison. 34
VII. Les angoisses d'un petit gentilhomme père de famille, au XVIe siècle. 35
VIII. Nécessité, pour la noblesse française, de la guerre ou de l'émigration 36
IX. Reprise des hostilités. Le second siège de Marseille (1536) et l'affaire des moulins d'Auriolle. . . . 36
X. Monluc essaie en vain de jouer le personnage de courtisan. Il retourne à l'armée. 38
XI. Comment on levait deux compagnies sous François Ier. 39
XII. Petites libertés prises par les soldats de Monluc pendant son absence. 40
XIII. Monluc, déguisé en cuisinier, fait pour la première et la dernière fois le métier d'espion. 41

CHAPITRE III

CERISOLES.

I. Où l'on fait plus ample connaissance avec les aventuriers ou rodomonts du Piémont. 44
II. Monluc est dépêché à la cour par le duc d'Enghien. 46
III. Monluc au conseil du roi. Il y prononce une harangue à la gasconne qui obtient un merveilleux succès. 47
IV. Comment les courtisans montrèrent à Monluc qu'ils ne méritaient pas les mépris des rodomonts du Piémont. 52
V. Pas d'argent, pas de bataille. Angoisses du duc d'Enghien. 54
VI. Bataille de Cerisoles. Joie et déconvenue de Monluc. 57
VII. Monluc à la campagne et en campagne. 58

CHAPITRE IV

ILLUSTRE DÉFENSE DE SIENNE.

I. Premières atteintes de l'âge et des infirmités. . . 60
II. Comment Monluc soignait ses maladies quand il recevait l'ordre de partir. 60
III. Du conseil où fut décidée la nomination de Monluc. M. de Montmorency, le grand rabroueur, est rabroué à son tour. 63
IV. Monluc en Italie. Quelques détails sur son ami et compagnon d'armes le rodomont Charry. . . . 66
V. Où l'on voit que les Gascons de ce temps-là avaient l'âme chevillée au corps. 66
VI. Embarras et périls de la situation. 67
VII. Comment Monluc s'en tira. Un exemple bon à suivre pour les futurs défenseurs de places assiégées. . 69
VIII. Discours de Monluc aux principaux de la ville de Sienne 69

IX. Comment le capitaine Saint-Auban faillit faire prendre Sienne, et de quelle façon Monluc traitait ses officiers 71
X. Un élève digne du maître : les exploits du capitaine Charry. 72
XI. Courtoisie du marquis de Marignan. 74
XII. Souffrances des Siennois : Quelques-uns parlent de capituler. 74
XIII. Un tour de Gascon. Quelques renseignements précieux sur l'histoire du costume en 1554. 75
XIV. Succès obtenu par la bouffonnerie de Monluc. . . . 77
XV. Héroïque conduite des dames de Sienne. 78
XVI. Caractère à la fois frivole et atroce de la guerre entre Sienne et Florence. 79
XVII. Sienne à toute extrémité. Expulsion des bouches inutiles 80
XVIII. Capitulation de la ville. Monluc refuse de la signer. . 81
XIX. Monluc à Rome et en France. Henri II lui donne audience dans son lit et l'embrasse. 83
XX. Monluc colonel général de l'infanterie. Pourquoi il refusa ce périlleux honneur et ce qu'il lui en coûta d'avoir accepté. 84

CHAPITRE V

MONLUC EN GUYENNE. LA PREMIÈRE GUERRE CIVILE.

I. Monluc mérite-t-il la réputation de cruauté qu'on lui a faite ? 87
II. Inconvénients du gasconnisme à outrance. 89
III. Comme quoi Monluc, persécuteur des protestants, n'a jamais été un enragé catholique. 90
IV. Loyalisme et royalisme de Monluc. 91
V. Où il est prouvé que Monluc n'oubliait jamais ses propres intérêts. 93
VI. Monluc soldat, et rien que soldat, pendant la guerre civile. 94
VII. Un contraste amusant : deux chefs d'armée peu faits pour s'entendre. 96
VIII. Les opérations militaires en Guyenne. Justice un peu sommaire de Monluc. 98
IX. Les commissaires Compain et Girard passent un mauvais quart d'heure à Cahors. 100
X. Monluc entre à Toulouse (18 mai 1562), mais n'y trouve plus les réformés. 103
XI. La cornette noire de M. de Monluc. 104
XII. Atrocités commises par les alliés espagnols. 105
XIII. Fureurs et massacres. 106
XIV. Hésitations de M. de Burie. La bataille de Ver. . . 107
XV. Monluc est enfin nommé lieutenant du roi en Guyenne. Les grimaces qu'il fait avant d'accepter la charge. 109

CHAPITRE VI

DERNIÈRES CAMPAGNES DE MONLUC

I. Les ennemis de Monluc. Ses relations équivoques avec le roi d'Espagne.	111
II. Les confidences de la reine Catherine.	113
III. Les idées politiques de Monluc. La première ligue catholique en Guyenne.	114
IV. La seconde guerre civile. Monluc est soulagé, bien malgré lui, d'une partie de ses fonctions.	117
V. Où l'on voit que notre héros commence à vieillir.	118
VI. Démêlés homériques de Monluc et de Damville.	120
VII. Commencement des mauvais jours.	122
VIII. La dernière campagne d'un vieux soldat.	123
IX. Assaut du château de Rabastens.	125
X. *Lou nase* de Rabastens et le touret de nez de ce bon M. de Monluc.	126
XI. Tout vient à point à qui sait attendre. Monluc est créé maréchal de France.	127
XII. La fin d'un vieux Rodomont.	129
XIII. Quelques mots sur la vie domestique de Monluc.	130

LIVRE II

LES COMMENTAIRES DE BLAISE DE MONLUC MARÉCHAL DE FRANCE

CHAPITRE PREMIER

LE MANUEL DU PARFAIT CAPITAINE.

I. Les loisirs d'un vieil officier de fortune.	136
II. Les Commentaires de B de Monluc ou le « Manuel du parfait capitaine ».	137
III. Des multiples qualités nécessaires en ce temps-là pour être un bon officier.	139
IV. Où il est question d'une discipline militaire qui ne ressemblait pas à la nôtre.	141
V. Conseils donnés par Monluc aux capitaines ses compagnons d'armes. Un bon capitaine ne doit pas jouer.	143
VI. Un bon capitaine ne doit pas boire.	144
VII Un bon capitaine ne doit pas voler	145
VIII. Comment Monluc prêcha d'exemple en résistant aux tentatives de corruption des huguenots.	147
IX. Honnêteté et délicatesse au XVIe siècle. Les remerciements de Mme de Cossé et ce qu'en pensa son mari.	148
X. La bohème militaire en campagne.	150

TABLE DES MATIÈRES. 239

   XI. Les générosités de M. de Monluc. 151
  XII. Où l'on voit que la nécessité d'une caisse des retraites pour les officiers se faisait déjà sentir il y a trois cents ans. 153
 XIII. Mme la Picorée ; ce qu'elle était, et pourquoi on la tenait en grand honneur. 154

CHAPITRE II

LES « COMMENTAIRES » ET L'ARMÉE FRANÇAISE AU XVIe SIÈCLE.
CONDUITE ET DIRECTION DES SOLDATS.

     I. Habileté supérieure de Monluc dans la conduite et le maniement des hommes. 158
    II. De la manière dont Monluc traitait ses soldats et des sentiments qu'il avait pour eux. 159
   III. Un épisode du siège de Boulogne. Ce que peuvent l'émulation et un sac de gros sous. 161
   IV. Le cœur et le ventre du soldat. 163
    V. Utilité d'un compliment dit à propos. 163
   VI. Prétendu sens prophétique de Monluc 164
  VII. Où il est question de Tolstoï et du siège de Sébastopol à propos de Monluc. 166
 VIII. Retour sur *lou nase* de Rabastens. 166
   IX. Le diable à l'armée. 167
    X. La psychologie de Monluc. 168
   XI. Encore un souvenir de la fameuse journée de Cerisoles. 169
  XII. Mauvaise tête et brave cœur. 170
 XIII. Comme quoi il y a discipline et discipline. 172

CHAPITRE III

LES NOUVELLES INVENTIONS MILITAIRES AU XVIe SIÈCLE.
ESPRIT RÉFORMATEUR DE MONLUC.

    I. Une révolution militaire au XVIe siècle. 174
   II. Monluc se montre partisan des inventions nouvelles. . 176
  III. Arquebuses et artillerie. 178
  IV. La cavalerie française ; en quoi elle était inférieure aux retres allemands. 179
   V. L'infanterie reine des batailles. 180
  VI. Projet de création d'ambulances pour les soldats blessés et d'hôpitaux pour les invalides. 182
 VII. La remontrance de Monluc sur l'avancement des officiers au roi Charles IX. 183
VIII. L'avancement dans l'armée : réformes proposées par Monluc. 185
  IX. Avancement à l'ancienneté ou au choix. 186
   X. Le livre d'honneur : ce que Monluc entendait par là. 189
  XI. La remontrance à Mgr le duc d'Anjou. 191

CHAPITRE IV

LES COMMENTAIRES AU POINT DE VUE DE LEUR COMPOSITION ET DE LEUR VÉRACITÉ.

I. Haine de Monluc pour les écritures. Comme quoi M. de Guise le fit quinaud au siège de Thionville. . . . 193
II. Comment furent rédigés les Commentaires. 195
III. Caractère principal de l'œuvre : c'est avant tout une biographie. 197
IV. C'est aussi un plaidoyer *pro domo sua* qu'il adresse à la postérité. 197
V. Comment Monluc appréciait la littérature et la publicité. 198
VI. Son opinion sur l'instruction nécessaire aux officiers. 199
VII. Esprit naturel de Monluc. 201
VIII. Sa modération à l'égard de ses adversaires. 202
IX. De quelle manière Monluc a parlé des puissants du jour dans ses Commentaires. 204
X. Jugement porté par Monluc sur le connétable de Bourbon et ses pareils. 206
XI. Ce qu'était devenue au XVIᵉ siècle la grande querelle entre Gascons et Français. 207
XII. Où l'on voit que Monluc, s'il a dit la vérité sur son propre compte, n'a pas dit toute la vérité. . . . 209
XIII. Prudence gasconne. 210
XIV. Ce qu'il faut penser de la véracité de Monluc. . . . 212

CHAPITRE V

LE STYLE DES COMMENTAIRES.

I. Comment et pourquoi Monluc a dicté ses Commentaires. 214
II. Défauts et qualités littéraires de l'œuvre. 216
III. Originalité de la forme. 217
IV. Le style de Monluc, c'est l'homme. 218
V. Le portrait de Henri II. 220
VI. Un songe classique chez Monluc. 222
VII. Prolixité du récit. 223
VIII. Inégalités d'inspiration et d'expression. 224
IX. Où l'on voit que l'on ne fréquente pas impunément les camps. 226
X. Comment s'était meublée la mémoire de Monluc. . . 228
XI. Impression générale. Haute portée des Commentaires. Dernière citation de Monluc. 229
Conclusion. 232

Poitiers. — Typ. Oudin et Cⁱᵉ.

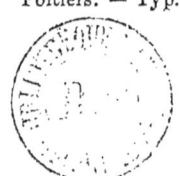

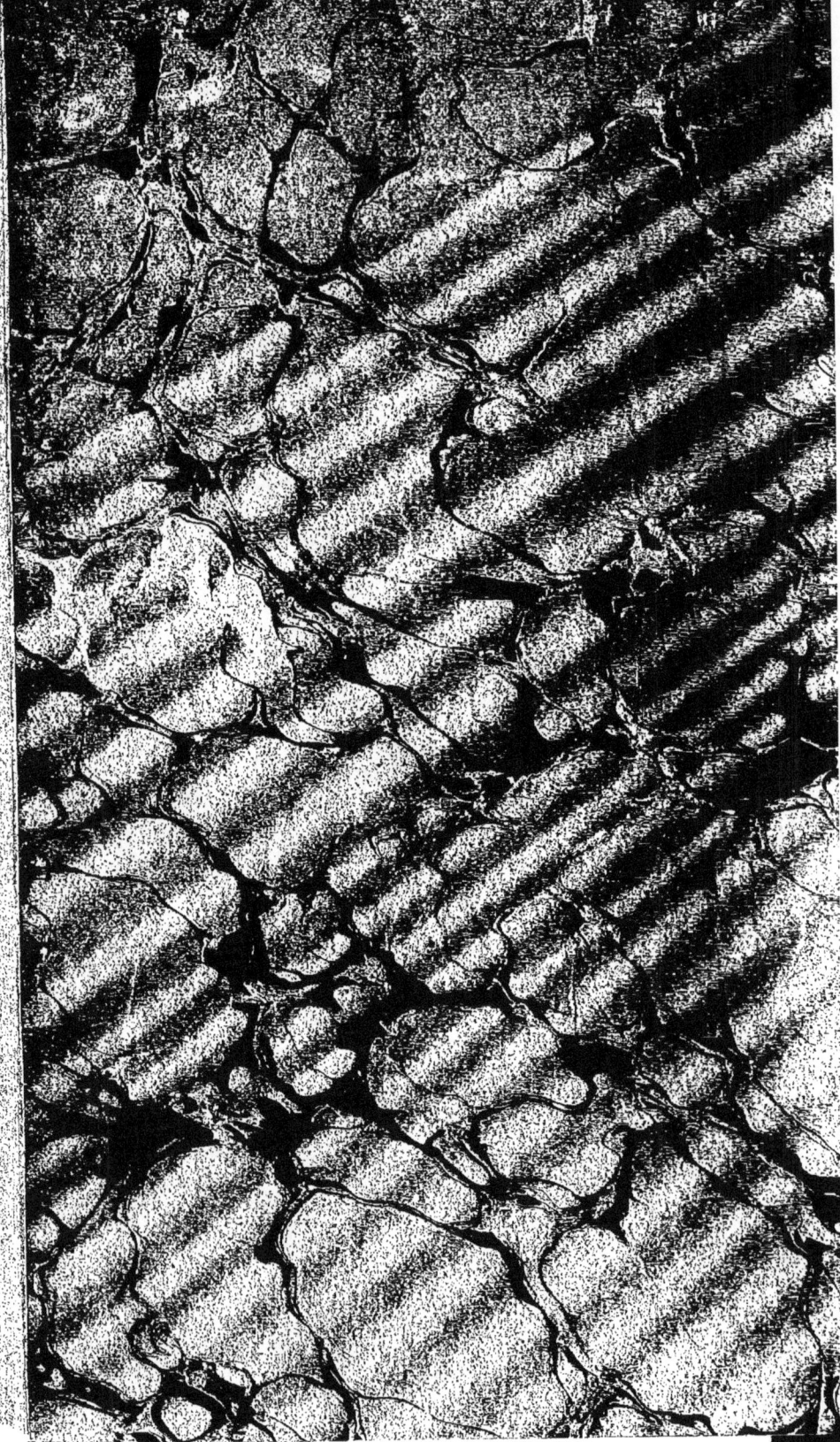

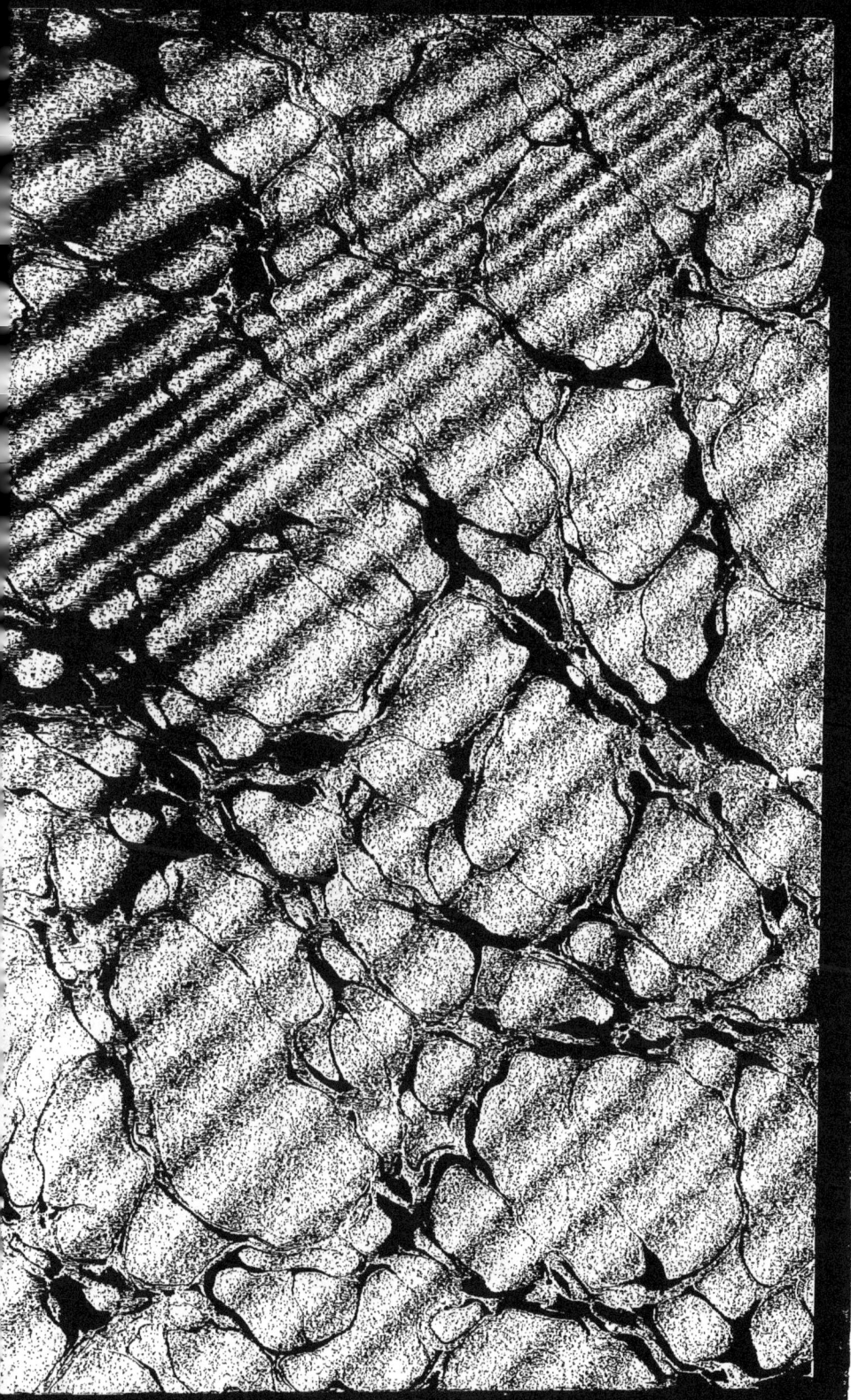

www.ingramcontent.com/pod-product-compliance
Lightning Source LLC
Chambersburg PA
CBHW070529170426
43200CB00011B/2369